Grußwort „Kassel-Steig“

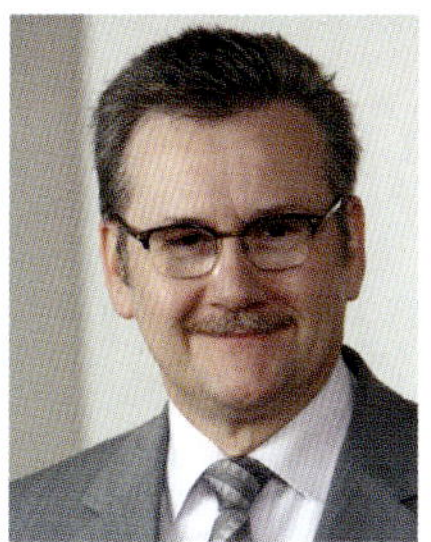

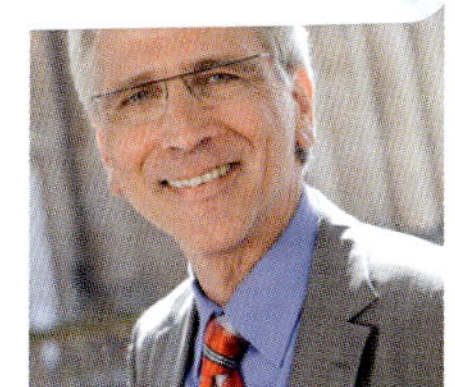

Zum 1100-jährigen Jubiläum hatte der Hessisch-Waldeckische Gebirgsverein Kassel e. V. die besondere Idee, einen Wanderweg rund um das „Geburtstagskind“, die Stadt Kassel, zu konzipieren. Der „Kassel-Steig“ ist ein einzigartiger Panoramaweg rund um das Kasseler Becken mit Ausblicken auf die Stadt Kassel, Rundblicken auf das Kasseler Becken und Weitblicken in die Region.

Beachtlich ist aber auch die Tatsache, dass der größte Teil der Strecke von rund 160 km nicht in der Stadt, sondern im Landkreis Kassel verläuft. Da heutzutage die Wanderfreundinnen und -freunde glücklicherweise keine Kontrollen mehr bei der Überschreitung dieser Grenze zu fürchten haben, könnte man meinen, dieser Hinweis sei nebensächlich. Weil Stadt und Landkreis sich aber zum Ziel gesetzt haben, gemeinsam die Region Kassel zu gründen, ist die Streckenführung um so bemerkenswerter. Sie nimmt geografisch das vorweg, was politisch noch einige Zeit benötigt: Grenzen werden verwischt.
So kann man im übertragenen Sinn auf dem „Kassel-Steig“ schon einmal den Weg gehen, den die Region Kassel noch vor sich hat. Denn der Steig ist Verbindungsweg aller anliegenden Städte und Gemeinden und zugleich Zugangstor zur gesamten Region mit ihren attraktiven Wanderrevieren.
Gewiss wird auch auf dem „Kassel-Steig“ der Weg nicht immer einfach sein; wie es sein Beiname „Steig“ schon andeutet, ist er ein anspruchsvoller Weg – rund 3.000 m Höhenunterschied gilt es durch das Land der Brüder Grimm zu bewältigen. Darüber hinaus ist er ein umweltfreundlicher Wanderweg, alle Start- oder Endpunkte können mit dem NVV erreicht werden.

Den Initiatorinnen und Initiatoren, ohne deren vielfältiges ehrenamtliches Engagement der „Kassel-Steig“ nicht realisiert worden wäre, sei an dieser Stelle gedankt. Sie haben damit nicht nur der Stadt Kassel ein Geschenk gemacht, sondern der gesamten Region und vor allem den vielen Wanderfreundinnen und Wanderfreunden.

Kassel, 6. Dezember 2012

Uwe Schmidt
Landrat

Bertram Hilgen
Oberbürgermeister

Vorwort

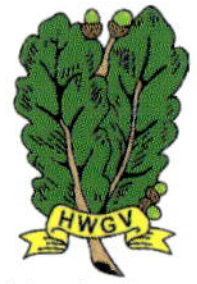

Liebe Wanderfreundinnen, liebe Wanderfreunde,

der Blick auf das herrlich gelegene Kasseler Becken, sei es vom Herkules, dem Dörnberg, dem Kaufunger Wald oder der Söhre, ist für alle, ob Autofahrer, Wanderer oder Spaziergänger, immer wieder überwältigend. Es wird umrahmt von vielen bewaldeten und aussichtsreichen Höhenzügen.
Die nordhessische Metropole Kassel – documenta-Stadt und Stadt der Brüder Grimm – sowie die umliegenden Städte und Gemeinden werden in diese wunderschöne Landschaft harmonisch eingebettet. Natur und Siedlungen verschmelzen miteinander. Der neue Merian schwärmt ebenfalls von der märchenhaften Umgebung Kassels: „Hier wachsen die Wälder in die Städte". Die Region Kassel in der Mitte Deutschlands ist ein Anziehungspunkt und Magnet nicht nur für Kunst- und Kulturliebhaber, sondern auch für Wanderer und Naturfreunde.
Der Hessisch-Waldeckische Gebirgsverein Kassel e. V. (HWGV) als größter örtlicher Wanderverein in Nordhessen, der in 2013 auf eine erfolgreiche 130-jährige Vereinsgeschichte zurückblickt, nimmt das 1100-jährige Jubiläum der Stadt Kassel im Jahre 2013 zum Anlass, einen neuen Panoramawanderweg rund um das Kasseler Becken zu erschließen. Damit soll erreicht werden, dass sich die Region bewegt und zusammenwächst und ihre Bürger diese herrliche Natur- und Kulturlandschaft erkunden und kennen lernen. Wir wünschen uns, dass vor allem die jüngere Generation dieses Angebot annimmt und beim Wandern auf dem Kassel-Steig seine Heimat entdeckt und lieben lernt. Der Kassel-Steig soll auch das Interesse der Schülerinnen und Schüler am Wandern wecken.
Dieser Wander- und Kulturführer, der viel Sehenswertes und Wissenswertes enthält, soll viele Wanderer und Kulturinteressierte nicht nur aus ganz Deutschland anlocken und neugierig machen. Der HWGV leistet durch das ehrenamtliche Engagement seiner Vereinsmitglieder einen nachhaltigen Beitrag für die Gemeinschaft und Gesellschaft zur Verbesserung der Lebensqualität und zur Steigerung des Freizeitwertes in der Region Kassel. Wir danken allen, die dieses bedeutende Projekt, vor allem auch finanziell unterstützt haben.
Ein besonderer Dank gilt dem Oberbürgermeister der Stadt Kassel Bertram Hilgen, dem Landrat des Landkreises Kassel Uwe Schmidt und dem Geschäftsführer des Zweckverbandes Raum Kassel Andreas Güttler, die das Projekt von Beginn an mitgetragen und gefördert haben. Viele engagierte Vereinsmitglieder, Städte und Gemeinden, die Naturparkverwaltungen, der Hessen-Forst, der Hessisch-Waldeckische Gebirgs- und Heimatverein (Gesamtverein) e. V. und seine benachbarten Zweigvereine sowie die Geschichts- und Heimatvereine in der Region Kassel haben zur Entstehung des Kassel-Steigs und zur Erstellung dieses Wanderführers mit beigetragen.
Ich wünsche allen viel Spaß und Freude beim Wandern auf dem Kassel-Steig und bekräftige dies mit einem „Frisch auf".

Dieter Hankel

Dieter Hankel
Vorsitzender des HWGV Kassel e.V.

Der Kassel-Steig

... ist ein attraktiver Panoramawanderweg rund um das Kasseler Becken, der sich über rund 160 km erstreckt und auf dem Herkulesplateau beginnt und endet.
... führt über alle Höhenzüge, die das Kasseler Becken umrahmen. 70 Aussichtspunkte bieten herrliche Rund- und Weitblicke bis zum Kellerwald, Waldecker Land, Eggegebirge, Weserbergland, Meißner und Harz.
... ist ein Naturerlebnis, der durch drei Naturparks, vier Naturschutzgebiete und mehrere Landschaftsschutzgebiete führt.
... ist ein abwechslungsreicher Wanderweg, der zahlreiche Fluss- und Bachtäler durch- und überquert und durch Wald, Feld und Flur verläuft.
... ist mit einem Höhenunterschied von insgesamt 3008 m ein anspruchsvoller Wanderweg.
... ist ein geschichtlicher Wanderweg. Der Wanderer begegnet vielen prähistorischen und erdgeschichtlichen Zeugnissen und Formationen.
... ist ein kulturhistorischer Wanderweg, denn er führt durch eine gewachsene Kulturlandschaft mit zahlreichen Sehenswürdigkeiten.
... führt durch alle am Rand des Kasseler Beckens liegenden Städte und Gemeinden. Am Wanderweg liegen knapp 40 Haltestellen, so das sämtliche Start- und Endpunkte bequem mit öffentlichen Verkehrsmitteln erreicht werden können.
... ist somit auch ein umweltfreundlicher Wanderweg.
Der Kassel-Steig führt teilweise auch über asphaltierte Wege. Dies haben die Streckenplaner gewollt und bewusst in Kauf genommen, weil der Kassel-Steig die Region miteinander verbinden will. Dazu gehört auch, dass alle Ortschaften am Rande des Kasseler Beckens durchwandert bzw. berührt werden, um viele Sehenswürdigkeiten wie Kirchen und andere historische Gebäude sowie Heimatmuseen zu besichtigen oder romantische Winkel entdecken zu können. Dadurch erhöht sich zwangsläufig der Anteil der befestigten Wege gegenüber Wanderwegen, die fast ausschließlich durch Wald, Feld und Flur verlaufen. Dies führt dazu, dass der Kassel-Steig nicht als zertifizierter Wanderweg anerkannt werden kann.
Der Kassel-Steig gehört inzwischen auch ohne Zertifizierung mit zu den beliebtesten Weitwanderwegen in der märchenhaften GrimmHeimat Nordhessen. Seit der Eröffnung in 2013 haben sich, was die Streckenführung und die Sehenswürdigkeiten am Wegesrand betrifft, einige Änderungen ergeben, die in diese Auflage aufgenommen wurden. Eine große Anzahl von Wegepaten pflegt den Wanderweg regelmäßig und sorgt dafür, dass sich dieser immer in einem guten Zustand befindet. Dies ist ein weiteres bedeutendes Qualitätsmerkmal, was den Kassel-Steig auszeichnet.
Auf der Internetseite von Amazon enthält eine Kundenrezension zum Kassel-Steig folgende Bewertung: „Wie der Wanderführer ‚Kassel-Steig' beweist, ist dem Verein ein wahres Glanzstück gelungen. Und alles, was der Wanderer wissen muss, der den Kassel-Steig entdecken will, und noch weitaus mehr greift dieses Spiralo-Buch auf". Dieser Wanderführer ist ein wirklicher Cicerone: für passionierte Wanderer ein Muss, doch ebenso für jeden Einheimischen, der über seine Heimat vieles erfährt, was er vorher nicht gewusst hat."
Dieses broschierte und sehr handliche Buch im Ringformat ist nicht nur ein Wanderführer sondern ein Kultur- und Heimatführer zugleich. Wer dieses Werk gelesen und bei den Wanderungen mit sich führt, hat einfach mehr von den Wanderungen auf dem Kassel-Steig, weil ihm auf der gesamten

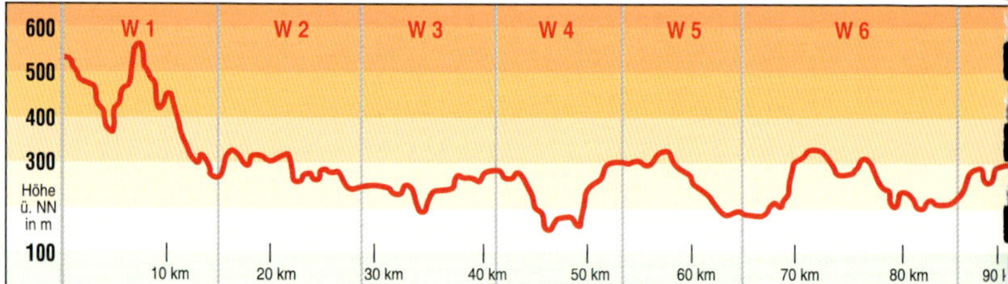

Strecke nichts an Sehenswertem und Wissenswertem entgeht und die Natur und die Landschaft intensiver wahrnimmt und man an Ort und Stelle das eine oder andere nachlesen oder vertiefen kann.
Auf vielen Wanderwegen werden wir uns leider künftig zunehmend an die das Landschaftsbild störenden Starkstromtrassen und großen Windkraftanlagen gewöhnen müssen als Folge der verstärkten Erzeugung und Nutzung erneuerbarer Energien. Dies gilt auch für den Kassel-Steig.
Zahlreiche Wandertafeln am Wegesrand bieten anschauliche Darstellungen über interessante Themen wie z. B. die Entstehung des Natursees Bühl oder die Geschichte der Söhrebahn.
Der Kassel-Steig verbindet viele Durchgangswanderwege (wie den Grimmsteig, den Habichtswaldsteig (siehe Seite 9 und 69), den Ederseeweg, den Studentenpfad, die Wildbahn, den Fuldahöhenweg und den Märchenlandweg). Außerdem berührt er insgesamt 10 Eco Pfade im Landkreis Kassel, die dazu anregen sollen, sich mit der Geschichte der Region zu beschäftigen, Zeugen der Vergangenheit mit anderen Augen zu sehen und sie damit auch für die Zukunft zu bewahren.
Durch die günstige Verkehrsanbindung und die vielen Haltestellen kann sich jeder die Streckenlänge selbst einteilen und je nach verfügbarer Zeit an einem Tag z. B. nur 5 km oder auch 20 und mehr km wandern. Die mit einer gelben Schrift KS markierten zahlreichen Zuwege erlauben einen vorzeitigen Ausstieg (z. B. zum Ortsteil Dörnberg), eine Erweiterung der Wanderung (z. B. zum Ortsteil Knickhagen) oder einen Quereinstieg (z. B. von Zierenberg)

Inhalt und Handhabung dieses Wanderführers

Die gesamte Strecke wurde in 12 Abschnitte aufgeteilt. Wegen der vielen Sehenswürdigkeiten, Entdeckungen und Besichtigungsmöglichkeiten wurden die im Wanderführer vorgegebenen Wanderabschnitte auf längstens rd. 21 km beschränkt, damit der Wanderer den Kassel-Steig ohne Zeitdruck genießen und mit allen Sinnen erleben kann. Bei den dargestellten Wanderabschnitten werden vorweg alle wichtigen Informationen übersichtlich zusammengefasst, wie z. B. die Streckenlänge, der Höhenunterschied, der Schwierigkeitsgrad und die Erreichbarkeit des Start- und Zielortes mit öffentlichen Verkehrsmitteln.
Neben der genauen Beschreibung des Streckenverlaufes enthält dieser Wanderführer umfangreiche, farblich unterlegte Texte, die über alle landschaftlichen und kulturhistorischen Sehenswürdigkeiten, geschichtlichen Ereignisse und Begebenheiten, Bodendenkmäler, historische Gebäude, Besichtigungsmöglichkeiten und vieles mehr informieren. Fast alle Bergkuppen und Basaltkuppen werden mit Angabe der Höhenmeter benannt, so dass sich der Wanderer und Spaziergänger gut orientieren kann und seine Heimat noch besser kennen lernt. Viele abwechslungsreiche und außergewöhnliche Fotos sollen den Wanderer neugierig machen und die Lust auf den Kassel-Steig steigern. Dieser Wanderführer sollte daher der ständige Begleiter eines jeden Wanderers sein.

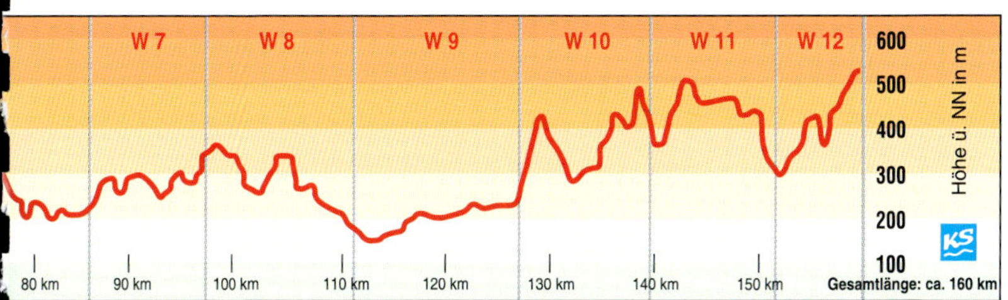

Die zu dem Wanderführer gehörenden Kartenausschnitte geben dem Wanderer eine gute Orientierung über den Verlauf des Kassel-Steigs. Die Karten enthalten alle wichtigen Symbole über Haltestellen, Aussichtspunkte, Rettungspunkte, Grillplätze, Parkplätze sowie über Übernachtungs- und Einkehrmöglichkeiten usw. Die Legende (Seite 124) erklärt die Symbole im Einzelnen.

Durch die vielen Richtungswechsel ergeben sich immer wieder neue überraschende Blickwinkel. Das von weitem zu erkennende leuchtendblaue Wegzeichen wird dem Wanderer stets den richtigen Weg weisen. An manchen Stellen wurden zusätzliche Wegzeichen (KS) mit weißer Farbe angemalt.

Um die Übersichtlichkeit der Karten zu gewährleisten, wurde auf die Darstellung des weiteren Wanderwegenetzes verzichtet. Informationen zu den Rad- und Wanderwegen rund um Kassel finden Sie auf Seite 124.

Allgemeine Wanderhinweise

Der Kassel-Steig führt auch über unebene Wegstrecken. Es empfiehlt sich daher, wandertaugliche Kleidung und festes Schuhwerk zu tragen.

Bitte beachten Sie, dass einige Ortschaften samstags oder sonntags im Rahmen des üblichen NVV-Linienverkehrs nicht oder nur eingeschränkt bedient werden (z. B. der Ortsteil Landwehrhagen der Gemeinde Staufenberg). Es können sich zum Fahrplanwechsel auch Linien ändern, so dass man sich bei der Planung der Wanderung jeweils vorher die gültigen Fahrpläne anschauen sollte. Ausreichend Getränke und Proviant sollte man immer dabei haben, vor allem für den Fall, dass man keine Einkehr- und Verpflegungsmöglichkeit vorfindet. Ein kleiner Taschenfahrplan gehört ebenfalls ins Wandergepäck.

Direkt am Wegesrand oder in den 26 Ortschaften, die den Kassel-Steig berühren, gibt es zahlreiche Einkehrmöglichkeiten. Einige Tipps zu Hotels und Gaststätten entlang des Kassel-Steigs finden Sie bei den jeweiligen Etappen. Erkundigen Sie sich bitte bei den auf der Seite 120 unter dem Abschnitt „Touristische-Informationsstellen" genannten Kontaktadressen, im Internet oder im Telefonbuch über die Öffnungszeiten, damit Sie nicht vor verschlossenen Türen stehen. Es empfiehlt sich immer, vor der Wanderung Kontakt mit dem Gasthaus aufzunehmen, wenn man die Absicht hat, einzukehren. Manche Betriebe öffnen nach vorheriger Anfrage auch außerhalb der üblichen Öffnungszeiten, besonders bei der Anmeldung von Gruppen. Wegesperrungen durch forstwirtschaftliche Nutzung (z. B. bei Treibjagden oder Baumfällarbeiten) sollten unbedingt beachtet werden. Bitte beachten Sie auch die Warnhinweise in diesem Wanderführer oder auf der Internetseite: www.kassel-steig.de. Auf Pfaden oder engen Wegabschnitten soll der Kassel-Steig nicht mit dem Rad oder Mountainbike befahren werden. Entsprechendes gilt auch für Reiter, weil besonders bei feuchten Bodenverhältnissen der Wanderweg durch die immer tiefer werdenden Hufspuren unpassierbar wird. Wanderungen erfolgen stets auf eigene Gefahr.

W 1 Vom Herkules nach Weimar

Schwierigkeit: anspruchsvoll **Länge:** ca. 15,0 km
Ausgangspunkt: Bushaltestelle der Linie 22 am Herkules
Anfahrt: Kassel, Königsplatz mit der Tram 4 bis zur Endhaltestelle Druseltal, weiter mit Bus Linie 22 zum Herkules
Haltestellen: Ortsteil Dörnberg (Gemeindeverwaltung): Bus 22, 110 u. 117
Zierenberg Hoher Dörnberg (Naturparkzentrum): Bus 117
Ortsteil Weimar: RB 4 und RT 4; Bus 48 und 49
Route: Herkules – Silbersee (3,1 km) – Igelsburg (3,4 km) – Dörnberg (7,5 km) – Helfensteine (8,7 km) – Naturparkzentrum Habichtswald (9,6 km) – Bühl (13,4 km) – Bahnhof Weimar (15,0 km)

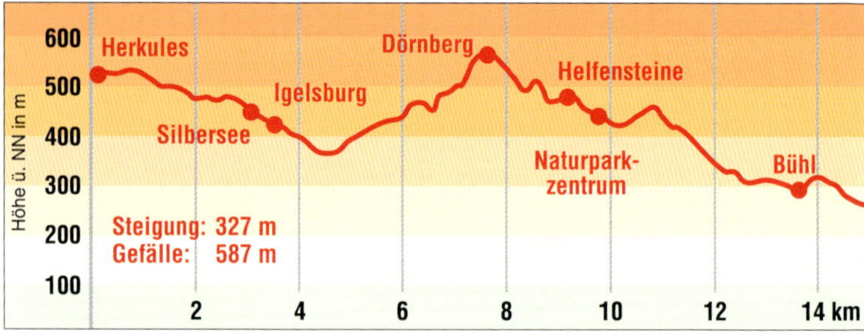

Herkules – Igelsburg

Der Kassel-Steig beginnt am **Herkules**, der zusammen mit den Wasserspielen im Bergpark Wilhelmshöhe vom **Welterbekomitee der UNESCO** am 23. Juni 2013 in die **Liste des Kultur- und Naturerbes der Welt** aufgenommen wurde. Diese Welterbestätte, die Platz 7 in der Beliebtheitsskala von 47 in Deutschland belegt, gehört zum universellen Kulturerbe der Menschheit. „Das Komitee würdigte die Stätte als einzigartige Kulturlandschaft: Die Wasserkünste des Parks seien ein außergewöhnliches und einmaliges Beispiel monumentaler Wasserbaukunst des europäischen Absolutismus. Ohne Zweifel sei die Herkulesfigur technisch und künstlerisch die anspruchsvollste Großskulptur der Frühen Neuzeit. An keinem anderen Ort der Welt sei jemals eine am Hang gelegene Parkarchitektur mit vergleichbaren Ausmaßen und einer technisch so vollkommenen Wasserarchitektur ausgestattet worden, wie in Kassel seit 1691 unter Landgraf Karl."

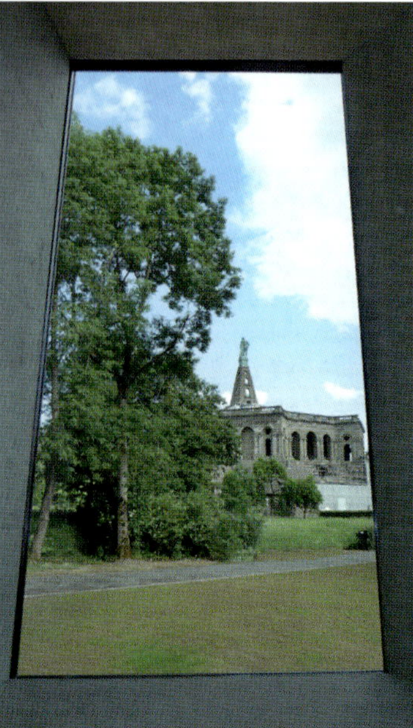

Der Herkules ist das Wahrzeichen der Stadt Kassel und der ganzen Region. Jeder Besucher und Wanderer steht immer wieder voller Bewunderung vor diesem großartigen einmaligen Bauwerk mit dem Oktogon, der Pyramide und der Herkulesstatue hoch oben über der Stadt Kassel auf dem Kamm des Habichtswaldes.

Blick aus dem Besucherzentrum auf den Herkules (Foto: Lothar Glebe)

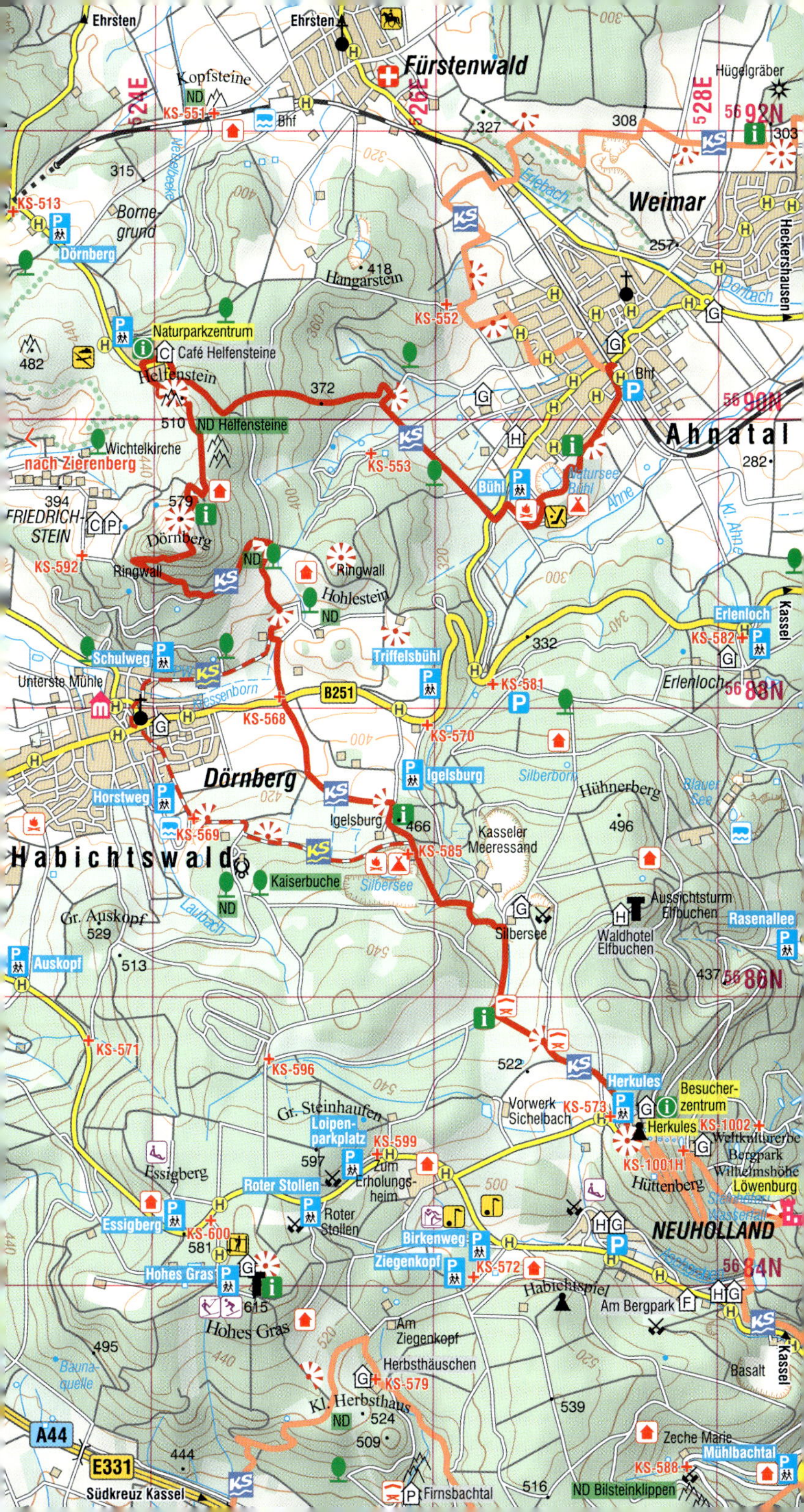

Fürstenwald
Weimar
Ahnatal
Dörnberg
Habichtswald
NEUHOLLAND
Naturparkzentrum
Café Helfensteine
Helfenstein
ND Helfensteine
Wichtelkirche
nach Zierenberg
Dörnberg
Ringwall
Hohlestein
Triffelsbühl
Schulweg
Unterste Mühle
Horstweg
Igelsburg
Kasseler Meeressand
Hühnerberg
Kaiserbuche
Silbersee
Aussichtsturm Elfbuchen
Waldhotel Elfbuchen
Rasenallee
Gr. Auskopf
Auskopf
Vorwerk Sichelbach
Herkules
Besucher-zentrum
Bergpark Wilhelmshöhe
Löwenburg
Hüttenberg
Gr. Steinhaufen
Loipen-parkplatz
Zum Erholungs-heim
Essigberg
Roter Stollen
Birkenweg
Ziegenkopf
Habichtspiel
Am Bergpark
Hohes Gras
Am Ziegenkopf
Herbsthäuschen
Kl. Herbsthaus
Zeche Marie
Mühlbachtal
ND Bilsteinklippen
Firnsbachtal
Südkreuz Kassel
Kassel
Erlenloch
Bühl
Naturseе Bühl
Hangarstein
Kopfsteine
Bornegrund
Hügelgräber
Heckershausen
FRIEDRICHSTEIN

Der Linienbus der Kasseler Verkehrsgesellschaft (KVG) hält unmittelbar vor dem in 2011 neu eröffneten Herkules-Besucherzentrum, das auf jeden Fall zunächst aufgesucht werden sollte, nicht nur wegen der umfassenden Informationen, die man dort erhält. Beim Betreten des Innenraumes wird der Besucher überrascht sein vom Blick auf das Herkulesbauwerk durch ein großes Panoramafenster.
„Durch die Umrahmung entsteht zunächst der Eindruck, man blickt auf ein Bild, das wie ein überdimensionales Gemälde mit einer magischen Anziehungskraft wirkt". Das Gebäude wird mittels einer Wärmepumpe und unter dem Parkplatz befindlichen Erdwärmesonden beheizt. Mit dieser geothermischen Anlage möchte man jährlich mehr als zehn Tonnen Kohlendioxid einsparen. Die Betonfassade wurde gesandstrahlt, um eine raue Struktur zu erhalten. Dadurch wird der Beton schnell Patina ansetzen und sich somit an die Oberflächenstruktur des Tuffsteins angleichen.[1]

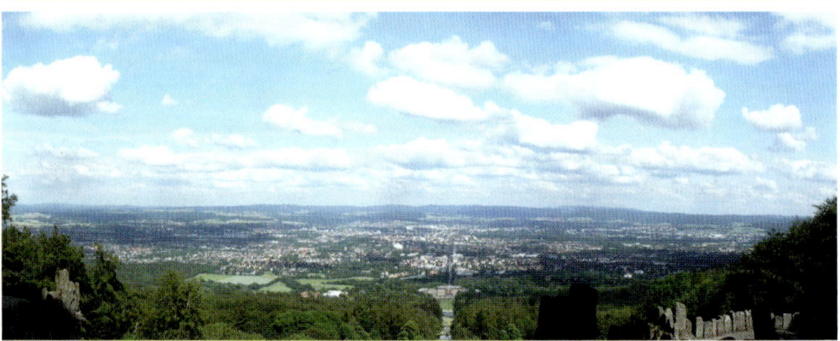

Panoramablick auf das Kasseler Becken (Foto: Lothar Glebe)

Beim Verlassen des Besucherzentrums folgen wir dem Wegzeichen für den Kassel-Steig KS und gehen links um das Oktogon, um das achteckige Riesenschloss von der Vorderseite zu betrachten. Beim Betreten der Plattform sind wir überwältigt von dem grandiosen Fernblick auf die Stadt Kassel, die umliegenden Ortschaften und die sich aneinanderreihenden Bergketten am Horizont, die das Kasseler Becken umrahmen.

Unmittelbar vor uns liegen die **Kaskaden**, über die regelmäßig an bestimmten Tagen in den Sommermonaten das in Bassins gespeicherte Oberflächenwasser aus dem Habichtswald bis in den Neptunbrunnen herabfließt. Wir blicken auf den schönsten Bergpark Europas, der vom Frühjahr bis Herbst einem grünen bzw. buntgefärbten Teppich gleicht, aus dem das Schloss Wilhelmshöhe und die Löwenburg herausragen. Der Aufstieg zur oberen Plattform des Oktogons und weiter in die Pyramide lohnt sich. Eine Spindeltreppe (genannt Jussow-Treppe) führt bis zu den Füßen der Herkulesstatue. Der Besucher wird begeistert sein über die grandiose Aus-

siehe Karte Seite 7 und 115

sicht aus dieser Höhe in alle Himmelsrichtungen bis zu einer Entfernung von mehr als 50 km. Dies ist nun wieder möglich, nachdem die 5 Jahre dauernden Sanierungsarbeiten des monumentalen Bauwerks oberhalb der Aussichtsplattform und der Herkulesstatue abgeschlossen wurden.

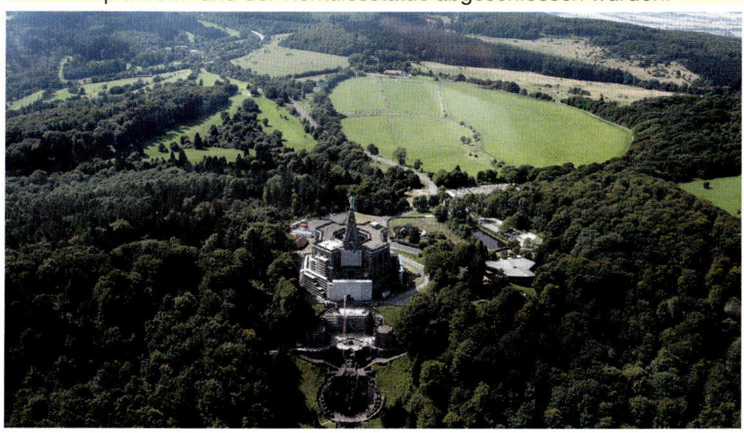

Blick auf den Herkules, die Hutewiesen und umliegende Erhebungen (Foto: Luftaufnahme - HNA Hessische Allgemeine / Jochen Herzog)

Wir gehen die wenigen Schritte zurück bis zum nächsten Wegweiser. Rechts liegt das Restaurant „Herkules-Terrassen". Die Wanderstrecke beginnt am oberen Ende des Parkplatzes an der Informationstafel mit der Beschreibung des Kassel-Steigs. Der Wanderweg verläuft bis zum Hohen Dörnberg zum größten Teil auf dem 2011 eröffneten Habichtswaldsteig . Dieser etwa 85 Kilometer lange Steig beginnt in Zierenberg. Er durchquert den Naturpark Habichtswald und verbindet die größten hessischen Wacholderheiden am Dörnberg mit letzten Urwäldern an den Steilhängen des Edersees. Der Habichtswaldsteig verspricht unvergessliche Wandertage durch eine einzigartige Kulturlandschaft.

Der Kassel-Steig führt auf einem sanften Pfad durch ein kleines Waldgebiet. Links etwa 40 m vom Wanderweg entfernt steht der neue InfoPavillon des NP Habichtswald mit einigen bebilderten Wandertafeln. Ein Blick darauf lohnt sich. An der nächsten Wegegabelung gehen wir geradeaus auf einem Pfad rechts neben der asphaltierten Straße weiter, die wir nach etwa 400 m überqueren. Auf diesem Abschnitt befindet sich ein Märchenrastplatz des Habichtswaldsteiges mit einer Riesenbank, auf der man so richtig Beine und Seele baumeln lassen kann. Geradeaus geht es zu dem 1,4 km entfernten Hotel und Restaurant „Elfbuchen" (siehe Anzeige), das mitten im Wald liegt.

siehe Karte Seite 7

Wir überqueren nun die Hutewiesen, die für das Landschaftsbild des Habichtswaldes charakteristisch sind. Über Jahrhunderte hat die bäuerliche Bevölkerung aus den umliegenden Ortschaften diese höher gelegenen Flächen für den Viehauftrieb genutzt. Man spricht deshalb auch von Allmende-Hutungen, auf die alte Flurnamen noch heute hindeuten.[2]
Durch ein Drehkreuz betreten wir die „Hute", auf der friedlich Rinder und Schafe grasen und damit zur Landschaftspflege beitragen.
Wir genießen die Aussicht auf die umliegenden Erhebungen (von links Ziegenkopf 565 m, Hohes Gras 615 m, Großer Steinhaufen 597 m) bis hin zum Hohen Dörnberg im Norden, den wir in knapp einer Stunde erklimmen werden. Am unteren Ende der Hute überqueren wir den Ahnebach über den Conrad-Henckel-Steg, der an ein verdienstvolles Mitglied des Hessisch-Waldeckischen Gebirgsvereins Kassel e.V. (HWGV) erinnert. Zwischen zwei Sitzgruppen biegen wir rechts auf die Kastanienallee und treffen hier auf eine „Extratour" des Habichtswaldsteiges H3 . Die Ahne, die sich auf dem weiteren Weg durch den Habichtswald ein immer tieferes Bachbett gegraben hat, begleitet den Kassel-Steig die nächsten 700 m auf der rechten Seite bis zu einem Gebäude, in dem das idyllisch gelegene und gern besuchte „Gasthaus Silbersee" seinen Platz hatte und leider 2020 von dem Eigentümer und Wirt aufgegeben wurde. Der Deutsche Alpenverein, Sektion Kassel, hat Interesse, diese Immobilie zu übernehmen. Vor dem Gebäude biegt der Kassel-Steig links in Richtung Igelsburg ab. Der Weg führt zusammen mit dem H3 durch einen Buchenwald bis zu einer Weggabelung, an der wir uns wieder links halten. 600 m nach der Weggabelung verlassen wir kurz den Kassel-Steig (Rettungspunkt KS 585) und gehen links, durch eine Schranke gesichert, etwa 150 m hinauf zum versteckt gelegenen Silbersee, der in einem ehemaligen Tagebau nach Beendigung des Basaltabbaus entstanden ist.

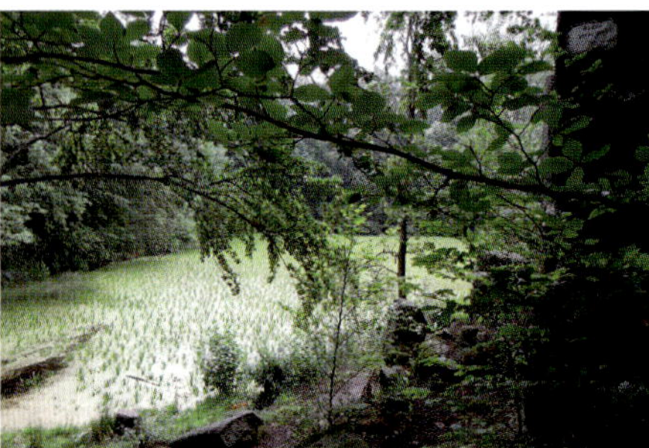

Der malerisch gelegene Silbersee (Foto: Hartmut Kipp)

Hier befindet sich ein großes Freizeitgelände mit Grillstation, Sitzgruppen und einem Platz für Lagerfeuer. Mit dem Habichtswaldsteig wurde am Silbersee mit den aufragenden Basaltsäulen auch ein Märchenrastplatz mit einer Pendelwippe neu angelegt, auf der man die Leichtigkeit und Freiheit in luftiger Höhe fühlen kann.
Ein ideales Gelände für Abenteuerspiele, das von Pfadfindergruppen, Schulkassen und Familien mit Kindern gern aufgesucht wird. Aber Vorsicht wegen des tiefen Sees, der mit der besonders geschützten „Krebsschere" bewachsen ist! Es sollten immer Aufsichtspersonen zugegen sein.

Wir gehen zurück zum Kassel-Steig. Nach etwa 200 m verlassen wir vor einer leichten Linkskurve den breiten Forstweg und wandern geradeaus einen schmalen Waldpfad bergab.

An dieser Stelle biegt ein Querpfad mit dem Wegzeichen ⊥ zum Wurmbergsattel rechts ab. Hierauf wird deshalb hingewiesen, weil dieser Weg durch das schluchtenartige Ahnetal führt. Ludwig Emil Grimm, der Malerbruder der Brüder Grimm und Kunstprofessor in Kassel, verbrachte hier viele Stunden mit dem Zeichnen, als er 1830 bei dem Herkuleswirt und

Oktogon-Kastellan Günther einen mehrwöchigen Erholungsurlaub machte. Die Beschreibung in seinen „Lebenserinnerungen" kann dem Wanderer auch heute noch unverändert als Anregung dienen: „Tagelang war ich im Ahnegraben, einer engen Schlucht, wo das wilde Bergwasser kleine und große Wasserfälle gebildet hat. Alles ist dicht zugewachsen, Abhänge, Felsenmassen, von Efeu, Brombeeren und Teufelszwirn, überall Waldblumen. Es war mutterstill um mich, nur das schwache Murmeln der Wasserfälle und den Gesang der Vögel hörte man." [3]

Auf der Wanderung durch den oberen Teil der engen Schlucht kann man eine geologische Berühmtheit entdecken, den „Kasseler Meeressand". Denn vor ca. 30 Mill. Jahren, in dem „Oligozän" genannten Abschnitt der Erdgeschichte, waren das heutige Kasseler Becken – und die weitere Region – meerbedeckt! Bei Jahresdurchschnittstemperaturen von 18 bis 20 Grad Celsius bot das Wasser den Lebensraum für Muscheln, Schnecken, Korallen, Moostierchen und Muschelkrebse, aber auch für Wirbeltiere wie Haie, Wale und Seekühe. Als sich das salzige Flachmeer am Ende des Oligozäns zurückzog, blieben Reste dieser Tiere in der abgelagerten Schicht feinkörnigen Quarzsands enthalten. Gerade der Ahnegraben (aber auch das weitere Wolfhager Land) ist ein Gebiet, in dem dieser – später von anderen Sand- und Gesteinsschichten überlagerte – „Kasseler Meeressand" mit seinen Mikrofossilien zu Tage tritt. Sämtliche Fundstellen sind aber streng geschützt! Einen guten Eindruck kann man sich jedoch im Kasseler Naturkundemuseum im Ottoneum verschaffen. [4]

Auf einem Plateau oberhalb des Einstiegs in den Ahnegraben, nahe der früheren Gaststätte Silbersee, sind noch Reste der Anlagen des inzwischen eingestellten Basaltabbaus zu entdecken – Industriearchäologie mitten im Wald und ein beeindruckender Kontrast zu der „wildromantischen" (L. E. Grimm) Schlucht!

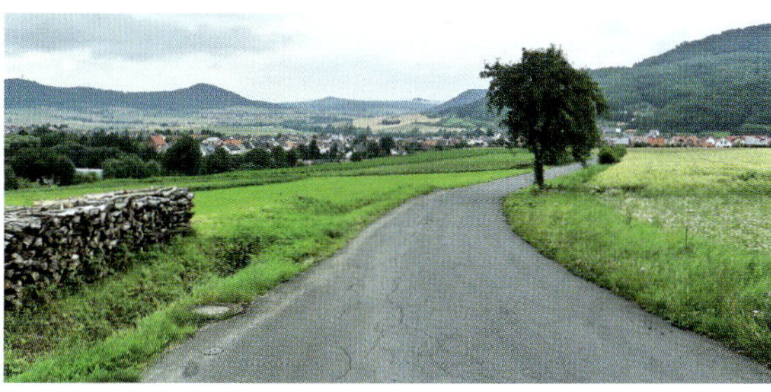

Herrlicher Blick auf den Ort Dörnberg und die Berge um das Warmetal. (Foto: Lothar Glebe)

Wer den Kassel-Steig nicht weiterwandern möchte, kann von hier aus dem Wegzeichen für die Zuwege des Kassel-Steigs KS oder dem Wegzeichen ⊥ folgen und entlang des Waldrandes mit herrlichen Ausblicken auf den Ort Dörnberg und die das Warmetal umgebenden Berge ca. 2,5 km nach Dörnberg wandern. Von dort ist die Rückfahrt mit der Buslinie 22 zum Herkules oder Linie 110 nach Kassel, Ahnatalstraße bzw. Kassel, Mauerstraße möglich.

Wir bleiben auf dem Kassel-Steig und erblicken rechter Hand eine etwas versteckt liegende Basaltkuppe, die **„Igelsburg"** (466 m). Es ist nicht bekannt und belegt, wann diese Burganlage – früher „Engelsburg" genannt – erbaut wurde. Sie war in Holzbauweise errichtet worden (Palisadenburg) und zerfiel deshalb, nachdem sie von ihren Besitzern, den Junkern von Dörnberg, um das Jahr 1200 verlassen worden war. Wegen ihrer strate-

gisch günstigen Lage könnte sie ein Vorposten Karls des Großen und der Franken zum Schutz gegen die Sachsen im umkämpften Grenzgebiet gewesen sein. Die der Höhe nach dreifach gestaffelten Ebenen der kleinen Burganlage sind beim Aufstieg in ihrer bescheidenen Größe noch gut durch die Reste der Ringwälle zu erkennen. Vor der Besteigung von Süden her durchschreitet man einen vorgelagerten Graben mit Wall.
Auf gleicher Höhe linker Hand, verdeckt durch eine Baumgruppe, steht die ehemalige Gaststätte „Igelsburg“ (1911–1996), die auch einige Jahre dem HWGV Kassel gehörte.
Auf den Wiesen westlich der Igelsburg gab es eine Töpferei; reiches Fundmaterial aus dem 13./14. Jahrhundert wurde inzwischen gesichert, aber auch heute noch ist hier die eine oder andere Tonscherbe zu finden.[5]

Igelsburg – Dörnberg

Nach etwa 300 m biegt der Kassel-Steig links ab in die Feldflur. Rechts am Waldrand befindet sich eine Ruhebank. Auf dem Weg dorthin blicken wir auf den etwas tiefer liegenden Ort Dörnberg und in der Ferne bis zum Rohrberg (517 m), den Großen Bärenberg mit Aussichtsturm (600 m) und den Großen Gudenberg (569 m). Wir wandern in einem großen Bogen an einem mit Hecken und Obstbäumen umsäumten Weg durch Wiesen, Felder und Viehweiden mit der Flurbezeichnung „Auf den Seiten“ bis zur Bundesstraße 251, die Kassel mit Waldeck und Korbach verbindet.
Auf der gegenüberliegenden Seite (Flurbezeichnung „An der Esche“ und Rettungspunkt KS-568) geht es teils auf asphaltierten und teils auf grasbewachsenen Wegen bergauf. Wir befinden uns jetzt am Fuße des Hohen Dörnbergs, dem nächsten Ziel. Die teils üppig blühenden Wiesen deuten auf die besonderen Bodenverhältnisse (Muschelkalk und Kalkstein) hin, die auf dem Dörnbergmassiv vorzufinden sind. Die 430 m hohe Basaltkuppe „Katzenstein“ (früher Chattenstein) lassen wir rechts liegen.

An der Stelle, an der der Kassel-Steig nach rechts bergauf abbiegt, kann man den Weg verlassen und links abwärts dem Wegzeichen KS folgend auf einer asphaltierten Straße nach Dörnberg wandern (ca. 1,4 km).

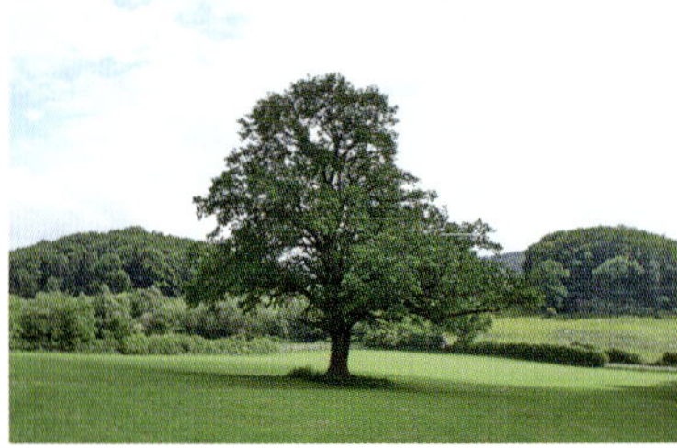
Naturdenkmal – knorrige Stieleiche (Foto: Hartmut Kipp)

Auf halber Höhe bei einer Ruhebank, bevor der Kassel-Steig links weiter bergauf geht, haben wir erneut eine fantastische Aussicht auf den Bergrücken oberhalb der Igelsburg, den Essigberg mit dem Fernsehturm, den Großen und Kleinen Auskopf und den Ort Dörnberg. Auf diesem Wegstück passieren wir auf der rechten Seite am Wiesenhang ein Naturdenkmal, eine alleinstehende knorrige Stieleiche. Am Waldrand angelangt, lädt ein Rastplatz zum Verweilen ein. Rechts geht es zum **Hohlestein** (476 m), wenn man dem Wegzeichen F folgt.

Ein kurzer Abstecher dorthin lohnt sich. Es geht an einer Schutzhütte vorbei und plötzlich ragt monumental und dunkel ein massiger Felsen hinter den Buchenstämmen auf. Zunächst muss man eine Bergkuppe ersteigen und steht dann am Fuße der steilen Wände des Basaltkolosses. Irgendwie erscheint er unbezwingbar, jedenfalls so lange, bis man eine Klettermöglichkeit ohne Hilfsmittel auf der Nordseite entdeckt hat. Aber auch dann ist bei feuchter Witterung äußerste Vorsicht geboten.

Oben befindet man sich auf einem kleinen Plateau und schaut überrascht auf eine von Menschenhand in den Fels geschlagene, fast quadratische Vertiefung von 2 m Seitenlänge und 1,20 m Tiefe. Außer in langen Trockenperioden ist das Becken immer mit Wasser gefüllt. Der Blick von hier oben gleitet über die Wipfel der Buchen hinweg zu den umliegenden Dörfern (Calden, Fürstenwald, Weimar, Heckershausen) und weit ins Land hinein bis zum Reinhardswald. Ein Ringwall, der den Felsen an seinem Fuße umzieht, wird wohl von Resten einer zusammengefallenen Steinmauer aus der Eisenzeit (ab 8. Jh. v. Chr.) stammen, was ebenso auf eine vorgeschichtlichen Besiedlung hinweist wie die Funde von Keramikscherben aus dieser Zeit (Hallstattzeit/Latènekultur). Da 1745 noch von einem „alten Gemäuer als Reste eines alten Schlosses" auf dem Felsen berichtet wird, ist anzunehmen, dass dort oben im Mittelalter eine Burg stand.
Die besondere Atmosphäre um den und auf dem Felsen mit seinem Gipfelloch hat zu populären Deutungen als Naturheiligtum und einer Begräbnis- und Opferstätte geführt. Aber der Aushub könnte auch als Wasserreservoir oder als Felsenkeller gedient haben oder dem Versuch, das im Basalttuff vorkommende Eisen zu gewinnen.[6]

An dem Wegekreuz führt der Kassel-Steig links bergauf in den Wald. An einem Querweg halten wir uns erneut links. Nach etwa 700 m biegen wir rechts ab und wandern auf weichem Waldboden, in Serpentinen steil ansteigend, durch einen herrlichen Hallenbuchenwald auf das Dörnbergplateau (579 m).

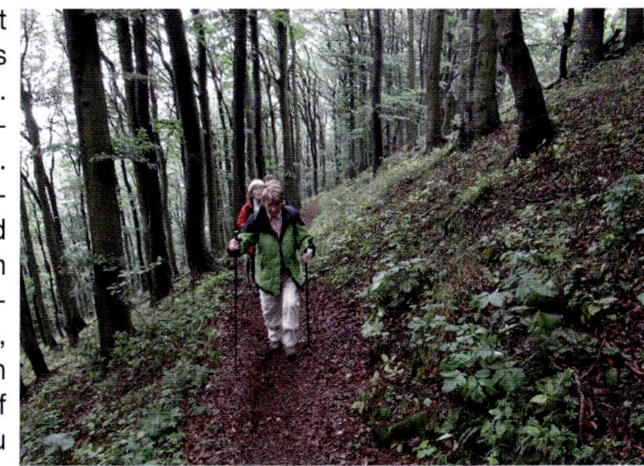
Aufstieg zum Hohen Dörnberg (Foto: Hartmut Kipp)

Auf diesem Teilstück trägt unser Wanderweg die Bezeichnung „Steig" zu Recht. Aber der Aufstieg lohnt sich. Der **Hohe Dörnberg** ist für alle Wanderer wegen der besonders schönen Landschaft mit blühenden Bergwiesen, ausgedehnten Wacholderheiden, bizarren Felsen und grandiosen Aussichten ein besonderes Natur- und Freizeiterlebnis. Wir stoßen auf den Eco Pfad „Archäologie Dörnberg", der rund um den Dörnberg führt. Auf Informationstafeln wird dem Wanderer im weiteren Verlauf des Kassel-Steigs, der auf dem Gebiet des Dörnbergs mit dem Eco Pfad verläuft, Wissenswertes über die ehemalige Ringwallanlage und die Helfensteine vermittelt. Der Dörnberg wurde bereits im 3. Jh. v. Chr. besiedelt. Um 1071 soll Kaiser Heinrich IV. hier den Überlieferungen nach im Kampf gegen Otto von Northeim ein Lager errichtet haben.
Nach etwa 100 Metern erreichen wir den höchsten Punkt des Dörnbergplateaus und sind überwältigt von dem grandiosen Rund- und Weitblick, der sich von hier aus bietet.
Das gesamte Kasseler Becken, umgeben von den Höhenzügen des Reinhardswaldes, des Kaufunger Waldes, des Meißners und der Söhre, haben wir vor Augen. In Richtung Süden erblicken wir den Herkules, unseren Ausgangspunkt. Bei guten Sichtverhältnissen erstreckt sich der Blick in Richtung Südwesten sogar bis zum Wüstegarten im Kellerwald (ca. 41 km), in

Richtung Westen bis zum Langenberg (843 m) höchste Erhebung im Rothaargebirge (ca. 50 km), in Richtung Nordwesten bis zum Eggegebirge (ca. 50 km), in Richtung Norden bis zum Köterberg im Lipperland (ca. 78 km) und in Richtung Osten bis zum Brocken im Harz (ca. 100 km). Bevor man vom Plateau den Weg rechts steil hinab wandert, lohnen sich auf der Nordkante etwa 50 Schritte nach links, denn von hier aus bietet sich die grandiose Aussicht bis in das Waldecker Upland und das Wittgensteiner Land als Teil des Rothaargebirges im Sauerland.

Faszinierend ist auch der Blick auf die unter uns liegenden Helfensteine und die Huteflächen mit dem **Segelfluggelände**, das bereits 1923 angelegt und ein Jahr später offiziell eingeweiht wurde. Auf Grund der idealen Lage und der Hangwinde wurden in den folgenden Jahren immer wieder Segelflugrekorde aufgestellt, so dass der Dörnberg durch den Deutschen Luftrat als Rekordgelände anerkannt wurde.[7]

Die Segelflieger, die hoch über dem Dörnberg-Massiv am Himmel kreisen, ziehen immer wieder die Blicke der Wanderer und Spaziergänger auf sich.

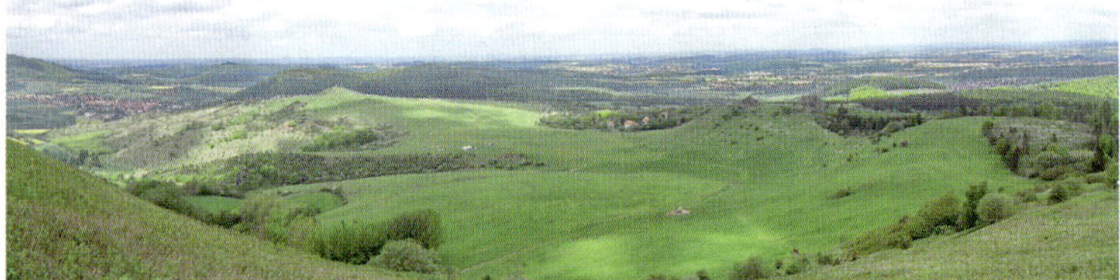

Blick vom Hohen Dörnberg auf das Segelfluggelände und die Helfensteine (Foto: Hartmut Kipp)

Es bestehen Mitfluggelegenheiten, um die eindrucksvolle und abwechslungsreiche Landschaft auch einmal aus der Vogelperspektive des Habichts wahrnehmen zu können.

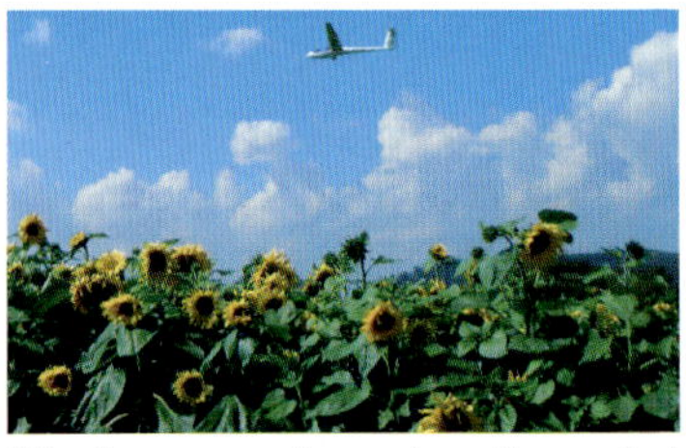

Ein Mitflug in einem Segelflugzeug ist ein eindrucksvolles Erlebnis (Foto: Ruth Brosche)

Das Naturschutzgebiet im Westen des Dörnbergs rund um den Alpenpfad und den Jägerpfad mit dem Wacholderbewuchs erinnert an Landschaften im Allgäu und in der Schwäbischen Alb.

Auf den blumenreichen Flächen des Kalkmagerrasens gedeiht eine Vielzahl von Orchideenarten, Enzianen, Primeln und anderer seltener Pflanzen. In Richtung Norden erblicken wir den Großen Schreckenberg mit Aussichtsturm (460 m), den Schartenberg (404 m) mit der Ruine Schartenburg und den Galgenberg (370 m).

siehe Karte Seite 7 und 21

An der Informationstafel „Wallanlagen auf dem Dörnberg" quert der Pfad links bergab den Nordhang des Dörnbergs. Auf halber Höhe halten wir uns rechts und nach einem Steilstück zweigen wir erneut rechts ab. Der Weg verläuft einige Schritte eben, bis er erneut rechts leicht bergauf zwischen Büschen auf ein kleines Plateau führt, das einem Hohlweg ähnelt.

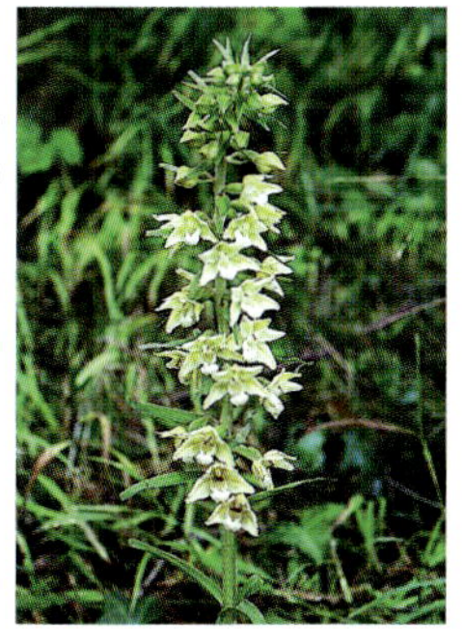

Violette Stendelwurz, die sog. Lippe der Blüte ist weiß – einzigartige Orchidee in Europa (Foto: Hans Hellmuth)

Nach 20 m erreichen wir überraschend einen erneuten Aussichtspunkt mit einer Schutzhütte – die Basaltformation **Immelburg**. Auch dieses Gebiet des Bergmassivs gehört zum Flora-Fauna-Habitat (FFH Gebiet) „Dörnberg, Immelburg und Helfensteine", das sich fast über das gesamte Dörnberg-Areal erstreckt.
Gerade in diesem Gebiet wird eine das Landschaftsbild unserer Region prägende geologische Besonderheit sichtbar. Es ist der Basalt, der durch zahlreiche, von der Erosion freigelegte Felsen (die Immelburg, die Helfensteine und die Wichtelkirche) beeindruckt. Neueste Untersuchungen haben unmittelbar unterhalb der Felsformation Immelburg eine lockere Außenbesiedlung im 7./6. Jahrhundert v. Chr. nachgewiesen, mit einem oberirdisch nicht mehr sichtbaren Steinwall.[8]

Wir wandern weiter auf der östlichen, steil abfallenden Hangkante und genießen die Aussichten auf den Hohlestein und den Ort Weimar; in der Ferne erblicken wir das Kasseler Becken. Durch ein malerisches Wiesental zu unseren Füßen schlängelt sich der Servitutgraben, der bei Weimar in die Ahne mündet. Charakteristisch für den Dörnberg sind die Helfensteine, die wir in wenigen Minuten erreichen.
Die bizarren Felsformationen der Helfensteine (509 m) prägen das Dörnberg-Areal und ziehen Besucher und Wanderer an und hinauf. Hier bieten sich Möglichkeiten zum Krabbeln, Kraxeln und Klettern und von oben hat man eine herrliche Aussicht. Der südöstliche Felsblock ist oben abgeflacht und durch horizontal liegende Basaltsäulen leicht zu erklimmen. Wer die Dunkelheit abwarten kann, dem bietet sich hier oben ein starkes Erlebnis: In dieser Höhe und ohne das störende Streulicht leuchten die Sterne rundherum durchdringend hell und ganz nah und man hat das Gefühl, frei im All zu stehen.

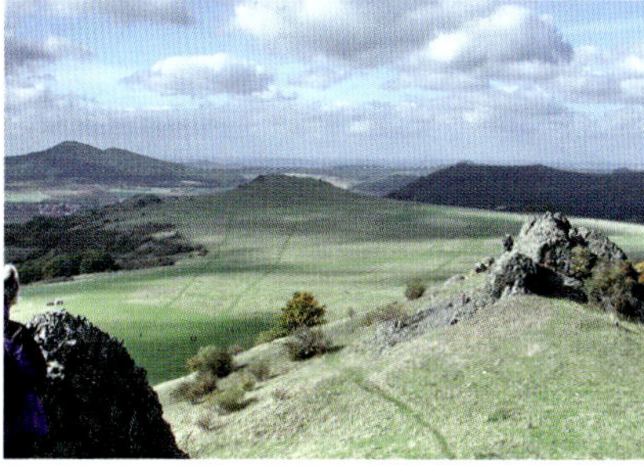

Grandiose Aussicht von den Helfensteinen auf das Segelfluggelände und die umliegenden Berge (Foto: Lothar Glebe)

Helfensteine: Bei Ausgrabungen gefundene Keramikscherben gehen auf die Späthallsteinzeit (ein Zeitabschnitt der älteren Eisenzeit im 5./6. Jh.) zurück. Eine Wallanlage mit einem etwa 100 m langen Graben lässt darauf schließen, dass hier im Hochmittelalter eine Burg gestanden hat (siehe auch Eco Pfad Informationstafel „Die mutmaßliche Burg auf dem Helfenstein").[9]

Der Kassel-Steig führt von den Helfensteinen in nordwestlicher Richtung den Hang hinab. Wir gehen nun halblinks haltend auf einem Grasweg an einem freistehenden Pfosten des Habichtswaldsteiges vorbei zum Naturparkzentrum Habichtswald, das über seine Freizeit- und Veranstaltungsangebote informiert.

Das **Naturparkzentrum Habichtswald** auf dem Dörnberg ist nicht nur ein idealer Ausgangspunkt für Wanderungen und Veranstaltungen in einer besonderen Naturlandschaft, es zeigt in seiner angegliederten Ausstellung Wissenswertes zu den Themen Geologie, Geschichte und Naturschutz im gesamten Naturparkgebiet. Wechselnde Sonderausstellungen laden zum Wiederbesuch ein. Viele Mitmachecken und Naturerlebnisse zum Anfassen machen das Angebot grade für Kinder attraktiv. Im Eingangsbereich des Naturparkzentrums informieren die Mitarbeiter/innen über alles Wissens- und Sehenswerte im Naturpark. Dort können auch regionale Produkte, Bücher, Wanderkarten und Kunsthandwerk erworben werden. (siehe Seite 19)
Die Gebäude der 2001 geschlossenen Jugendbildungsstätte beherbergen heute den „**Begegnungsraum Lebensbogen**". Diese Gemeinschaft wünscht sich eine nachhaltige, gemeinsame weite Welt, in der sich eine neue Kultur der Begegnung entwickelt und ein liebevoller Umgang mit Mensch, Tier und Umwelt selbstverständlich ist. Sie gestaltet und pflegt auf der Grundlage ihrer Werte und Ausrichtungen einen lebendigen Begegnungsraum. (www.gemeinschaft-lebensbogen.de).
Von der Terrasse des **Cafés Helfensteine** hat man einen schönen Blick auf die gleichnamigen Felsengruppe und den Dörnberg. Der Vorgänger des Begegnungsraums hat die Helfensteine auf seiner Internetseite als einen geschichtsträchtigen Ort beschrieben, der durch alte Sagen bezaubert und durch keltische Mythen fasziniert. Die Gemeinschaft wirbt „Wanderer können auf unserer Sonnenterrasse mit Blick auf den Dörnberg und die Helfensteine oder im schön gestalteten Gastraum entspannen"[14]. (siehe Seite 14)

Wer gern nach Zierenberg abzweigen möchte, der folgt dem Märchenlandweg M in Höhe des Naturkparkzentrums nach links über die Hutewiesen und über den aussichtsreichen Jägerpfad (ca. 5,5 km). Zierenberg ist eine malerische Kleinstadt im Warmetal mit einem schönen Marktplatz, an dem das älteste gotische Fachwerkrathaus Hessens (erbaut um 1450) steht.

Dörnberg – Weimar

Wir gehen in nordöstlicher Richtung durch das Gelände des Begegnungszentrums bis an das Ende einer Umzäunung, an der wir durch einen früheren Hutewald rechts den Hang hinaufwandern bis zu einem rechts liegenden Drehkreuz. Der Kassel-Steig biegt hier links ab und leitet uns zunächst auf einem schmaleren Pfad und dann auf einem breiten Forstweg bergab durch den Wald. Nach 2 km (ab Naturparkzentrum) zweigen wir rechts ab und folgen dem Weg ein Stück am Waldrand entlang. Zwischen den am Wegesrand stehenden Bäumen bietet sich linker Hand ein überraschender Blick über Weimar hinweg bis zum Kaufunger Wald.

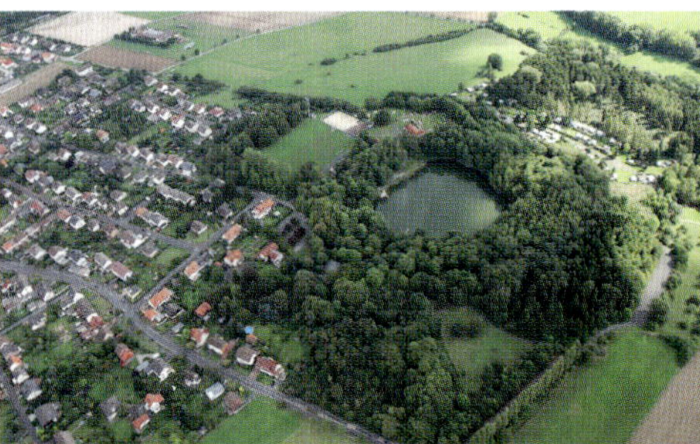

Luftaufnahme vom Bühl (Foto: Ruth Brosche)

Nach 100 m biegen wir links ab und gehen nun etwa 1 km geradeaus über den Servitutgraben, vorbei an Feldern und Wiesen bis zur Kreisstraße K 29. Rechter Hand werfen wir nochmal einen Blick auf den Dörnberg, von dem wir gekommen sind. Am „Loßbeerfeld", einer Flurbezeichnung kurz vor der Kreisstraße, steht eine Ruhebank. Vor uns sehen wir den Hühnerberg, der durch einen steilen Abfall an seiner Ostseite zu erkennen ist. Nach Erkundungen des Kasseler Heimatforschers Heiner Range gibt es aufgrund des Sonnenstandes zur Sommersonnenwende Hinweise dafür, dass sich auf diesem Berg eine Kultstätte bzw. ein Heiligtum der Kelten befand.
Wir überqueren die Kreisstraße, gehen auf einem befestigten Weg links weiter und biegen nach etwa 80 m zunächst rechts und nach etwa 280 m links ab. Nach 80 m halten wir uns erneut links, dann führt der Weg aufwärts über die „Orchideenwiese" (dort wächst auch der geschützte Gewöhnliche Fransenenzian) bis zu einem Querweg, dem wir wieder links folgen. Nach wenigen Metern sind wir am Parkplatz Bühl, wo wir scharf rechts abbiegen und weiter bis zum malerischen Natursee Bühl wandern (13,1 km).

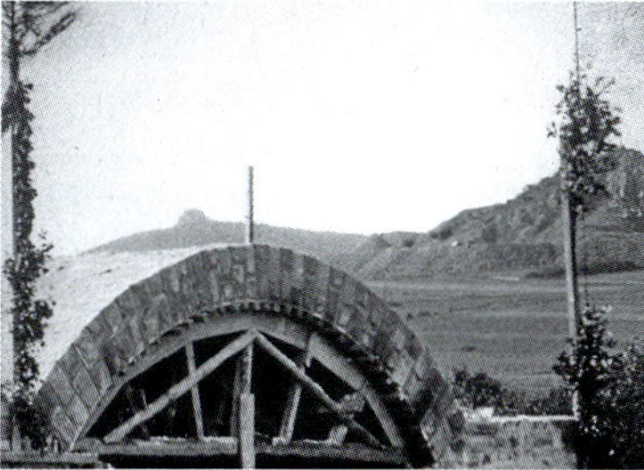

Blick auf die noch 60 m hohe Bergkuppe des Bühl (rechts) vor 1896 (Foto: Archiv der Gemeinde Ahnatal)

Bühl: Man wird es nicht glauben, aber vor fast 170 Jahren erhob sich hier noch eine 60 m hohe Bergkuppe, die sich vor ca. 13 Mio. Jahren durch Schmelzvorgänge im Erdinnern gebildet hat. Der grobkörnige Basalt, der einen „vorzüglichen Werkstein" (Bezeichnung für einen manuell behauenen oder maschinell gefertigten Natur- oder Kunststein) lieferte, wurde ab 1896 von einem Unternehmen mit einer großen Belegschaft (130 bis 150 Mann) abgebaut. Nach einem massiven Wassereinbruch wurde der Basaltsteinbruch 1928 stillgelegt. Danach bildete sich hier in schöner Lage ein versteckter Natursee, der auch wegen seiner guten Wasserqualität gern aufgesucht wird.

Der alte Steinbruch am Bühl wurde auch über die nordhessische Region hinaus als Fundstelle für gediegenes Eisen bekannt (Vorkommen eines chemischen Elementes in reiner Form. Exemplare sind in den Museumsräumen des alten Rathauses ausgestellt. (OT Weimar, Unter der Linde 2). „Es gibt weltweit nur zwei Lokalitäten mit Vorkommen von gediegenem Eisen, das durch Hochtemperaturbedingungen entstanden ist. Dies sind der Bühl und die Insel Disko (Westgrönland)". Teile des Gebäudes (des sog. Basaltbrechers) oberhalb des Natursees, vor dem der Kassel-Steig vorbeiführt, sind noch erhalten. Von hier aus führten die Schienen einer Schmalspurbahn in den Basaltbruch und auf der gegenüberliegenden Seite zum Bahnhof in Weimar. [11]

Der Kassel-Steig führt auf der oberen Süd- und Ostseite um den See herum. Auf dem naturbewachsenen Gelände befinden sich zahlreiche Freizeiteinrichtungen wie ein Campingplatz, ein Grillplatz, eine Minigolfanlage und ein Sportplatz. Wir verlassen das Gelände, gehen rechts über einen Kinderspielplatz (bitte Zugangstüren schließen) und biegen gleich links auf einen Feldweg ab, der von dichten Hecken umgeben ist.
Nach etwa 100 m öffnet sich unvermittelt ein traumhafter Blick in die freie Landschaft, den man in aller Ruhe genießen muss.
Die herrliche Aussicht über schöne Wiesenflächen reicht bis zum Kaufunger

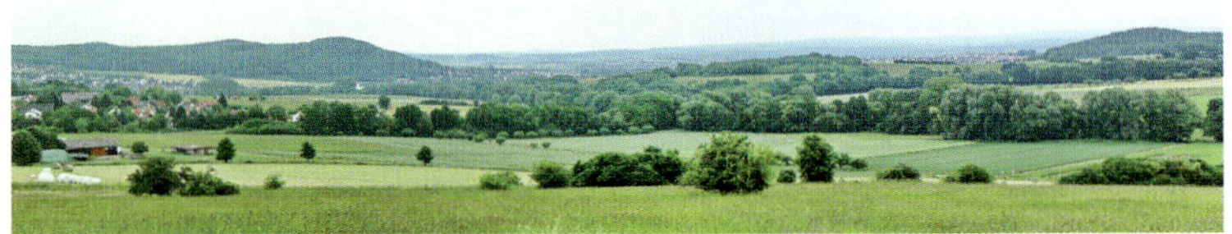

Ein traumhafter Blick in die freie Landschaft (Foto: Lothar Glebe)

Wald, zum Meißner und zur Söhre in weiter Ferne. An der nächsten Gabelung halten wir uns rechts, wandern leicht bergab (Ruhebänke), stoßen auf die Elfbuchenstraße und folgen dieser links, bis wir nach wenigen Minuten den vor uns liegenden Bahnhof von Weimar erreichen. Hier verkehrt die RegioTram 4 zwischen Kassel und Wolfhagen. Weimar ist auch Bahnstation der Kurhessenbahn (RB 4), die bis nach Korbach bzw. Willingen im Waldecker Upland fährt. Direkt vor dem Bahnhof befindet sich auf der linken Straßenseite das „Gasthaus zum Bahnhof" (Tel. 05609 804069).

Gemeinde Habichtswald

Die ehemaligen selbständigen Gemeinden Dörnberg und Ehlen schlossen sich am 1. Januar 1972 im Rahmen der hessischen Gebietsreform zur neuen Gemeinde Habichtswald zusammen. Habichtswald bezeichnet sich als eine junge Gemeinde mit alten Ortsteilen, die verkehrstechnisch hervorragend an die nordhessische Metropole Kassel angebunden sind.

Beide Ortsteile wurden erstmals im Jahre 1074 in einer Schenkungsurkunde des Klosters Hasungen erwähnt. Sie liegen malerisch am Fuße des Hohen Dörnbergs (Ortsteil Dörnberg) und des Hohen Habichtswalds (Ortsteil Ehlen) und gehören landschaftlich zum reizvollen Oberen Warmetal. Dörnberg und Ehlen sind in eine liebliche Landschaft eingebettet, umgeben von Wiesen und Feldern sowie ausgedehnten Wäldern, die zum Aufenthalt im Freien einladen. Die schmucken Fachwerkdörfer sowie der Habichtswald und der Dörnberg sind seit jeher das Ziel von Ausflüglern aus Kassel – seien es früher Majestäten, wie König Jerome und Kaiser Wilhelm II. oder aktuell Schulklassen beim Wandertag. Alte schöne Fachwerkhäuser sowie enge Gassen und Winkel geben jedem der Ortsteile seinen besonderen Reiz. Der heutige Kirchbau in Dörnberg stammt aus dem 15./16. Jh. Als Zeugnis des alten Wehrturms ist in 6 m Höhe noch ein alter Einstieg zu sehen. Die alte Dorfkirche in Dörnberg fasziniert mit ihren schlichten, aber eindrucksvollen Wandmalereien. Deutschlandweit einmalig ist die Darstellung eines Teufels, der die Gemeinde unmittelbar von zentraler Stelle an der Chorwand hinter dem Altar her anschaut. Ehlen kann mit der ältesten Kirche im Wolfhager Land aufwarten, auch wenn die „Alte Steinscheuer" schon seit dem Mittelalter nicht mehr sakral, sondern als Scheune genutzt wurde. Auch lohnt ein Besuch

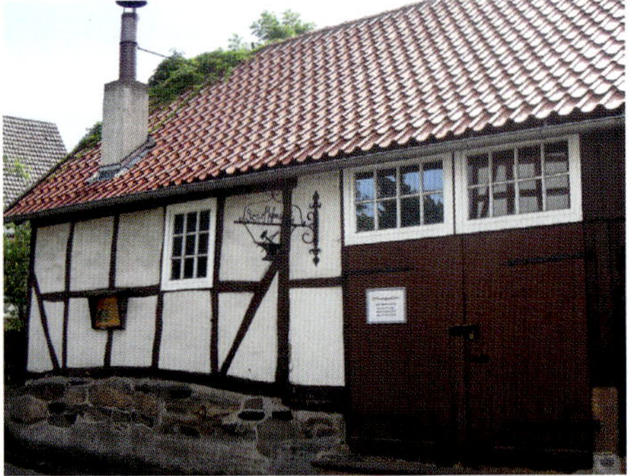

Die 1891 erbaute alte Dorfschmiede in Ehlen. (Foto: Hartmut Kipp)

in der alten Dorfschmiede „Schnegelsberg“ in Ehlen, wenn das Schmiedefeuer brennt und der Hammer Funken schlägt und den Amboss zum Klingen bringt. [12]

Museumslandschaft Habichtswald

Motto: anfassen + ausprobieren, mitmachen + Spaß haben
Träger: Geschichts- und Heimatverein Habichtswald e.V.
Info: Ruth Nußbeck, Tel. 05606 7562
E-Mail: ruth-nussbeck@t-online.de
(für Museum Dörnberg auch: Henner Schuwirth, Tel. 05606 9536)
Besichtigungen, Vorführungen, Aktivitäten für Einzelpersonen, Gruppen, Schulklassen usw., Kindergeburtstage – nach telefonischer Vereinbarung

Aktivmuseum für Landwirtschaft und dörfliches Handwerk
Breiter Weg 4 - Am Rathaus im OT Dörnberg, Tel. 05606 56640 oder 9536

Museum für dörfliche Alltagskultur
Warmetalstraße 13 - Dorfgemeinschaftshaus OT Ehlen, Tel. 05606 56640

Alte Dorfschmiede in Ehlen Aktiv-Schmiede und Schmiedemuseum
Kohlenstraße 8 - OT Ehlen, Tel. 05606 7763

Gemeinde Ahnatal
Die Gemeinde Ahnatal wurde im Zuge der Gebietsreform in 1972 durch den Zusammenschluss der Ortschaften Weimar und Heckershausen gebildet. Seitdem erlebte Ahnatal einen sichtbaren Aufschwung. Dazu beigetragen hat auch die moderne Infrastruktur.
Erste Funde menschlicher Besiedlung stammen aus dem 4. Jh. Der Ortsteil Weimar wurde erstmals im Jahre 1097 in einer Schenkungsurkunde des St.-Alban-Stifts in Mainz urkundlich erwähnt. 1106 findet sich die erste urkundliche Erwähnung des Ortes Hekereshusun in einem Güterverzeichnis Breviarium Sancti Lulli der Abtei Hersfeld.
Ahnatal ist eine beliebte Wohngemeinde, ihre Bürger schätzen das rege Vereinsleben, das vielseitige kulturelle Angebot sowie die zahlreichen Möglichkeiten der Erholung für Sport- und Freizeitaktivitäten im Freizeitgelände „Bühl“ sowie im Sport- und Freizeitzentrum Ahnatal. Die Ortsteile bieten historische, attraktive Ortskerne mit guten Einkaufsmöglichkeiten. [13]
Weitere Informationen finden Sie im Zuge der Beschreibungen unter W 2.

siehe Karte Seite 7 und 21

W 2 Von Weimar nach Mönchehof

Schwierigkeit: leicht **Länge:** ca. 13,6 km
Ausgangspunkt: Bahnhof Weimar
Anfahrt: Kassel-Wilhelmshöhe mit RB 4
Haltestellen: Weimar (Bahnhof): RT 4, RB 4, Bus 48 und 49
Heckershausen (Bahnhof): RT 4 und RB 4
Heckershausen (Mitte): Bus 48 und 49
Mönchehof (Bahnhof): RT 1 und RE 3
Mönchehof (BH Schäferberg, Kreisstr. und Schäferberg): Bus 47, 100 und 172

Route: Bahnhof Weimar – östlich entlang des Hangarstein (2,2 km) – Kammerberg (4,0 km) – Stahlberg/Heckershausen (8,0 km) – Schäferberg (11,2 km) – Bahnhof Mönchehof (13,6 km)

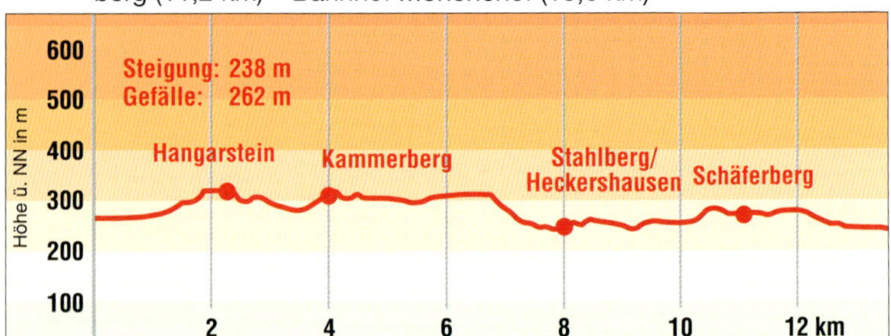

Weimar – Heckershausen

Vor dem Bahnhof in Weimar wenden wir uns nach links, gehen die Straße „Raiffeisenplatz" hinab und anschließend links unter der Brücke hindurch. Nach etwa 100 m biegt der Kassel-Steig rechts in den Neuen Weg und dann links in den Seesenweg (der Name erinnert an das frühere Dörfchen Siersen oder Seesen). Nach etwa 350 m geht es rechts den Hangarsteinweg aufwärts und dann am Waldweg nach links in einen Feldweg. Vor uns erblicken wir den Dörnberg. Der nächste Querweg führt den Hang hinauf in Richtung Hangarstein (Rettungspunkt KS-552). Auf der Höhe angekommen, bietet sich ein herrlicher Rundblick über das Kasseler Becken bis hin zum Kaufunger Wald und zur Söhre. Im Westen liegt der Dörnberg mit den Helfensteinen (wegen der eigenartigen Konturen auch schlafender Riese genannt) und der Hangarstein (418 m) vor uns.

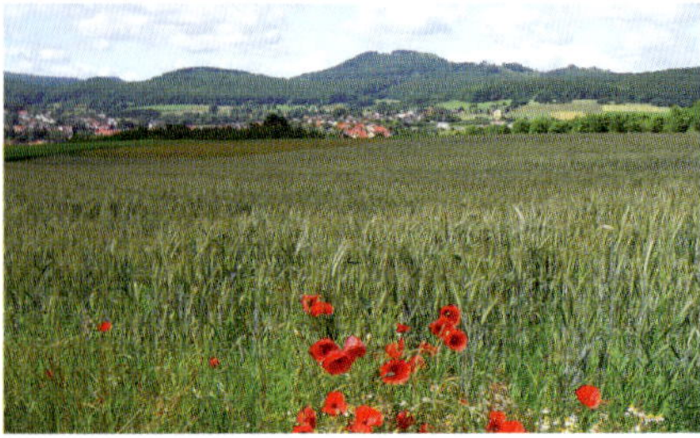
Blick zurück auf den Dörnberg (Foto: Ruth Brosche)

Wir gehen den Querweg rechts hinunter in Richtung Osten und blicken auf den Kammerberg, dahinter den Staufenberg (361 m) und den Stahlberg (348 m) oberhalb von Heckershausen. Am Horizont erstreckt sich der Reinhardswald. Nach etwa 100 m zweigt der Kassel-Steig links ab auf einen mit Gras bewachsenen Weg.
Linker Hand befindet sich unter einer Baumgruppe eine schöne Sitzgruppe, von der man eine herrliche Aussicht genießen kann. Weiter geht es geradeaus durch eine Weidelandschaft in Richtung Fürstenwald bis zum nächsten Querweg. Diesen gehen wir rechts hinunter und stoßen dann auf einen

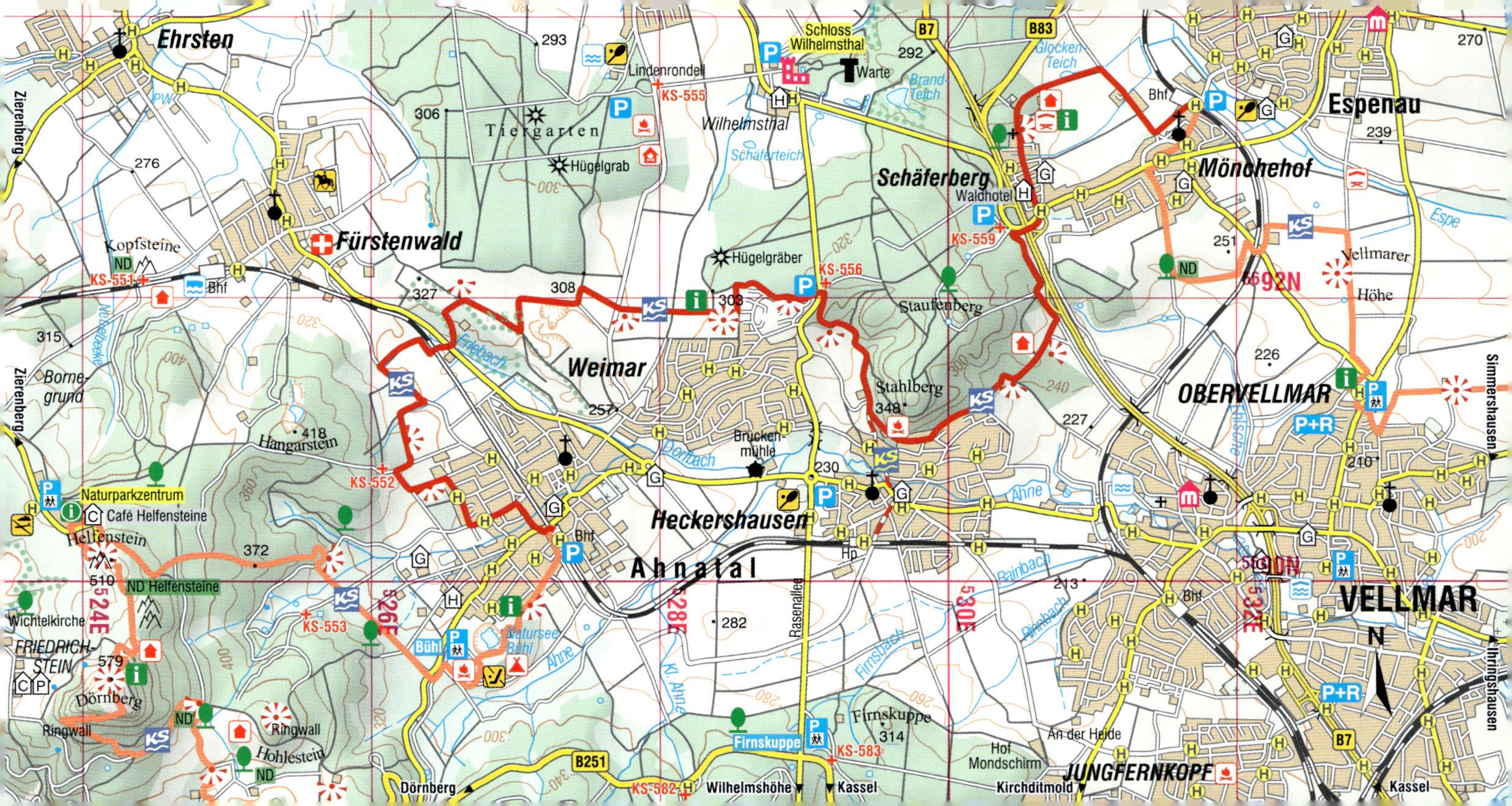

Ehrsten
Zierenberg
Tiergarten
Hügelgrab
Lindenrondell
KS-555
Schloss Wilhelmsthal
Warte
Wilhelmsthal
Schäferteich
Glocken-Teich
Brand-Teich
B7
B83
Espenau
Mönchehof
Schäferberg
Waldhotel
KS-559
Fürstenwald
Kopfsteine
KS-551
Hügelgräber
KS-556
Staufenberg
Vellmarer Höhe
Weimar
Erlebach
Stahlberg
OBERVELLMAR
Ehlsche
Simmershausen
Borne-grund
Hangarstein
KS-552
Brücken-mühle
Dorfbach
Heckershausen
Ahne
Naturparkzentrum
Café Helfensteine
Helfenstein
ND Helfensteine
Ahnatal
Rainbach
VELLMAR
Wichtelkirche
FRIEDRICH-STEIN
Dörnberg
Ringwall
Hohlestein
KS-553
Bühl
Natursee Bühl
Kl. Ahne
Rasenallee
Firnsbach
Firnskuppe
KS-583
Hof Mondschirm
An der Heide
JUNGFERNKOPF
Ihringshausen
B251
KS-582
Wilhelmshöhe
Kassel
Kirchditmold

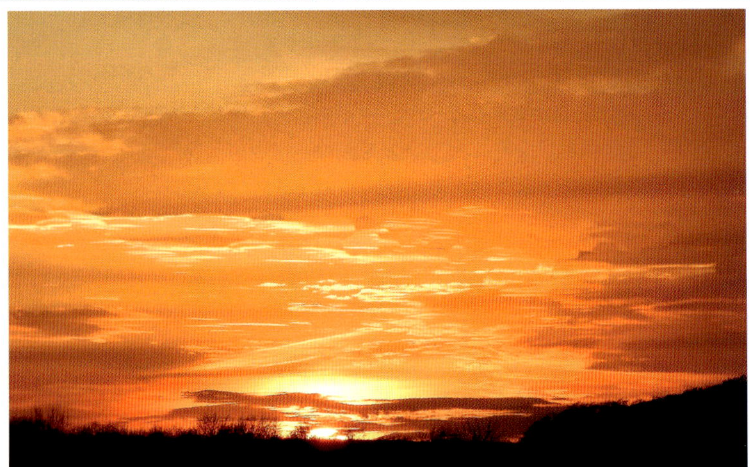

Ein traumhafter Sonnenuntergang am Kammerberg (Foto: Ruth Brosche)

asphaltierten Weg, auf dem wir links weiterwandern. Der Kassel-Steig verläuft hier ein Stück auf dem Märchenlandweg, linker Hand mit Obstbäumen eingerahmt. Links vor uns liegt das NSG Keischel und dahinter der Kammerberg, ein lang gestreckter Höhenzug, den wir in kurzer Zeit erreichen werden. Nach etwa 300 m biegt der Wanderweg links ab, wir überqueren einen beschrankten Bahnübergang, anschließend die Kreisstraße K 30 und danach den Erlebach.

In der Gemarkung Weimar befinden sich mehrere Schilder mit verschiedenen Flurbezeichnungen, die ein aus 5 Personen bestehender Arbeitskreis „Weimar – Geschichte und Geschichtchen“ in mühevoller Kleinarbeit ermittelt und zusammengetragen sowie Ursprung und Bedeutung erforscht hat, soweit dies möglich war. Mit dem Projekt „Flurbezeichnungen“ wurde in 2003 begonnen. Inzwischen wurden in der Gemarkung Weimar 36 Flurtafeln aufgestellt, die auch eine kurze geschichtliche Beschreibung der historischen Stellen enthalten. Nachzulesen ist dies alles in der Broschüre „Flurnamen der Gemeinde Weimar“.[1]

Wir gehen bergauf und durchqueren das Naturschutzgebiet „Keischel”, das sich am Hang oberhalb des Erlebachtals erstreckt. Auf halber Höhe halten wir uns halb links und queren den Hang diagonal bis auf den Kamm vorbei an 2 Ruhebänken. Von zwei kleinen Plateaus hat man einen herrlichen Ausblick auf Weimar und etwas weiter entfernt auf den Hangarstein, Dörnberg mit den Helfensteinen und den nördlichen Habichtswald.

Die Größe des NSG beträgt 20,5 ha. Im oberen Bereich befindet sich Muschelkalkboden, der mit Magerrasen bewachsen ist und von Schafen beweidet wird. Im Frühjahr erblüht der gesamte mit Hecken und Obstbäumen bewachsene Hang. Naturbeobachter, Spaziergänger und Wanderer erfreuen sich vor allem an dem Artenreichtum der Tier- und Pflanzenwelt. Hier sind u. a. folgende seltene und bedrohte Pflanzen vorzufinden, zu denen auch Orchideen gehören: Gewöhnliches Katzenpfötchen, Fransen- und Deutscher Enzian, Geflecktes Ferkelkraut, Acker-Wachtelweizen, Mücken-Händelwurz, Fliegen-Ragwurz, Manns- und Dreizähniges Knabenkraut.[2]

Auf dem **Kammerberg** – eine mit kargen Kalksteinböden durchsetzte Hochfläche – angekommen, werden wir wieder von einem einzigartigen Rundblick über das Kasseler Becken überrascht, der sich von dieser Stelle

im Süden bis zu den Höhenzügen der Söhre erstreckt. Wir wandern zunächst rechts leicht bergab. Der Kassel-Steig führt nun im Zickzack mäßig ansteigend bis an die Bebauungsgrenze des Kammerberges. Links von uns liegt der Tiergarten, ein in der Gemarkung Calden liegendes Waldgebiet, in dem sich gegen Ende des Siebenjährigen Krieges am 24. Juni 1762 in der Schlacht bei Wilhelmsthal die preußischen Truppen und ihre Verbündeten, zu denen auch die Landgrafschaft Hessen Kassel gehörte, den Franzosen gegenüberstanden.
An der Bebauungsgrenze biegen wir nach links auf einen Pfad ab (Ruhebank), der uns entlang einer Hecke bis zum Wald führt. Weiter geht es etwa 400 m durch den Wald, dann am Waldrand rechts durch ein mit niedrigen Büschen bewachsenes Gelände entlang bis zur Landesstraße 3217 (Rettungspunkt KS-556), die wir überqueren. Bis zu diesem Punkt sind es 7 km ab Weimar.

Schloss Wilhelmsthal
An dieser Stelle besteht die Möglichkeit, zum Schloss Wilhelmsthal abzuzweigen, indem wir etwa 500 m geradeaus wandern und dann auf dem Weg mit der Markierung „Aufrechtes Rechteck" links abbiegen. Dorthin sind es etwa 2,4 km. Dieser Weg lohnt sich für alle Kulturliebhaber und Kunstinteressierten, denn dieses Schloss mit einem großzügigen Park gehört zu den schönsten Rokokoschlössern Deutschlands. Das Sommer- und Jagdschloss des Landgrafen Wilhelm VIII. von Hessen-Kassel wurde in der Zeit von 1743 bis 1761 nach den Plänen des Münchener Hofarchitekten Francois R. de Cuvilliés d. Ä. erbaut. Die dreiteilige Schlossanlage mit den vorgelagerten Wachpavillons besitzt eine reichhaltige Rokokoausstattung. Die Innenräume des Schlosses dienen als Museum. Die Stuckaturen der Decken und Schnitzereien der Wandvertäfelungen fertigten die Hofbildhauer Johann August Nahl und Johann Michael Brühl aus Kassel. Die Malereien an Supraporten und die Schönheitsgalerie mit einer Porträtreihe schöner Frauen aus dem Bekanntenkreis des Landgrafen stammen von dem Hofmaler Johann Heinrich Tischbein. Sehenswert sind vor allem auch die herausragenden französischen Lackmöbel und andere Einrichtungsgegenstände mit französischen Möbeln und eine Standuhr von David Roentgen sowie wertvolle Sammlungen ostasiatischen und europäischen Porzellans. „Eine besonders beliebte Attraktion ist die Hauptküche mit einer nach wie vor funktionstüchtigen Bratenwendemaschine". [2]

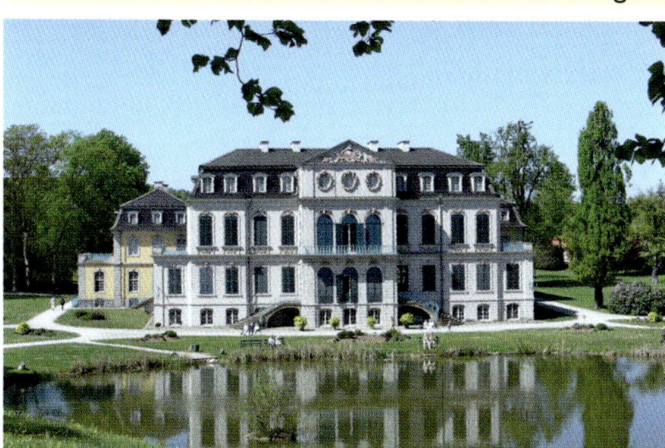
Schloss Wilhelmsthal (Foto: Dieter Henckel)

Info: Tel. 05674 702-0, www.museum-kassel.de

Von Schloss Wilhelmsthal kann man direkt zum Etappenziel nach Mönchehof gelangen, indem man den mit einem aufrechten Rechteck gekennzeichneten Weg ein Stück an der Kreisstraße 46 entlang zurückgeht, diese Straße überquert und dann links auf den Weg mit dem Kennzeichen „Weißer Punkt" abzweigt, der zu einem Wanderparkplatz führt und dort wieder auf den Kassel-Steig trifft.

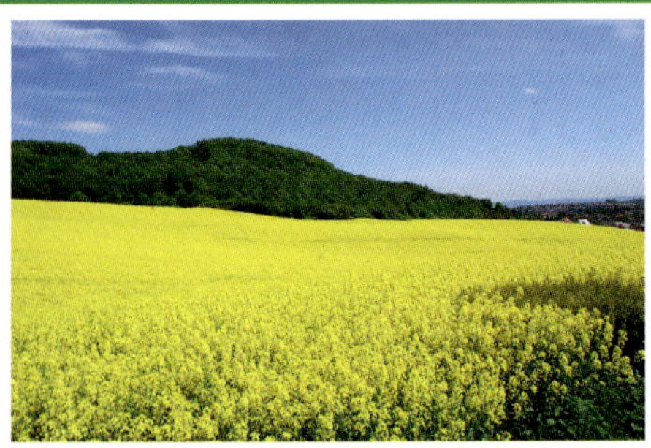
Rapsfeld am Stahlberg (Foto: Ruth Brosche)

Zurück zum Kassel-Steig, der auf der anderen Seite der historischen Rasenallee (die Verbindungsstraße für die früheren Landgrafen von Hessen-Kassel von Schloss Wilhelmshöhe nach Schloss Wilhelmsthal) auf einem Pfad scharf rechts über den Mittelberg durch den Wald hinab verläuft. Am Waldrand blicken wir in einen schönen Taleinschnitt mit Weiden und Feldern und auf den westlichen Siedlungsbereich von Heckershausen bis zur Firnskuppe am Nordrand des Habichtswaldes, die in der Gemarkung der Stadt Kassel liegt. Auf dem weiteren Weg weist eine kleine Tafel auf den „Suren Gehlengrund“ hin, das Quellengebiet für Heckershausen. Der Kassel-Steig verläuft nun rund um den Stahlberg oberhalb des Ortsteils Heckershausen.

„Der Stein ist die höchste Erhebung des Stahlberges (347 m). Früher hatte man von hier oben eine herrliche Aussicht. Unterhalb vom Stein ist eine große Schlucht, die immer mit Laub gefüllt ist. Deshalb heißt sie im Volksmund auch Laubschlucht.“ [4]

Der breite befestigte Weg am Waldrand führt bergab vorbei an Weideflächen nach Heckershausen.

Wer die Wanderung auf dem Kassel-Steig abkürzen oder unterbrechen möchte, geht auf diesem Weg weiter geradeaus und folgt dem Wegzeichen KS über die Schuhkaufstraße, die Hauptstraße und Bahnhofstraße zum Bahnhof der Regionalbahn RT 4 oder zur Haltestelle der Buslinie 49 an der Hauptstraße in Heckershausen. Einkehrmöglichkeit: Pizzeria Cavallino

Durch Heckershausen und über den Kammerberg führte bis zum Ende des 18. Jh. eine der bedeutendsten Handelsstraßen des Mittelalters, die „Alte Holländische Poststraße“. Sie erstreckte sich von Kassel über Meimbressen, Warburg, Paderborn und Münster nach Zwolle am Ijsselmeer in Holland. Heckershausen war bis zum 17. Jh. Rastplatz, Vorspannstation sowie Schuhverkaufsplatz. Die Schuhkaufstraße, wo Schuhe mit dem Prädikat „Freier Handel an öffentlichen Königsstraßen“ hergestellt und verkauft wurden, erinnert an die historische Handelsstraße, die in Heckershausen weiter über die Bruchstraße und die Alte Straße hinauf zum Calderberg verlief. Die wichtige Handelsstraße nach Westen wurde später über Vellmar auf der Holländischen Straße nach Warburg, die jetzige B 7, verlegt. [5]

Sehenswert in Heckershausen ist die evangelische Kirche, die in der heutigen Form im 19. Jh. errichtet wurde. Der Turm erhielt eine Welsche Haube. Der Geschichtsarbeitskreis „Spurensicherung Heckershausen“ hat 2003 den Arbeitskreis „Haustafeln an historischen Gebäuden“ ins Leben gerufen mit dem Ziel, die Geschichte der historischen Gebäude aufzuarbeiten und durch Haustafeln zu dokumentieren. Zu den mehr als 25 Haustafeln zählt auch die an dem 1682 erbauten Haus Damm. Bei diesem Haus handelt es sich um den ehemaligen Schöppenstuhl (auch Gerichts- oder Grebenstuhl genannt) des Amtes Ahna in Kassel. Neben dem Schöppenstuhl war Heckershausen früher auch Sitz des Greben (Bürgermeister). Ein Rundgang durch den historischen Ortskern von Heckershausen und auf dem dortigen Eco-Pfad Ahne lohnt sich immer. [6]

Achtung, auf dem Kassel-Steig verlassen wir in Höhe einer Pferdekoppel den Fahrweg und zweigen kaum erkennbar links ab auf einen aufwärts führenden Waldweg. Bereits nach etwa 50 m wird auch dieser Weg verlassen und wir gehen halbrechts auf einem Waldweg hinauf zum „Oberen Tanzeplatz", der seit Mitte des 18. Jh. der Bevölkerung als Fest- und Versammlungsplatz diente. Heute befindet sich hier ein gepflegter und großzügiger Rast- und Spielplatz mit einer Grillhütte, die von der Gemeinde Ahnatal gemietet werden kann (8,1 km ab Weimar).

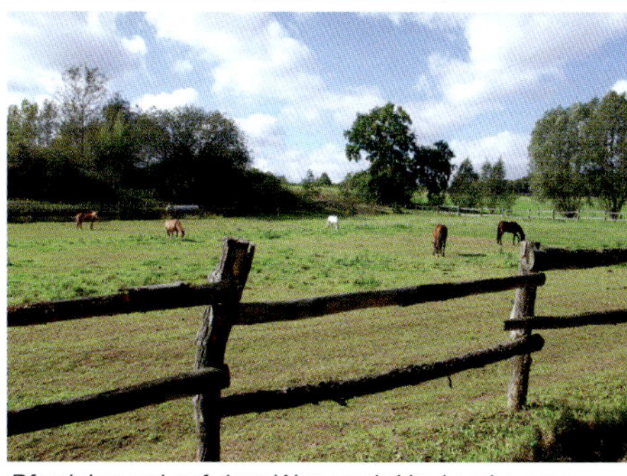

Pferdekoppel auf dem Weg nach Heckershausen (Foto: Ruth Brosche)

Heckershausen – Mönchehof

Der Kassel-Steig führt über den „Oberen Tanzeplatz" und mündet auf die Stahlbergstraße. Auf dieser gehen wir bis zur Höhe der von rechts kommenden Straße „Hohle Weg". An dieser Stelle verlassen wir die Asphaltstraße und biegen links auf einem Pfad in den Wald, der weiter auf ebener Strecke oberhalb der am Hang liegenden Grundstücke verläuft. Wo der Forstweg einen Bogen nach rechts macht, zweigt der Kassel-Steig unvermittelt links einen kleinen Hang hinauf. Auf einem weichen Waldpfad gehen wir an einer versteckt liegenden Ruhebank vorbei. Beim Austritt aus dem Wald haben wir einen traumhaften Blick auf Vellmar und die nördlichen Teile der Stadt Kassel, der sich bis nach Rothwesten und zum Reinhardswald im Nordosten, zum Kaufunger Wald im Osten und zur Söhre im Südosten erstreckt.

Es geht weiter bergab bis kurz vor die B7, dann parallel zu dieser Bundesstraße auf einem breiten Waldweg bergauf bis zu einem Wanderparkplatz. Wenige Schritte weiter befindet sich der Rettungspunkt KS-559.

Am Parkplatz halten wir uns rechts und überqueren eine Zubringerstraße, die nach Mönchehof und Hohenkirchen führt. Auf einem Fußweg am linken Straßenrand gehen wir weiter bis zum Weimarer Weg, auf den wir rechts abbiegen bis zur Haltestelle der Buslinie 47. Der Wanderweg verläuft dann ein Stück in linker Richtung auf der Berliner Straße.

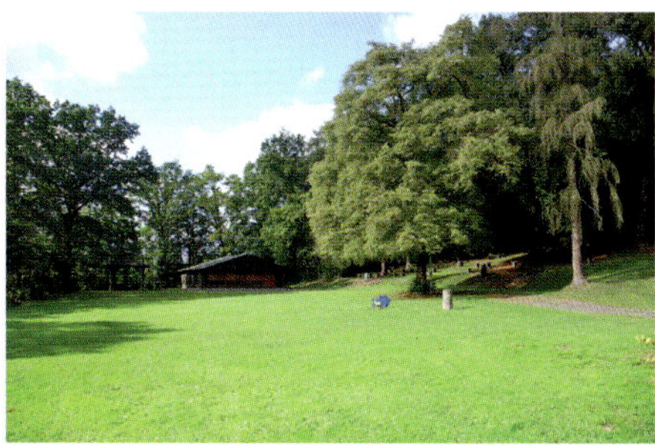

Der „Obere Tanzeplatz" Foto: Ruth Brosche)

An der dritten Straße links geht es zum Waldhotel „Schäferberg" (siehe Anzeige Umschlagseite), wo man gut einkehren und übernachten kann. Auf der Berliner Straße gehen wir weiter durch den Ortsteil Schäferberg.

Jahrhunderte war der **Schäferberg** Wald- und Weidegebiet für die Hohenkirchener Bauern, die über den Triftweg ihr Vieh zur Beweidung und Mast dorthin trieben. In diesem Ortsteil ist während des 2. Weltkrieges ab Sommer 1943 ein Lager für Fremd- und Zwangsarbeiter gebaut worden, die

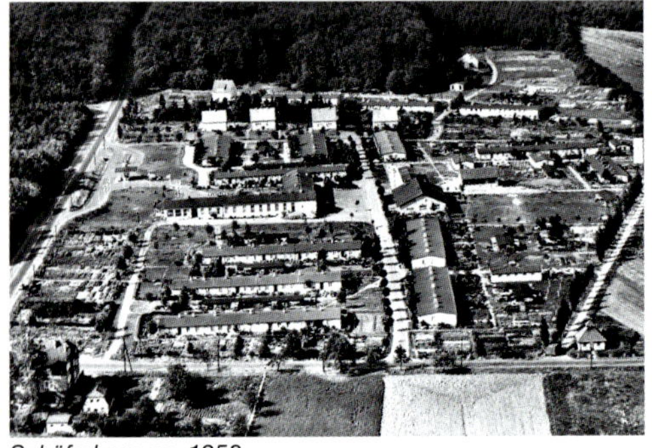

Schäferberg ca. 1958
(Foto: aus der Chronik „60 Jahre Schäferberg")

von den Henschel-Werken zur Aufrechterhaltung ihrer Kriegsproduktion angefordert wurden. Auslöser für den Bau von Arbeitslagern außerhalb von Kassel waren die verstärkten Bombenangriffe auf die dortige Rüstungsindustrie. Zwangsarbeit bedeutete für alle Ausländer ein rechtloses, elendes und bedrohtes Leben. Die Behandlung der Zwangsarbeiter war menschenverachtend. Besonders Ausländer wurden wegen ungenügender Arbeitsleistung terrorisiert. Die Polen und Ostarbeiter (diese wurden mit den Buchstaben „P" und „O" auf ihren Jacken gekennzeichnet) standen auf der niedrigsten Hierarchiestufe. Wurde gegen Anordnungen verstoßen, drohte Straflager. Ein solches Gestapo-Straflager gab es im Lager „Möncheberger Gewerkschaft" in Kassel. Im Arbeitslager Schäferberg lebten etwa 1600–2000 Menschen zusammengepfercht in 27 Baracken.

In 10 qm großen Stuben schliefen bis zu 10 Personen. Die Verpflegung war völlig unzureichend, die z. B. gegen Ende des Krieges nur aus Futterrübenblättern und Wasser bestand.

Die Fremd- und Zwangsarbeiter kehrten nach der Befreiung durch die Amerikaner im Juni 1945 zum Teil in ihre Heimatländer zurück. Ab Mitte Juni 1945 wurden die Lagergebäude noch von 1700 Personen bewohnt, die aus religiösen, politischen oder persönlichen Gründen nicht in ihre Heimatländer zurückkehren konnten. Sie wurden deshalb als Personen am falschen Platz bezeichnet, sog. Displaced Persons (DP´s). Bis August 1949 wanderten sie u. a. in die USA, Kanada, Australien, England, Frankreich und Marokko aus. Erst danach standen die Unterkünfte ab August 1949 den Heimatvertriebenen und Flüchtlingen zur Verfügung. 1950 zählte der Ortsteil 514 Einwohner.[7]

Inzwischen ist in Schäferberg eine Wohnsiedlung entstanden. Viele Häuser mit ihrer niedrigen Bauweise erinnern noch an die Zeit der Zwangsarbeitersiedlung und die schreckliche Nazi-Vergangenheit. Auf dem kleinen, idyllisch gelegenen Waldfriedhof in Schäferberg, an dem der Kassel-Steig vorbeiführt, erinnert eine Gedenktafel an die Toten des ehemaligen Arbeitslagers.

Auf dem weiteren Weg überqueren wir den Sichelbach (Quellbach der Espe) und kommen an einem Platz vorbei, auf dem sich ein kleiner Brunnen, der Jägersborn, befindet. Hier gibt es auch eine Tafel mit dem ersten Teil des Grimm´schen Märchens „Doktor Allwissend", weitere Tafeln sind auf dem Weg nach Hohenkirchen aufgestellt. Wir halten uns links und gehen auf ein kleines Wäldchen zu, in dem sich der schön gelegene Friedhof „Waldruhe Schäferberg" befindet.

Ein paar Meter hinter der Friedhofskapelle, die aus dem ehemaligen Waschhaus des Zwangsarbeiterlagers entstanden ist, lohnt sich ein kleiner Abstecher auf einem Stichweg nach rechts. Nach wenigen Schritten stehen wir am Waldrand und halten inne an einem malerischen Ruheplatz und Aussichtspunkt.

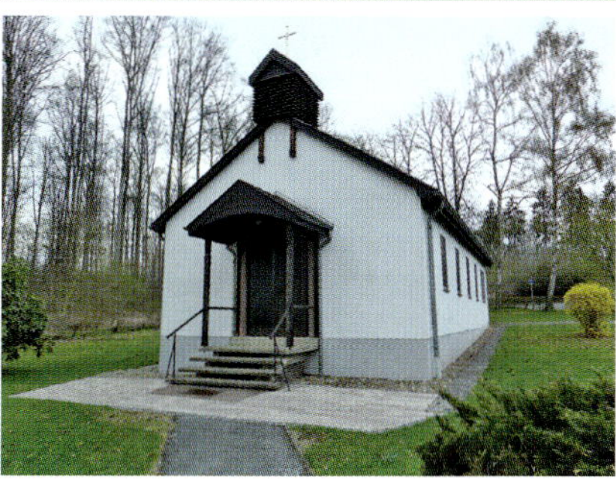

Friedhofskapelle – ehemaliges Waschhaus des Zwangsarbeiterlagers (Foto: Lothar Glebe)

Wir genießen den Blick auf den höher gelegenen Ortsteil Hohenkirchen mit der markanten, den Ortsteil überragenden Wehrkirche, die auf dem Kirchberg (Basaltkegel) an der Stelle einer Kapelle aus dem 12. Jahrhundert erbaut wurde und dem Ort seinen Namen gab.[8]

Am Horizont erstreckt sich der Reinhardswald. Es wird angenommen, dass der Basaltkegel einst eine heidnische Kultstätte war. Im Siebenjährigen Krieg, während der Schlacht bei Wilhelmsthal, diente er als Feldherrnhügel. Im Gemeindegebiet wurde seit dem 15. Jh. über 400 Jahre Eisen- und Manganerz abgebaut. Die ehemaligen Grubenfelder sind auf einer Schautafel an der Straße nach Immenhausen am Ortsausgang eingezeichnet.
Zu besichtigen sind ein Heimatmuseum und ein Schulwald mit 60 verschiedenen Baum- und Straucharten. In der am Ortsrand gelegenen Teichanlage entspringt die Esse, die in nördlicher Richtung fließt und in die Diemel mündet.[9]

Wir gehen den Stichweg zurück und wandern zum Waldfriedhof, den wir durchqueren. Hier fällt uns ein Logo mit den Buchstaben FSC auf, das an den Bäumen angebracht ist. Dieses Gütesiegel steht für das FSC-System zur Zertifizierung von Forstwirtschaft, das zur Sicherung der nachhaltigen Waldnutzung gegründet wurde. Hierunter versteht man die Wahrung und auch Verbesserung der ökologischen, ökonomischen und sozialen Funktionen der Forstbetriebe durch einheitliche, länderübergreifende Standards. Am nächsten Abzweig biegen wir rechts ab und verlassen nach etwa 150 m den Wald.

Nach weiteren 200 m erreichen wir einen verwunschenen Ort, den Glockenteich. Der Sage nach soll hier eine Glocke des ehemaligen Klosters Mönchehof versunken sein. Wenn sich Nebelschwaden über das Gelände legen, gleicht das Gewässer einem mystischen und geheimnisvollen Ort, der an Sagengestalten und die Märchen der Brüder Grimm erinnert. Man hat hier den Eindruck, als könnten jeden Moment Elfen, Feen oder andere geisterhafte Fabelwesen aus dem Teich auftauchen und sich ein Stelldichein geben. Naturliebhaber können von einer besonderen Beobachtungskanzel an diesem stillen Feuchtbiotop und Vogelschutzgebiet mit einer einmaligen Vegetation viele Amphibien- und Insektenarten entdecken sowie Wasservögel beobachten.[10]

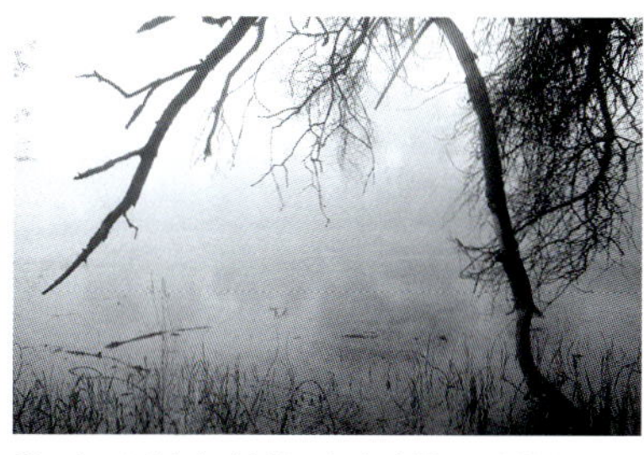

Glockenteich bei Mönchehof (Foto: HNA Hessische Allgemeine / Jörg Lantelmé)

Wir gehen dann weiter in Richtung Hohenkirchen, biegen rechts ab und wandern auf dem Bruchfeldweg geradeaus weiter nach Mönchehof bis zur Straße „An der Kirche“, die nach links in wenigen Schritten zum Bahnhof führt. Dort endet diese Etappe auf dem Kassel-Steig.

Der Ortsteil **Mönchehof** wurde Mitte des 19. Jh. an die Friedrich-Wilhelms-Nordbahn angeschlossen, die ab 1848 von Kassel bis nach Hümme – einem Ortsteil von Hofgeismar – führte. Von dort verlief eine weitere Strecke, die Carlsbahn, bis nach Karlshafen, die aber 1986 aus wirtschaftlichen Gründen stillgelegt wurde. Auf dieser Strecke wurde im Jahre 1848 auch die erste heimische Lokomotive der Firma Henschel, der Drache, mit 100 PS eingesetzt. Anfangs war Mönchehof die nächste Bahnstation nach Kassel, so dass die Kasseler Bürger sonntags bis dorthin fuhren, um einen Ausflug nach Wilhelmsthal zu unternehmen. Beliebter Ort für eine Rast war nach knapp der Hälfte des Weges das Ausflugslokal „Waldeslust" an der Holländischen Straße. Die „Waldeslust" war früher Poststation und Wechselstelle für Pferde. Schwere Fuhrwerke mussten von Obervellmar mehrspännig fahren, um den Anstieg in Richtung Schäferberg zu überwinden.
Nach der Annexion Kurhessens durch Preußen in Folge des Preußisch-Österreichischen Krieges in 1866, in dem Kurhessen an der Seite Österreichs kämpfte, wurde die Eisenbahnstrecke in Hessische Nordbahn umbenannt. Von diesem Bahnhof aus wurde der letzte Kurfürst von Hessen-Kassel Friedrich Wilhelm I bei der preußischen Besetzung im Juni 1866 als Staatsgefangener nach Stettin gebracht. Von dort aus begab er sich ins Exil nach Prag, wo er im Jan. 1875 starb. Der Vorreiter des Leibgespanns auf der Fahrt von Schloss Wilhelmshöhe zum Bahnhof Mönchehof war der aus Hohenkirchen stammende Friedrich Engelbrecht. Er war später Kastellan (Aufsichtsbeamter) in Schloss Wilhelmsthal.[11]

Gemeinde Espenau

Die selbständigen Gemeinden Hohenkirchen (ehemals Landkreis Hofgeismar, zu der auch der Ortsteil Schäferberg gehörte) und Mönchehof (Landkreis Kassel) haben sich am 01.12.1970 freiwillig zur Gemeinde Espenau (ca. 4.900 Einwohner) zusammengeschlossen. Beide Ortsteile können auf eine lange Geschichte zurückblicken.
Die typische Wohnsitzgemeinde bietet eine sehr gute Infrastruktur. Insbesondere jungen Familien stehen viele Einrichtungen zur Verfügung und auch für Senioren gibt es zahlreiche Angebote. Die vielen Vereine und Verbände bereichern das kulturelle und sportliche Leben durch zahlreiche Veranstaltungen und Freizeitaktivitäten.[12]

Heimatmuseum in Hohenkirchen

Zahlreiche Ausstellungsgegenstände aus Haushalten von anno dazumal, Werkzeuge alter Handwerksberufe sowie Geräte vom Bauernhof versetzen den Besucher in das Leben des 18., 19. und 20. Jahrhunderts. Eingerichtet sind eine Schmiede, eine Schuhmacherwerkstatt, eine Küche, ein Schlafzimmer und ein Kinderzimmer sowie eine historische Spinnstube.
U. a. über den Eisenerzbergbau in Hohenkirchen und die Geschichte der Friedrich-Wilhelms-Nordbahn findet man umfangreiche Informationen.[12]

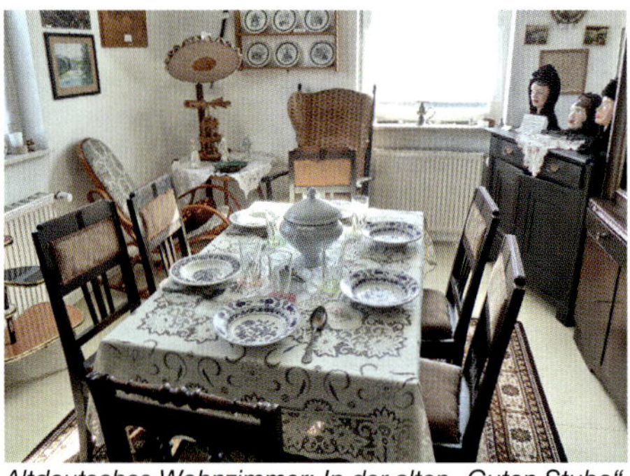

Altdeutsches Wohnzimmer: In der alten „Guten Stube" (Foto: Lothar Glebe)

Info: Tel. 05673 9993-0, www.gemeinde-espenau.de

W 3 Von Mönchehof nach Rothwesten

Schwierigkeit: leicht **Länge:** ca. 12,8 km
Ausgangspunkt: Bahnhof Espenau-Mönchehof
Anfahrt: Kassel Hauptbahnhof mit RT 1
Haltestellen: Espenau-Mönchehof: RT 1
Mönchehof (BH Schäferberg u. Schäferberg): Bus 47, 100 und 172 (in Immenhausen nur mittags)
Vellmar (Nord): Tram 1 / Vellmar (Breiter Stein): Bus 43 (AST)
Simmershausen (Bleichplatz, Wilhelmstraße): Bus 40
Rothwesten (Raiffeisenbank): Bus 40
Knickhagen (Mitte): Bus 42

Route: Bahnhof Mönchehof – Vellmarer Höhe (3,4 km) – Breiter Stein (6,0 km) – Häuschensberg (10,8 km) – Alte Straße (11,7 km) – Eichenberger Str. (12,2 km) – Haltestelle Raiffeisenbank (12,8 km)

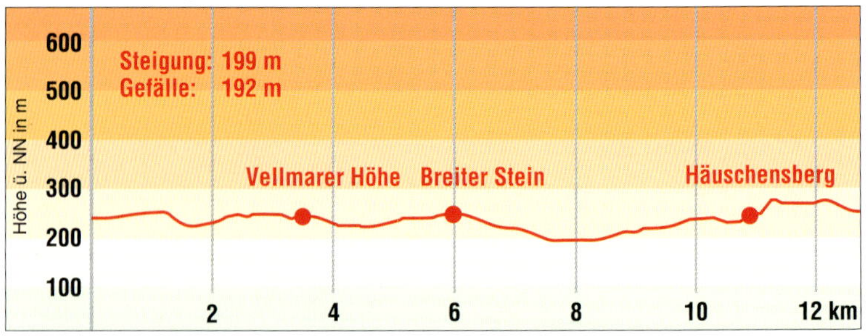

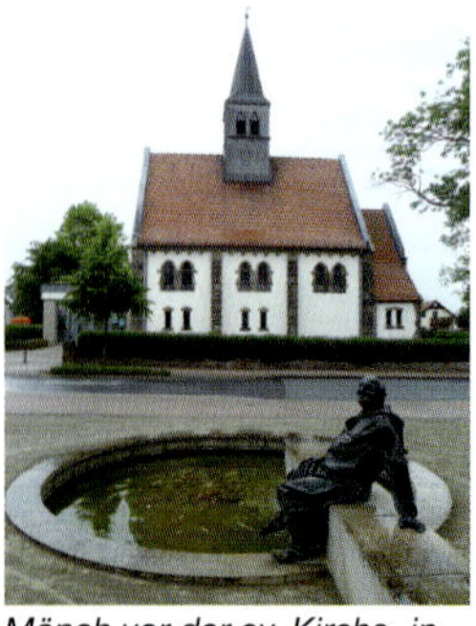
Mönch vor der ev. Kirche, in Mönchehof (Foto: L. Glebe)

Mönchehof – Vellmar

Wir verlassen den Bahnhof und gehen 300 m die Bahnhofstraße entlang bis zur evangelischen Kirche, die 1906/1907 im neugotischen Stil erbaut wurde. Auf einem kleinen Platz gegenüber der Kirche entdecken wir einen sitzenden Mönch auf einem Brunnenrand. Diese Skulptur erinnert an die Geschichte und Entstehung des Ortes, der erstmals um 1500 als Mönchehof erwähnt wurde. Nach Überqueren der Kreuzung Kirchweg/ Hinter dem Hagen bleiben wir auf der Bahnhofstraße, bis diese auf die Hermann-Gmeiner-Straße stößt. An dieser Ecke befindet sich das älteste aus der Zeit des Mittelalters stammende Gebäude in Mönchehof, das als Kern des alten Gutshofes anzusehen ist. Es wird vermutet, dass dies ursprünglich als Herrenhaus des Klostergutes diente.

siehe Karte Seite 31

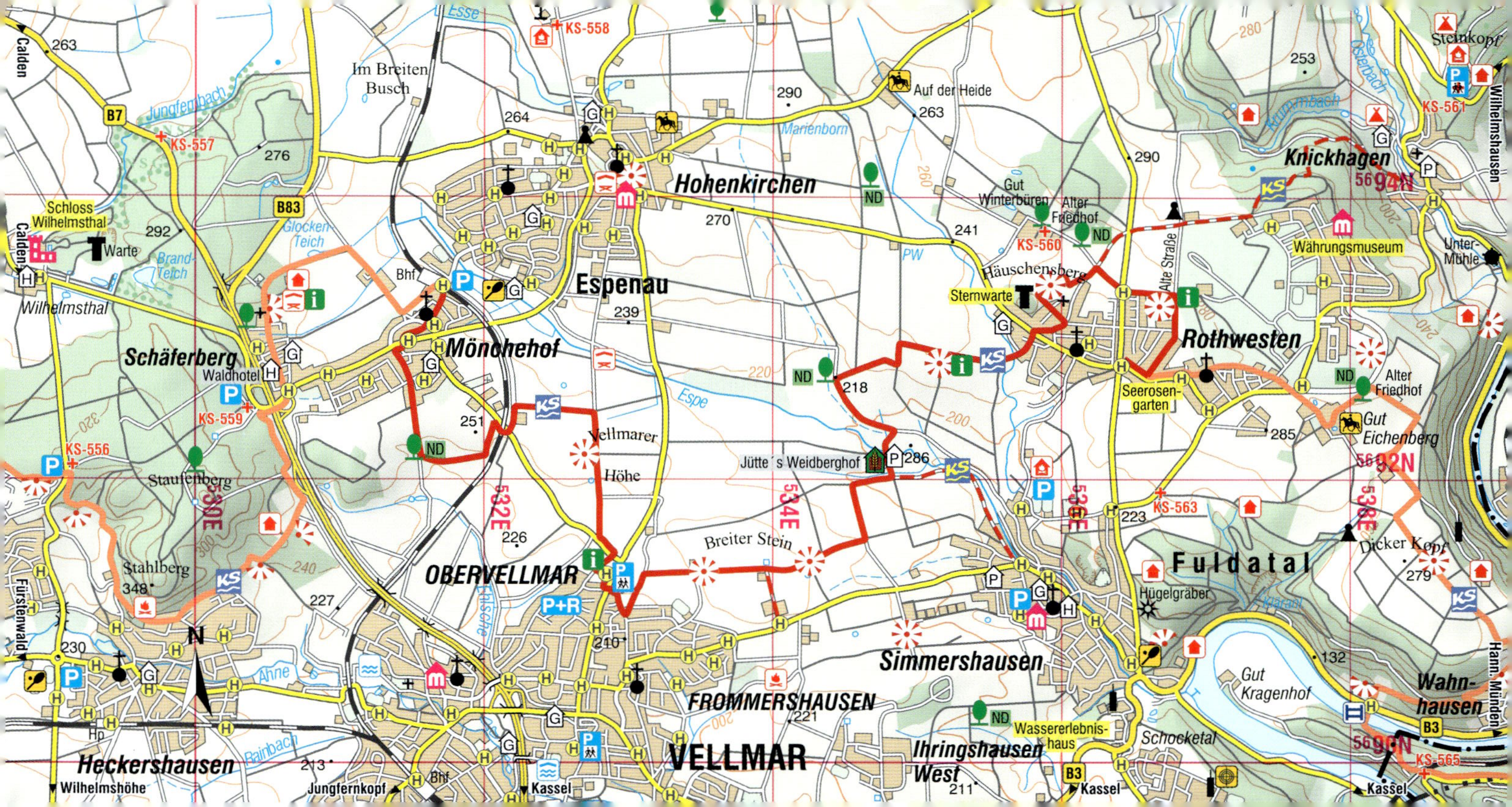

Calden
263
B7
Jungfernbach
KS-557
276
Im Breiten Busch
264
Esse
KS-558
Hohenkirchen
290
Auf der Heide
263
Marienborn
ND
260
290
Steinkopf
253
280
Osterbach
Krummbach
KS-561
Wilhelmshausen
Knickhagen
5694N
Schloss Wilhelmsthal
292
Warte
Brand-Teich
Wilhelmsthal
B83
Glocken Teich
Bhf
Espenau
239
270
Gut Winterbüren
Alter Friedhof
KS-560
241
PW
Häuschensberg
Sternwarte
Alte Straße
Währungsmuseum
Unter-Mühle
Schäferberg
Waldhotel
KS-559
Mönchehof
251
220
Espe
218
Rothwesten
Seerosen-garten
Alter Friedhof
285
Gut Eichenberg
5692N
KS-556
Staufenberg
530E
Vellmarer Höhe
532E
226
Jütte´s Weidberghof
286
200
534E
536E
KS-563
223
538E
Dicker Kopf
279
Stahlberg
348
240
300
320
Breiter Stein
OBERVELLMAR
P+R
227
Ahlsche
210
Fuldatal
Hügelgräber
Fürstenwald
230
Ahne
Simmershausen
FROMMERSHAUSEN
221
132
Gut Kragenhof
Wahn-hausen
Hann. Münden
Wassererlebnis-haus
Schocketal
B3
5690N
KS-565
Hp
Heckershausen
Rainbach
213
VELLMAR
Ihringshausen West
211
Wilhelmshöhe
Jungfernkopf
Bhf
Kassel
Kassel
Kassel

Mönchehof geht zurück auf einen Hadubert Hadubrecht, der mit seiner Sippe vor 1100 auf dem Gebiet der heutigen Gemarkung Mönchehof Land urbar machte und sich hier niederließ. In der für die Altersbestimmung des Ortes maßgeblichen Urkunde des Güterregisters der Abtei des Benediktinerklosters Helmarshausen aus dem Jahre 1145 heißt es, dass ein Güteraustausch zwischen Kirchbauna und Hadebrechteshusun (später Hadebrachtshausen) stattgefunden hat. Im Jahr 1216 lag das Dorf wüst. Schon damals begann das in der Nähe von Scherfede liegende Zisterzienserkloster Hardehausen an derselben Stelle Güter zu erwerben und einen Hof mit einigen Mönchen zu besetzen. Daher rührt der Name Mönchehof. Nach Auflösung des Gutes im Zuge der Reformation und häufigem Besitzerwechsel wurde es vom Hessischen Landgrafen 1776 erworben und als Staatsdomäne umgewandelt. Das alte Domänengebäude ist mit dem Herrenhaus verkauft worden, weil es im Zuge der Verlegung der Kreisstraße 34 nicht mehr mit dem Gesamtanwesen verbunden und nutzbar war. 2011 wurde damit begonnen, das stark dem Verfall preisgegebene älteste Haus von Mönchehof zu renovieren und zu restaurieren.[1]

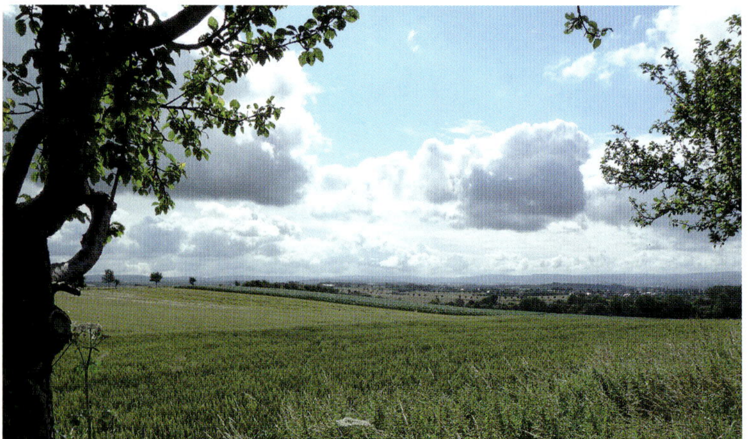

Fantastische Aussicht über die Felder in Richtung Vellmar (Foto: Lothar Glebe)

Nach Überqueren der Hermann-Gmeiner-Straße biegen wir schräg gegenüber halblinks in den Klosterweg und wandern entlang des Obervellmarer Weges leicht bergan. Nach Erreichen einer kleinen Kuppe zwischen dem Möncheberg links und dem Dachsberg rechts bietet sich ganz überraschend eine fantastische Aussicht auf die Stadt Vellmar. In der Ferne erblicken wir von links den Reinhardswald mit dem Gahrenberg, den Kaufunger Wald, den Hohen Meißner und die Söhre. Nach einigen Metern erreichen wir eine Ruhebank mit einem auf Initiative des rührigen Geschichtskreis Vellmar e. V. errichteten Grenzstein, der die Gemarkungsgrenzen zwischen dem Ortsteil Obervellmar und der früheren selbständigen Gemeinde Mönchehof kenntlich macht.

An der nächsten Abzweigung halten wir uns links und wandern auf einem breiten Feldweg bergab. Dann geht es vorbei an einem mit Hecken bewachsenen Hang auf eine kleine Erhebung, den Möncheberg (251 m). Nach Überqueren der Kreisstraße zwischen Mönchehof und Vellmar gehen wir hinter der Brücke links in die asphaltierte Straße „Kirchberg“. Hinter einer Häusergruppe biegt der Kassel-Steig rechts ab und führt nun über die **Vellmarer Höhe**. Der Rundblick von hier aus ist einmalig. Links von uns erhebt sich der Ort Hohenkirchen; sein Kennzeichen ist der hohe Kirchturm, der aus der Ferne stets gut zu erkennen ist.

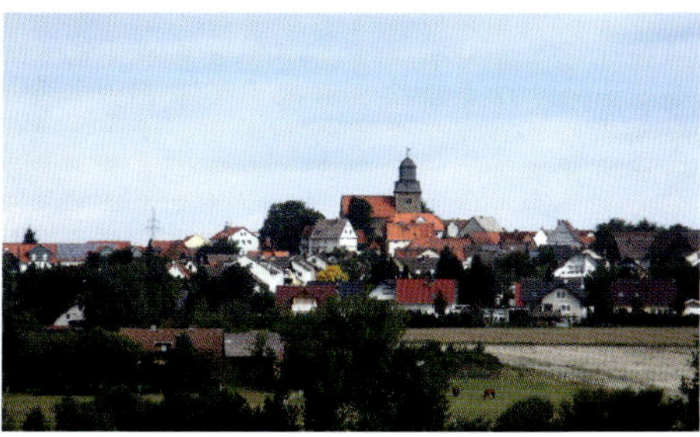

Hohenkirchen mit der ev. Kirche (Foto: Klaus Hobein)

Nach einem Abzweig nach rechts erreichen wir nach etwa 500 m den höchsten Punkt der Vellmarer Höhe und sind überwältigt von dem Aus- und Rundblick auf die Städte Vellmar und Kassel sowie auf die das schöne Kasseler Becken umrahmenden Höhenzüge. Die märchenhafte Lage der Stadt Kassel mit den benachbarten Gemeinden und Städten wird dem Wanderer und Naturliebhaber von dieser Stelle aus so richtig bewusst. Erstmals schweift unser Blick über den gesamten Osthang des Habichtswaldes, der die Stadt und Region Kassel im Westen begrenzt.

Grenzstein – Grenzverlauf zwischen Obervellmar und Mönchehof im Jahre 1868 (Foto: Hartmut Kipp)

Auf dem Grenzweg in Richtung Süden begegnen wir wieder einem neuen historischen Grenzstein mit einer Ruhebank, der im Jahre 1990 aufgestellt wurde und den Grenzverlauf zwischen Obervellmar und Mönchehof im Jahre 1868 markiert.

Wir wandern bergab und erreichen nach weiteren 500 m die Endhaltstelle Vellmar Nord der Tramlinie 1 an der Kollostraße (4,1 km). Am 22. Oktober 2011 wurde die 4 km lange Strecke von der Stadtgrenze in Kassel bis zu dieser Wendeschleife zur Freude der Vellmarer Bürgerinnen und Bürger nach einer 3-jährigen Bauzeit eröffnet, die den weltberühmten Bergpark Wilhelmshöhe in Kassel mit Vellmar verbindet.

Vellmar wurde erstmals 775 unter der Bezeichnung „Filmare“ als Grundbesitz des Klosters Hersfeld urkundlich erwähnt. Zahlreiche Funde, zu denen auch ein etwa 7.000 Jahre alter Mahlstein gehört, zeigen, dass das Gebiet schon viel früher besiedelt wurde. Die im spätgotischen Baustil errichtete und mehrfach baulich veränderte evangelische Kirche in dem Stadtteil Frommershausen ist etwa 850 Jahre alt und enthält im Glockenturm Rundbogenfenster aus spätromanischer Zeit. Die Kirche in Obervellmar wurde vor etwa 600 Jahren erbaut.[2]

Vellmar – Rothwesten

Auf dem weiteren Weg nach Rothwesten führt der Kassel-Steig an der Haltestelle vorbei, wir überqueren die L 3386 an einer Ampel, folgen der Frommershäuser Straße und biegen dann im spitzen Winkel links ab in die Immenhäuser Straße. Nach etwa 200 m wenden wir uns nach rechts in den Hainebachweg, der bergauf zur Hochfläche „Breiter Stein“ führt. Auf dieser Wegstrecke, die etwa 1,5 km geradeaus verläuft, haben wir wieder einen grandiosen Blick auf Vellmar und in die Ferne bis zur Söhre und die Baunsberge sowie über alle Bergkuppen des Habichtswaldes, den Dörnberg mit den Helfensteinen, den Hangarstein, den Schreckenberg und den Schartenberg im Westen.

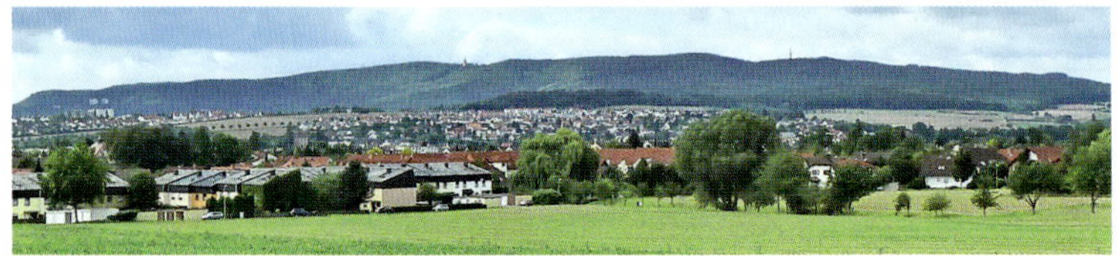

Schöner Fernblick auf Vellmar bis zum Habichtswald. (Foto: Lothar Glebe)

Wir passieren Ullmann‘s Hof mit einer modernen Reitanlage, der zu Recht Ausritte in die Umgebung mit tollen Ausblicken verspricht. Hier entsteht ein Neubaugebiet, deshalb könnte sich die Wegführung während der Bauarbeiten und künftig etwas ändern. Etwa 200 m weiter auf dem höchsten Punkt am Breiten Stein befindet sich links vom Wanderweg eine moderne Biogasanlage auf dem Hof Hördemann.

Der Rohstoff, der in einer Biogasanlage zur Erzeugung von Biogas genutzt wird, wird als Substrat bezeichnet. Als Substrate werden sowohl nachwachsende Rohstoffe (z. B. Mais oder Ganzpflanzensilage) als auch Rückstände aus der Tierhaltung (z. B. Mist oder Gülle) und biologische Abfälle (z. B. Essensreste) verwendet. In der Anlage findet ein Gärprozess statt, indem die organischen Stoffe durch Bakterien, Pilze oder Enzyme umgewandelt werden. Der Prozess besteht aus mehreren Stufen. In der letzten Stufe werden die Endprodukte Wasser und Methan gebildet. Je höher der Methananteil, desto energiereicher ist das Biogas. Wird das Biogas gleichzeitig zur Strom- und Wärmeerzeugung genutzt, spricht man von der Kraft-Wärme-Kopplung. Zu diesem Zweck wird Biogas in Blockheizkraftwerken verbrannt, um zusätzlich zur Wärme auch Elektrizität zur Einspeisung in das Stromnetz zu produzieren. Nach vorheriger Anmeldung kann man sich auf dem Hof Hördemann praktisch vorführen lassen, wie eine Biogasanlage funktioniert.[3] **Info:** Tel. 0561 98126

Nach rechts geht es zur Bushaltestelle der Linie 40 „Breiter Stein“, die man nach 450 m an der Simmershäuser Straße erreicht. Zwischen Simmershausen und Vellmar verkehrt diese Linie eingeschränkt.

Wir wandern geradeaus den Berg hinab und staunen über die großartige Aussicht in Richtung Nordosten. Das nächste Ziel, der Häuschensberg mit der Sternwarte in Rothwesten, liegt direkt vor uns. Im Hintergrund breitet sich der dichtbewaldete Reinhardswald aus, der das Fuldatal begrenzt. Auf der anderen Seite des Taleinschnitts erheben sich die Höhenzüge des Naturparks Münden mit dem Mühlenkopf, dem Hopfenberg und dem Ickelsberg. Weiter rechts reicht der Blick über Sandershausen bis in die Söhre und zum Langenberg, wo der Kassel-Steig auch hinführen wird. An der Stelle, an der der Kassel-Steig auf den Eco Pfad „Siedlungsgeschichte Simmershausen“ trifft, biegen wir links ab und begeben uns zum Jütte´s Weidberghof.

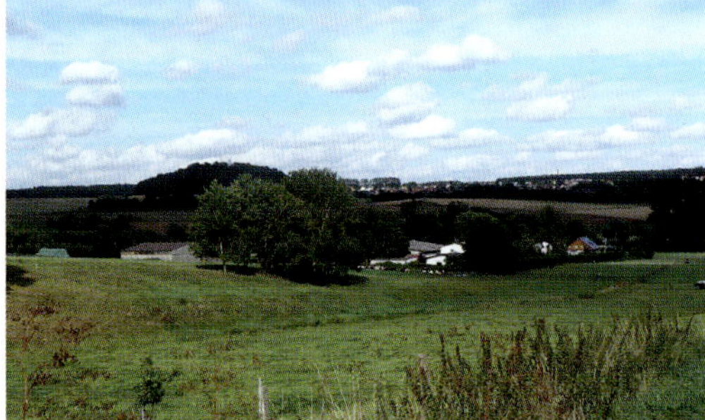

Jütte´s Weidberghof und dahinter der Häuschensberg mit Sternwarte (Foto: Lothar Glebe)

Der Weidberghof liegt inmitten eines Landschaftsschutzgebietes und wird bereits in 3. Generation von der Familie Jütte bewirtschaftet. Seit etlichen Jahren schon kann man die hauseigenen, mehrfach ausgezeichneten Milchprodukte, wie z.B. Rohmilchkäse, Joghurt, Rahmtöpfchen und Schmelzkäse, im Hofladen kaufen. Etwas neuer sind das geräumige Hofcafé und die herrlich gelegene Sonnenterrasse. Hier werden Sie mit frisch gebackenen Kuchen und Torten, sowie Kaffeespezialitäten aus fairem Handel verwöhnt.
Öffnungszeiten Hofladen: Fr. + Sa. 9 – 12 Uhr; Fr. zusätzlich 14 – 18 Uhr; Hofcafé: Fr. 14 – 18 Uhr; ab Ostern bis zum 1. Advent auch Sa. + So. 14 bis 17 Uhr. Wandergruppen und Familienfeiern sind nach vorheriger Anmeldung auch außerhalb der Öffnungszeiten herzlich willkommen.
Infos unter: Tel. 0561 817210, www.weidberghof.de oder bei facebook

Geradeaus geht es nach Simmershausen, einem Ortsteil von Fuldatal, den man nach 1,3 km erreicht. Dort kann man einkehren und auch übernachten oder mit dem Bus der Linie 40 zurückfahren.

Simmershausen, ein Gemeindeteil von Fuldatal, erstreckt sich oberhalb von der malerischen Fuldaschleife in das Tal der Espe, die in diesem Abschnitt Haufe heißt. Der Ort wurde erstmals 1074 urkundlich als Simarishusun erwähnt. Funde deuten darauf hin, dass hier bereits in der Jungsteinzeit Siedlungen vorhanden waren.

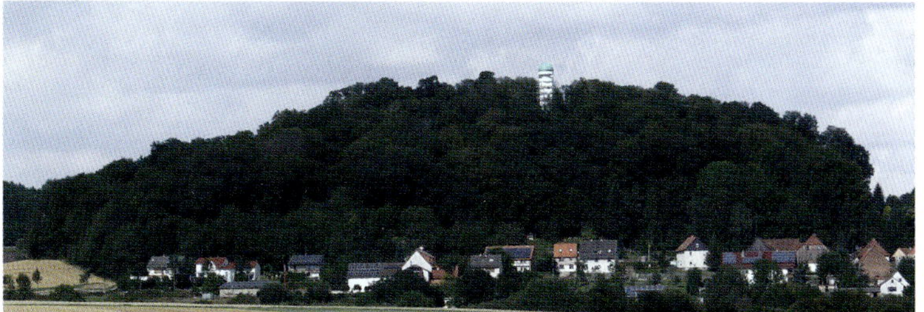

Häuschensberg mit der Volkssternwarte in Rothwesten (Foto: Lothar Glebe)

Auf dem weiteren Weg gehen wir vorbei an Weideflächen. Wir wandern auf einem asphaltierten Weg bergauf. Der Kassel-Steig verläuft hier weiterhin auf dem Eco Pfad. Auf halber Höhe biegen wir rechts ab auf einen grasbewachsenen Weg. Auf der höchsten Stelle angekommen, geht es nochmals rechts ab. Vor uns liegt nun der Ort Rothwesten mit dem markanten Häuschensberg und der von weither sichtbaren Volkssternwarte.

Auf diesem interessanten Streckenabschnitt wird auf Informationstafeln die Siedlungsgeschichte der früheren selbständigen Gemeinde Simmershausen erläutert. Dabei erfahren wir Näheres über eine jungsteinzeitliche Siedlung, die in der Nähe der beiden Aussiedlerhöfe stand, über die Bedeutung von Kreuzsteinen, über die Wüstung Rudolfshausen sowie über einen steinzeitlichen Lagerplatz. Der auf diesem Eco Pfad aufgestellte historische Kreuzstein (auch „Läufer" genannt) erinnert an die im Jahr 1576 verlaufende Grenze zwischen dem Herzogtum Braunschweig und der Landgrafschaft Hessen-Kassel.[5]

An der Stelle des Eco Pfades, an der eine Ruhebank errichtet und junge Bäume angepflanzt wurden, bietet sich dem Wanderer und Spaziergänger durch einen neuen Blickwinkel eine fantastische Sicht auf Simmershausen und das Kasseler Becken bis hin zu den Höhen des Kaufunger Waldes, der

Söhre und des Langenbergs südwestlich von Kassel. Im Westen ragt in einer größeren Entfernung der Dörnberg empor.

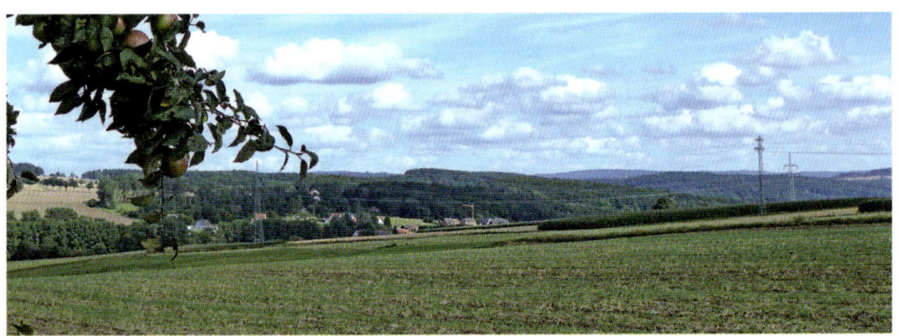

Blick in Richtung Simmershausen und Kaufunger Wald (Foto: Lothar Glebe)

Nach wenigen Metern biegt der Eco Pfad rechts ab nach Simmershausen. Dieser Feldweg ist ein Teil einer Handelsstraße, die im Mittelalter von Kassel in Richtung Norden führte und „Helleweg" genannt wurde. Nach weiteren 200 m kommt von rechts aus dem Höllental ein weiterer historischer Weg. Es handelt sich um den „Steigerpfad", den die Bergleute in früheren Zeiten auf ihrem Weg zum Bergwerk am Gahrenberg im Reinhardswald benutzten. Über den Hölleweg und halblinks über die Karl-Marx-Straße gelangen wir in den historischen Ortskern von Rothwesten. An der Friedrich-Engels-Straße befindet sich ein bedeutendes Denkmal, die alte Domänenmauer, die in den Jahren 1999/2000 aufwändig saniert und befestigt wurde.
Dann führt der Kassel-Steig links über die Straße „Am Häuschensberg" hinauf zum Häuschensberg. Von hier aus überblicken wir die gesamte Ortschaft Rothwesten. Im Norden breitet sich der Reinhardswald aus.

Das im Jahre 1020 erstmals urkundlich erwähnte Rothwesten liegt auf altem Kulturboden. Der Ort bestand anfangs aus den drei Gütern Rothwesten, Eichenberg und Winterbüren und galt als Gutsdorf. Das Gut in Rothwesten, das oft den Besitzer bzw. Pächter wechselte, war zeitweise auch eine landgräfliche Domäne. Auf einem Teilstück des ehemaligen Gutsbesitzes wurde 1934 der Fliegerhorst erbaut. Nach 1945 wurden große Teile der Ländereien der drei Güter den Flüchtlingen und Heimatvertriebenen zur Ansiedlung zur Verfügung gestellt.[6]

Wir gehen an dem früheren Festplatz von Rothwesten vorbei und erreichen nach 100 m den von der Gemeinde erbauten Aussichtsturm auf dem Häuschensberg, auf dessen Spitze eine Sternwarte errichtet wurde.

Die Volkssternwarte auf dem Häuschensberg wurde am 15. September 1963 eingeweiht. Es ist das Lebenswerk von Georg Spitzer, das er mit vielen ehrenamtlichen Helfern, Freunden und Unterstützern nach 10-jähriger Arbeit vollendete; er war Initiator, Planer und Erbauer zugleich.
Die Sternwarte erfreut sich mehr und mehr wachsender Beliebtheit und ist über die Grenzen Kassels hinaus im ganzen Bundesgebiet bekannt. Sie ist als besondere Attraktion zu betrachten. Mit drei hochwertigen Teleskopen können bei den abendlichen Führungen mit eigenen Augen die Objekte des Sternenhimmels betrachtet werden, angefangen vom Mond über Planeten, Sonne und Fixsterne bis hin zu Galaxien in einigen Millionen Lichtjahren Entfernung. Die Führungen werden von dem sehr engagierten Team der Volkssternwarte nach vorheriger Anmeldung bei klarem Himmel, mit Ausnahme der Sommermonate, am Samstagabend kostenlos durchgeführt.[7] **Info:** Tel. 05607 7712, www.volkssternwarte-rothwesten.de

Vom Häuschensberg, einer Basaltkuppe, dessen Entstehung auf die Vulkantätigkeit in der Zeit des jüngeren Tertiär vor 20 bis 30 Millionen Jahren zurückzuführen ist, haben wir in Richtung Westen eine großartige Aussicht auf den Habichtswald mit dem Herkules, den Dörnberg bis in das Wolfhager Land, wo am Horizont der Bärenberg mit dem Aussichtsturm sowie der Kleine und Große Gudenberg zu sehen sind.

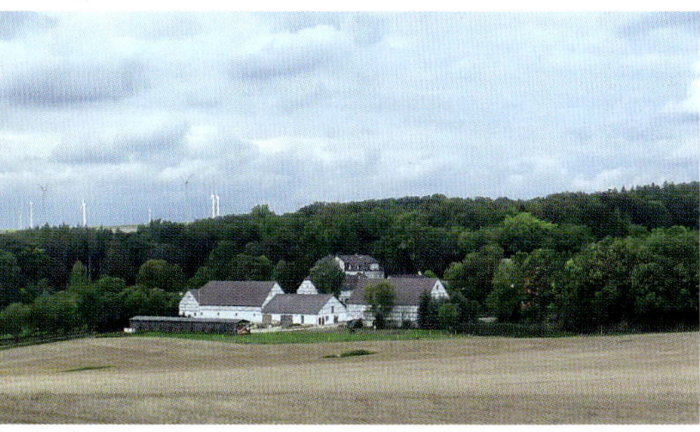

Das malerisch gelegene Gut Winterbüren (Foto: Lothar Glebe)

Wir gehen zurück und wenden uns am Waldrand nach links. Auf dem Weg durch die Felder erblicken wir linker Hand das malerisch gelegene Gut Winterbüren. Dieses war in früherer Zeit ebenfalls eine landgräfliche Domäne. Das heute zu sehende Ensemble stammt aus dem 18. Jahrhundert. Seit 1783 befindet sich das Gut im Besitz der Familie Waitz von Eschen, es ist heute ein reiner Ackerbaubetrieb ohne Viehwirtschaft.

Nach wenigen Metern trifft der Kassel-Steig auf die Winterbürener Straße, den Zufahrtsweg zum Gutshof. An dieser Stelle beginnt der Zuweg, der über den Peterweg (Wegzeichen △ und KS) zum Fuldataler Ortsteil Knickhagen führt (3 km vom Abzweig).

Wir halten uns rechts und wandern auf dieser schönen Allee bis zur Landesstraße 3232. Beim Überqueren dieser viel befahrenen Straße ist Vorsicht geboten. Auf der anderen Seite geht es weiter bis zum Waldrand. Wir stehen jetzt vor dem Areal, das bis zur Auflösung des Standortes der Fritz-Erler-Kaserne von der Bundeswehr genutzt wurde und jetzt von der Bundesanstalt für Immobilienaufgaben (BImA) im Rahmen der Konversion (Umnutzung von Gebäuden und Flächen) schrittweise veräußert wird.

An dieser höchstgelegenen Stelle im Bereich Rothwesten muss man unbedingt verweilen und den Blick in Richtung Westen genießen. Die Aussicht über das Kasseler Becken und das märchenhafte nordhessische Bergland mit den vielen Basaltkuppen ist bei klarem Wetter atemberaubend.

Unser Tipp: Von dieser Stelle kann man die schönsten Sonnenuntergänge bei einem sich rot-orange verfärbenden Himmel erleben und den Weitblick auf die konturenreichen Berge am Horizont bewundern. Lassen Sie sich inspirieren, dies ist ein besonderes Erlebnis.

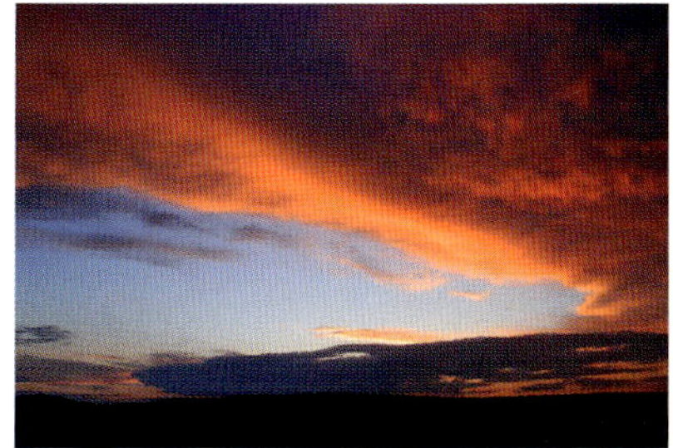

Ein spektakulärer Anblick – Abendrot über Rothwesten (Foto: Ruth Brosche)

Wir gehen in Richtung Ortschaft und biegen rechts in die Straße „An der Steinbreite“ und nach wenigen Metern nach links in die „Brüder-Grimm-Straße“ ein. Am Ende stoßen wir auf die Eichenberger Straße, der wir rechts folgen bis zur Haltestelle „Raiffeisenbank“ wo diese Etappe endet. Im Coffeeshop eines nahegelegenen Lebensmittelmarktes können Sie sich stärken.

Stadt Vellmar

Vellmar entstand durch den Zusammenschluss der selbständigen Gemeinden Obervellmar, Niedervellmar und Frommershausen zu Beginn der 70er Jahre im Zuge der Gebietsreform. Der seit 1986 bestehende Ahnepark mit einer Gesamtfläche von etwa 90.000 qm bietet große Wasserflächen sowie sportliche und kulturelle Einrichtungen. Er ist ein Anziehungspunkt nicht nur für die Vellmarer Bevölkerung. Vellmar versteht sich als junge dynamische Stadt, die ihren Bürgern viel zu bieten hat. Dazu zählen zahlreiche soziale und kulturelle Einrichtungen sowie Sportstätten und Bürgerhäuser. Auf Grund seiner rasanten Entwicklung wurden Vellmar am 30. August 1975 anlässlich der 1200-Jahr-Feier die Stadtrechte verliehen.[8]

Der Geschichtskreis Vellmar e.V. betreibt seit 2004 ein **Heimatmuseum** im historischen „Hof Helse" in der Hauptstraße im Ortsteil Obervellmar. Das Museum hält für die Besucher viele Schätze aus seiner volkskundlichen Sammlung in verschiedenen Abteilungen bereit. Dazu gehört auch ein etwa 7.000 Jahre alter Mahlstein, ein Fund aus diesem Gebiet. Besuchszeiten und Führungen sind unter Tel. 0561 823985 zu erfragen.[9]

Gemeinde Fuldatal

Die Großgemeinde Fuldatal entstand durch die Verwaltungsgebietsreform zum 1. Januar 1970 mit dem freiwilligen Zusammenschluss der bis dahin selbständigen Gemeinden Ihringshausen, Simmershausen, Wahnhausen, Knickhagen und Wilhelmshausen. Am 1. August 1972 wurde die Gemeinde Rothwesten durch Landesgesetz in die Gemeinde Fuldatal eingegliedert. Fuldatal hat ein überdurchschnittliches Sport-, Spiel- und Freizeitangebot. Soziale Einrichtungen befinden sich in allen Ortsteilen, die sich auf Grund ihrer geografischen Lage unterschiedlich entwickelt haben. Ihringshausen ist der Industrie- und Gewerbestandort, die anderen Ortsteile sind vorwiegend Wohnorte mit Freizeitangeboten und Erholungsmöglichkeiten. Fuldatal nennt sich auch das „Tor zum Reinhardswald".[9]

Zu den Sehenswürdigkeiten in Simmershausen zählen:

Das **Heimatmuseum**, ein Museum von Bürgern für Bürger, besitzt neben der volkskundlichen eine naturkundliche und eine kleine geologische Abteilung. Bitte die Öffnungszeiten beachten (Tel. 05607 7069).

Die **historische Schmiede** ist als museale Außenstelle des Heimatmuseums ein Schmuckstück im Dorfkern. Sie ist seit dem Jahre 2000 für die Öffentlichkeit wieder zugängig. In dem kleinen Schmiederaum können sich vor allem Kinder und Jugendliche durch authentische Vorführungen von der Arbeit des Schmiedes in den früheren Zeiten einen Eindruck verschaffen (Tel. 05607 7069 und 0561 812202).

Das **Wassererlebnishaus** bietet eine Vielzahl von Lernorten, die unterschiedlichste Erfahrungen und Erlebnisse mit dem Lebenselement Wasser ermöglichen, in dem u.a. die ökologischen Zusammenhänge im und am Wasser erkundet werden (Tel. 0561 8912346).

Knickhagen, der kleinste Fuldataler Ortsteil, liegt im lieblichen Osterbachtal. Die Landwehr, Grenzlage im Mittelalter zwischen den Sachsen und Franken, verlief in der Nähe des Friedhofs. Von den vier Mühlen ist keine mehr in Betrieb. Lediglich die Untermühle ist als solche noch zu erkennen. Nach 1428 übten die Landgrafen von Hessen das Herrschaftsrecht in diesem Gebiet aus, vor dieser Zeit herrschten hier die Kurfürsten und Erzbischöfe von Mainz. Das im Jahre 1836 erbaute Schulhaus wurde Anfang

des 20. Jh. in ein Gasthaus umgewandelt, das heute leider nicht mehr betrieben wird. Das historische Haus „Im kühlen Grund“ wird als gastfreundliche Pension weitergeführt. [9]
Über die Kulturgeschichte von Knickhagen und Wilhelmshausen informiert der durch den Ort führende gleichnamige Eco Pfad. Der Rundweg verläuft u.a. an zwei Mühlen vorbei, im weiteren Verlauf kann man auf einer anschaulichen Wandertafel die Schlacht bei Lutterberg im Siebenjährigen Krieg nachvollziehen und in Wilhelmhausen, einem weiteren Ortsteil von Fuldatal, die sehenswerte Marienbasilika, die Obermühle und das Scheunenmuseum besichtigen. [12]

Wilhelmshausen
Die im Jahr 1150 erstmals urkundlich erwähnte – im romanischen Stil erbaute – Basilika St. Maria ist das Herzstück und Wahrzeichen von Wilhelmshausen. Diese ehemalige Klosterkirche ist die Keimzelle, um die das Dorf Wilhelmshausen entstand. Sehenswert im Innern der schlicht gehaltenen Kirche ist im südlichen Querschiff ein Tympanon (Schmuckfläche in/an Gebäuden), das das „Agnus Dei“ darstellt. [13]

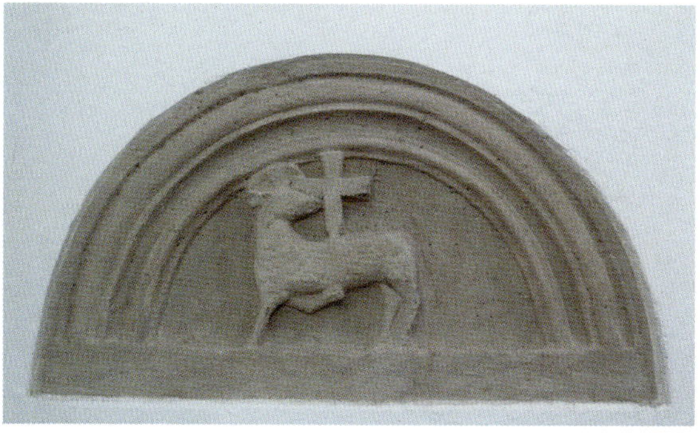

„Agnus Dei" in der Marienbasilika in Wilhelmshausen (Foto: Lothar Glebe)

„Agnus Dei (lat. Lamm Gottes) ist ein seit ältester Zeit im Christentum verbreitetes Symbol für Jesus Christus. Als Osterlamm, gekennzeichnet mit der Siegesfahne, ist es ein Symbol für die Auferstehung Jesu Christi. Es ist häufiger Bestandteil der christlichen Kunst und ein christliches Symbol in der Heraldik.“ [14]

W 4 Von Rothwesten nach Landwehrhagen

Schwierigkeit: anspruchsvoll **Länge:** ca. 12,1 km
Ausgangspunkt: Bushaltestelle Rothwesten-Raiffeisenbank (Linie 40)
Anfahrt: Kassel Königsplatz mit Tram 3 bis Ihringshäuser Straße, umsteigen in Bus Linie 40 und weiter bis Rothwesten, Raiffeisenbank
Haltestellen: Rothwesten (Raiffeisenbank): Bus 40
Rothwesten (Abzweig Gut Eichenberg): Bus 40 (wird zeitweise nicht bedient)
Knickhagen (Mitte): Bus 42
Wahnhausen (Schleuse und Mitte): Bus 42
Speele (Bahnhof): RB 8
Landwehrhagen (Rathaus): Bus 30 oder 32 nach Kassel
Landwehrhagen (Rathaus): Bus 196 nach Hann. Münden
AST 127 verkehrt So.
Route: Bushaltestelle „Raiffeisenbank" in Rothwesten – Dicker Kopf (3,6 km) – Schleuse Wahnhausen (6,5 km) – Kragenhof (7,1 km) – Ickelsbach (11,0 km) – Landwehrhagen (12,1 km)

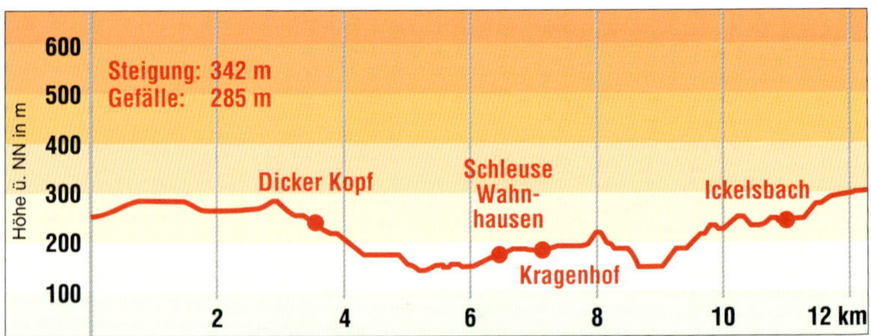

Rothwesten – Wahnhausen

Von der Haltestelle Raiffeisenbank gehen wir die Eichenbergstraße bergan. Nach wenigen Metern konnte man viele Jahre lang den von Herbert Bollerey mit Herzblut gestalteten und geführten einzigartigen Seerosengarten besichtigen. Mit seinen über 10.000 qm Fläche und über 300 Seerosenarten war er der größte und artenreichste Seerosengarten Europas. Das letzte 14. Seerosenfestival fand im Juli 2017 statt. Die Schließung wurde wegen der Kündigung des Pachtvertrages unumgänglich.

Seerosenliebhaber können aber auch heute noch Herbert Bollerhey anrufen (Tel. 05607 7778), um einen kleinen Ableger in der Straße „Am Gesteinse" des früheren Naturparadieses zu besichtigen und sich beraten zu lassen.

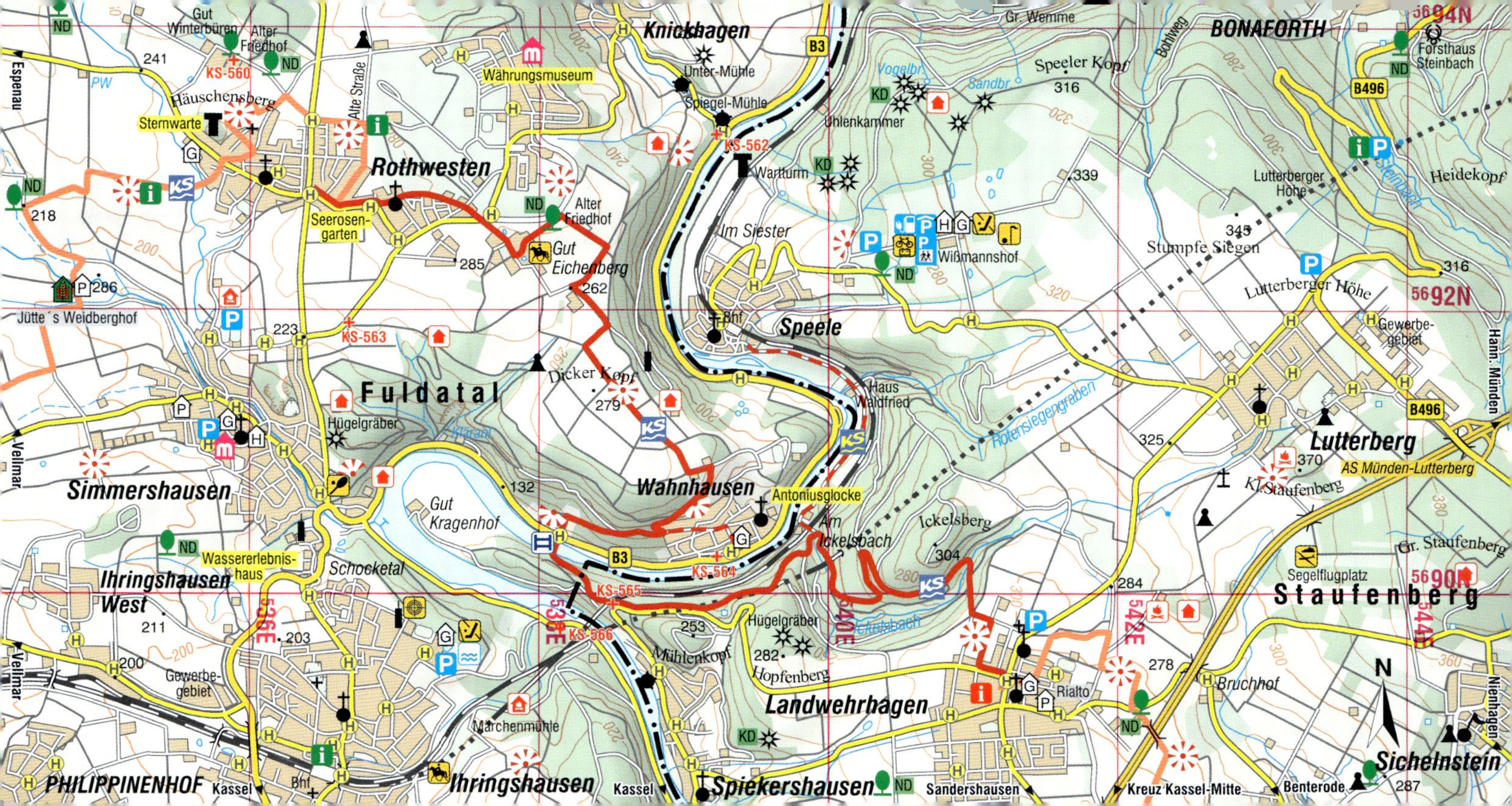

Knickhagen
BONAFORTH
Gr. Wemme
Speeler Kopf
Forsthaus Steinbach
Heidekopf
Gut Winterbüren
Alter Friedhof
Espenau
KS-560
Häuschensberg
Sternwarte
Alte Straße
Währungsmuseum
Unter-Mühle
Spiegel-Mühle
KS-562
Uhlenkammer
Vogelbr.
Sandbr.
Wartturm
Rothwesten
Seerosengarten
Alter Friedhof
Gut Eichenberg
Im Siester
Wißmannshof
Lutterberger Höhe
Stumpfe Siegen
Jütte´s Weidberghof
KS-563
Speele
Gewerbegebiet
Hann. Münden
B496
B3
Fuldatal
Hügelgräber
Kläranl.
Dicker Kopf
Haus Waldfried
Rotensiegengraben
Lutterberg
AS Münden-Lutterberg
Kl. Staufenberg
Simmershausen
Vellmar
Gut Kragenhof
Wahnhausen
Antoniusglocke
Am Ickelsbach
Ickelsberg
Gr. Staufenberg
Segelflugplatz
Staufenberg
Ihringshausen West
Wassererlebnishaus
Schocketal
KS-564
KS-565
KS-566
Hügelgräber
Ickelsbach
Gewerbegebiet
Mühlenkopf
Hopfenberg
Landwehrhagen
Rialto
Bruchhof
Nienhagen
Märchenmühle
PHILIPPINENHOF
Kassel
Bhf
Ihringshausen
Spiekershausen
Sandershausen
Kreuz Kassel-Mitte
Benterode
Sichelnstein
5694N
5692N
5690N
536E
538E
540E
542E
544E

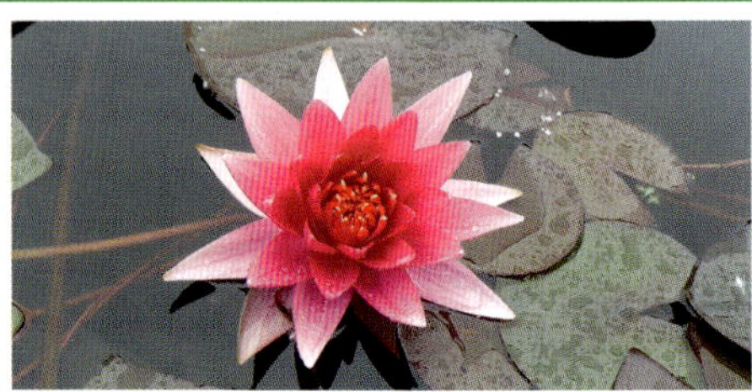

„Stern von Rothwesten"
(Foto: Lothar Glebe)

Nach etwa 300 m gelangen wir zu dem älteren Bereich der Erlenbuschsiedlung. Diese Siedlung war Teil des Fliegerhorstes Rothwesten, der in 1934/35 errichtet wurde. Nach 1945 wurden diese Wohnhäuser von Angehörigen der amerikanischen Besatzungsmacht und später von Angehörigen der Bundeswehr bewohnt.

Wir überqueren die Kreisstraße und wandern gegenüber die Straße „Gut Eichenberg" abwärts. Auf der rechten Seite öffnet sich überraschend ein atemberaubender Fernblick über das Kasseler Becken bis zum Horizont auf das Nordhessische Bergland in den Chattengau und den Kellerwald. Wir wechseln die Straßenseite und gehen links abzweigend an dem früheren Rittergut (jetzt Schullandheim) vorbei.

1490 wurde das Rittergut denen von der Malsburg durch Herzog Wilhelm von Braunschweig verliehen. In den folgenden Jahrhunderte wurde das Gut entsprechend der Nutzungsanforderungen um- bzw. ausgebaut.

Heute befindet sich in dem historischen Herrenhaus des damaligen Gutes ein Schullandheim. „Das Haus der eigenen Wege", so der Name, bietet eine individualpädagogische Intensivbetreuung für 6 junge Menschen, die aus dem Versorgungsrahmen üblicher Einrichtungen herausfallen. Der hinter dem Herrenhaus liegende 15.000 qm große denkmalgeschützte historische Park des früheren Gutes Eichenberg wird für Freizeitaktivitäten der Heimbewohner genutzt.

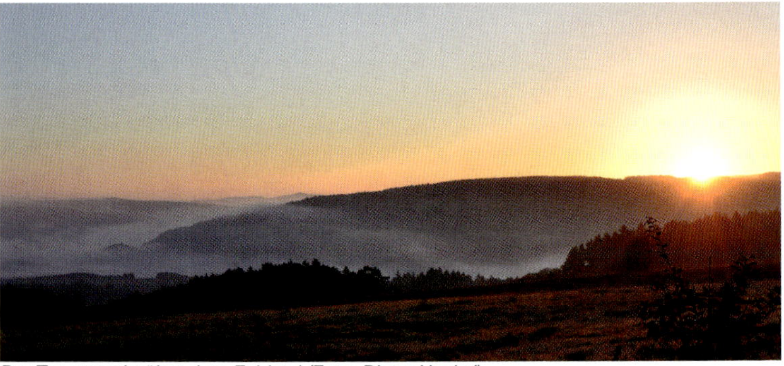

Der Tag erwacht über dem Fuldatal (Foto: Dieter Hankel)

Der Kassel-Steig führt weiter auf einem naturbelassenen Weg in Richtung Norden. Wir nähern uns der alten Kreisstraße nach Knickhagen, die inzwischen eingezogen wurde. Wir verlassen den Kassel-Steig an der Stelle, an der rechter Hand ein schön gewachsener Laubbaum (Naturdenkmal) steht und betreten links auf einem Feldweg die alte Kreisstraße.

An dieser Stelle hat man erneut einen wundervollen Blick auf den Reinhardswald, den Naturpark Münden, den Kaufunger Wald und die Söhre. Ein besonders beeindruckendes Bild bietet sich dem Wanderer, wenn bei entsprechenden Wetterlagen aus den Taleinschnitten Nebelschwaden aufsteigen und die Bergkuppen einhüllen.

In dem weitläufigen Gebiet links neben uns entstand in den Jahren 1934/35 der für damalige Zeiten moderne Fliegerhorst Rothwesten mit einem Flugfeld von 600 m Breite und 800 m Länge, das später auf 1000 m verlängert wurde. Diese Anlage galt auf Grund seiner aufgelockerten Bauweise mit kleinen Gebäuden für die Unterkünfte und attraktiven sozialen Einrichtungen – wie einem Schwimmbad, einem Casino und einem Wohlfahrtshaus – als damaliges Vorzeigeobjekt der Luftwaffe. Nach 1945 wurde der Platz von amerikanischen Truppen genutzt, die Rothwesten am 01.10.1972 wieder verließen. Danach erhielt die Bundeswehr mit der Fritz-Erler-Kaserne hier einen neuen Standort. Im Zuge der Umstrukturierung der Bundeswehr nach dem Fall des Eisernen Vorhangs wurde auch der in der Fritz-Erler-Kaserne zuletzt stationierte Stab der Flugabwehrbrigade 100 der Bundeswehr am 31.12.2007 aufgelöst und der Standort aufgegeben. Damit endete nach über 70 Jahren die Geschichte des Militärflugplatzes Rothwesten.[4]

Wir gehen noch 200 m auf der früheren Kreisstraße weiter, um den Blick in das malerische Fuldatal mit den steil aufsteigenden Berghängen des Reinhardswaldes und des Naturparks Münden sowie auf den in die herrliche Landschaft eingebetteten, mit viel Fachwerkhäusern ausgestatteten Ortsteil Wilhelmshausen zu genießen. Wer das Glück hat, gerade an dieser Stelle einen Sonnenaufgang zu erleben, wird fasziniert sein.

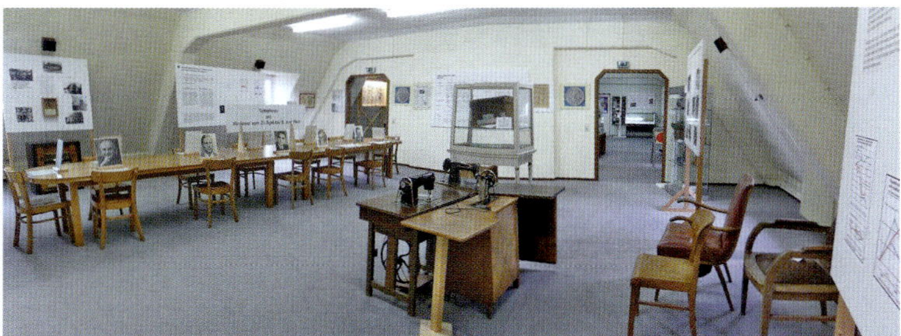

Blick in einen der Räume des Währungsmuseums mit dem Konferenztisch (Foto: Lothar Glebe)

Die Kreisstraße führt zum früheren Haupteingang der Fritz-Erler-Kaserne. In diesem Areal befindet sich das Haus Posen. In diesem Gebäude wurde unter strengster Geheimhaltung die Einführung der Deutschen Mark vorbereitet und organisiert, die am 20. Juni 1948 im Bereich der späteren Bundesrepublik eingeführt wurde. An diese sog. „Konklave von Rothwesten" erinnert das in Deutschland einzigartige **Museum Währungsreform Fuldatal-Rothwesten**. „Das im Haus Posen eingerichtete Museum ist so gestaltet, dass der Besucher in einem Rundgang chronologisch die Geschichte der Währungsreform verfolgen kann. In Vitrinen und auf übersichtlichen Schautafeln sind authentische Exponate und Bilder zu sehen."[5]

Info: Edward Tenenbaum Str. 1, 34233 Fuldatal
Tel. 0561 818858
info@waehrungsreform1948.de

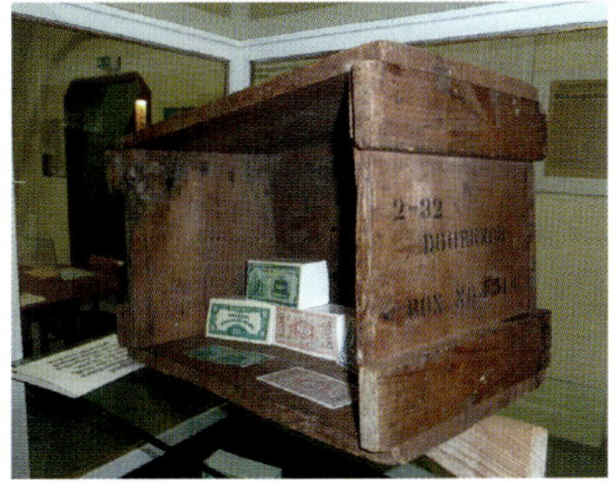

Original Geldtransportkiste Nr. 7514 von ursprünglich 23.000, mit der in 1948 die Banknoten von Amerika nach Deutschland gebracht wurden. (Foto: Lothar Glebe)

Die Erschließung und Nutzung des ehemaligen Militärgeländes in Rothwesten als Gewerbepark erfolgt schrittweise. Zu den Unternehmen, die sich bereits angesiedelt haben, gehört auch das Kasseler Fraunhofer-Institut für Windenergie und Energiesystemtechnik (Iwes), das in Rothwesten ein Forschungslabor „IWES-Sys Tec“ für die Bereiche der Energiesystemtechnik und der Netzintegration Erneuerbarer Energien eingerichtet hat. Ziel der umfangreichen Forschungs- und Entwicklungsaktivitäten ist, Technologien und Systeme zur Steuerung der Stromnetze der Zukunft zu entwickeln. Mit intelligenter Regelungstechnik soll möglichst viel erneuerbare Energie in die Netze kommen, ohne diese ausbauen zu müssen. Die Kasseler Experten gelten auf diesem Gebiet als weltweit führend.[6]

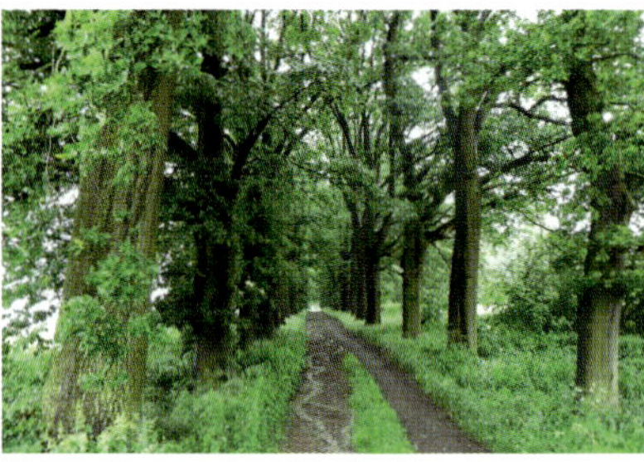

Eichenallee am alten Friedhof des Gutes Eichenberg (Foto: Lothar Glebe)

Wir gehen wieder zurück bis zu der Stelle, wo wir den Kassel-Steig verlassen haben. Nun folgen wir einer mit uralten Eichen bewachsenen Allee bergab. Diese Allee erinnert an die vergangenen Jahrhunderte, als die Landgrafen und Fürsten noch mit der Postkutsche unterwegs waren. Auf diesem Weg sollte man sich langsamen Schrittes fortbewegen und die Eindrücke bewusst aufnehmen, denn solche herrlich angelegten Wege sind ein Zeugnis früherer Landschaftsgestaltung, die man leider nur noch ganz selten antrifft.

Links am Wegesrand entdecken wir unvermittelt ein schmiedeeisernes Tor und dahinter ein großes Kreuz. Wir stehen vor dem alten Friedhof des Gutes Eichenberg mit historischen ehrwürdigen Grabstätten. Neugierig betreten wir diese ruhige und friedvolle Stätte. Die Inschriften geben Auskunft darüber, dass es sich um den Familienfriedhof derer von Malsburg handelt. Die Herren von Malsburg gehören zum niederhessischen Uradel, eine Linie von ihnen hatte Besitztümer auf Eichenberg und nannte sich auch von Malsburg auf Eichenberg. Diese idyllische Begräbnisstätte wird auch in neuerer Zeit noch genutzt. Gegenüber vom Friedhof entspannen wir uns auf einer Ruhebank und genießen den Blick auf die vor uns liegende Landschaft im Bereich des Gutes Eichenberg.

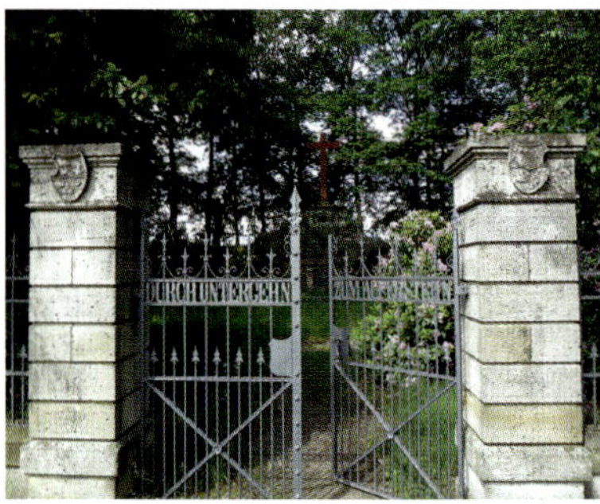

Der alte Friedhof des Gutes Eichenberg (Foto: Lothar Glebe)

Am Ende der schönen Eichenallee biegen wir rechts ab und wandern durch Weidegelände bis zu der Kompostierungsanlage. Hier kreuzt der Kassel-Steig den Fuldahöhenweg X17 und die Wildbahn X3 ; zwei bedeutende und gern begangene Durchgangswanderwege.
Der Kassel-Steig führt links an der Anlage vorbei. An der nächsten Gabelung halten wir uns rechts. Eine Beschilderung weist darauf hin, dass sich einst an dieser Stelle eine Ortschaft namens Oberspeele befand, die wüst geworden ist. Angeblich sollen in 1858 noch die Grundmauern einer Kirche zu sehen gewesen sein.

Vor uns liegt die Hochfläche „Dicker Kopf“, von der man ganz überraschend eine beeindruckende Aussicht hat. Der Ort mit dem markanten Kirchturm, der in greifbarer Nähe vor uns liegt, ist Landwehrhagen auf der anderen Seite der Fulda. Diese Ortschaft ist das nächste Etappenziel, das wir aber erst in einigen Stunden erreichen werden. Halb links erblicken wir an dem Hang oberhalb von Speele den Wißmannshof, einen herrlich gelegenen Golfplatz, von dem man ebenfalls einen großartigen Blick auf das Kasseler Becken hat. Auf asphaltierten Wegen wandern wir den Berg hinab bis zu den ersten Häusern von Wahnhausen, einem weiteren Ortsteil von Fuldatal.

Geradeaus gelangt man über die Lange Straße in den Ortskern und zur Bushaltestelle „Mitte“ von Wahnhausen an der B 3. Rückfahrt mit der Buslinie 42 nach Hann. Münden und Kassel ist möglich.

Wahnhausen – Landwehrhagen

Der Kassel-Steig biegt am Ortseingang scharf nach rechts in die Waldstraße ab, die zu Recht so bezeichnet wird, denn schon tauchen wir ein in einen schönen dichten Buchenwald.

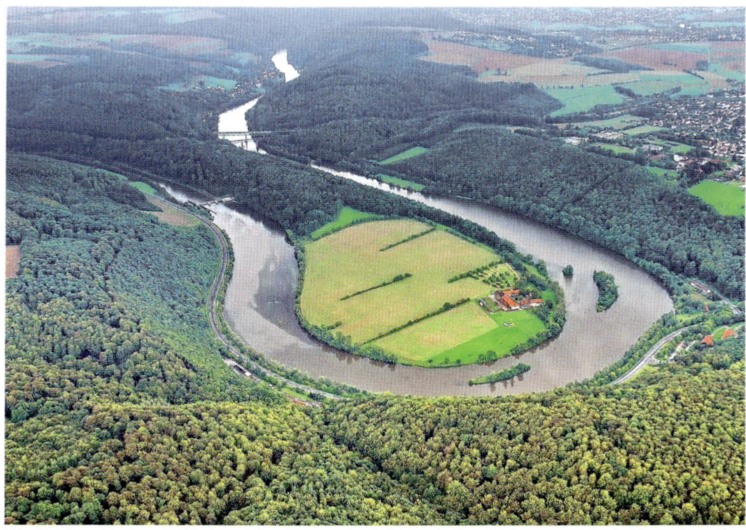

Die Fuldaschleife mit Blick auf Gut Kragenhof. (Foto: Luftaufnahme von Ruth Brosche; die Fuldaschleife ist so nicht vom Kassel-Steig aus zu sehen)

Nach etwa 400 m verlassen wir den breiten Forstweg und wandern einen schmalen Waldpfad hinab. Beim Austritt aus dem Wald haben wir ein ausgesprochen schönes Landschaftsbild vor Augen, das einem Gemälde gleicht. Unter uns fließt die Fulda, weiter oberhalb befindet sich die Fuldaschleife, die eine Halbinsel umschließt, auf der das der Stadt Kassel gehörende Gut Kragenhof liegt, das im Mittelalter im Besitz des Klosters Ahnaberg war. Im Hintergrund erblicken wir ein Siedlungsgebiet von Fuldatal und die Tagungsstätte Reinhardswaldschule der Hessischen Lehrkräfteakademie (Lehrerfortbildungsstätte), rechts die bewaldeten Hänge des Gehegeberges (216 m).

Wir wandern auf einem Wiesenweg den Hang hinunter und betreten die Staustufe Wahnhausen auf der gegenüberliegenden Seite der Bundesstraße B 3. Die Schleusendurchfahrt eines Fahrgastschiffes zu beobachten, ist schon interessant. Auf der gegenüberliegenden Uferseite entdecken wir hoch in den Bäumen eine Brutkolonie von Graureihern mit ca. 20 Nestern.

An dieser Stelle befindet sich die Bushaltestelle „Schleuse“, man kann ab hier in Richtung Hann. Münden und Kassel fahren (Linie 42).

Zur Umkanalisierung der unteren Fulda waren zunächst Großbaustufen in Wahnhausen und Hann. Münden geplant. Kassel sollte für Frachtschiffe bis 1000 t erreichbar sein. Noch während der Bauarbeiten hat man sich aus wirtschaftlichen Gründen für eine kleine Lösung entschieden. Wegen einer Wassertiefe von 1,50 m kann die Fulda seit dem Umbau ab 1975 nur noch von Fahrgast- und Sportschiffen befahren werden. Die Nadelwehre wurden durch Walzenwehre ersetzt. In Wahnhausen – wie bei allen anderen Staustufen – handelt es sich um eine Selbstbedienungsschleuse, die Stauhöhe beträgt 8,50 m.[7] „Selbstbedienungsschleusen werden von den Bootsführern über Zuschalter an Ober- und Unterwasser ausgelöst. Dann läuft das Schleusen automatisch mit jeweiligen Hinweisen an die Bootsführer. Fahrgastschiffe lösen den Vorgang per SMS aus. Zusätzlich gibt es Steuerstände, um die Schleusen zu bedienen. Die vorhandene Technik wurde in den Jahren 1999 und 2000 eingebaut“.[8]

Auf der anderen Seite der Staustufe wandern wir zunächst auf einem schmalen Weg durch den Wald bergauf bis zur Zufahrtsstraße, die zum Gut Kragenhof (Rettungspunkt KS-565) führt.

Von hier aus hat man einen Blick auf die alte Kragenhofer Brücke der Bahnstrecke der Hannöverschen Südbahn (diese historische Bezeichnung ist heute noch gebräuchlich) zwischen Hannover und Kassel, die an dieser Stelle die Fulda überquert. Die erste in 1855 fertiggestellte gewölbte Brücke mit 5 Öffnungen und einer Länge von 120 m wurde im April 1945 gesprengt. Von amerikanischen Truppen wurde bereits im August 1945 eine stählerne Behelfsbrücke gebaut. In der Zeit von 1947-1949 entstand das neue Brückenbauwerk als Fachwerkbrücke, die in dieser Form noch heute zu sehen ist.[9]

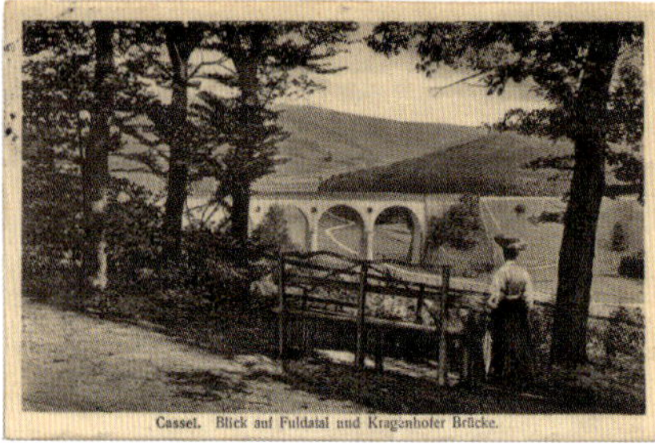

Postkarte von der alten Kragenhofer Brücke um 1926 Kunstverlag Bruno Hansmann, Cassel, Nr. 11170, gel. 1926

Der Kassel-Steig führt ein Stück bergauf entlang der Kreisstraße 214 nach Landwehrhagen und geht nach etwa 200 m links in einen Forstweg über. Auf den nächsten 700 m wandern wir durch einen lichten Buchenwald mit alten Baumbeständen. Der Wanderweg ist von hier an identisch mit dem Durchgangswanderweg X13, dem Studentenpfad .

Wir befinden uns nun im 376 km² großen Naturpark Münden, der sich von der Grenze des Bundeslandes Hessen in Richtung Norden über den Kaufunger Wald und den Bramwald bis zum Dransfelder Stadtwald südlich von Göttingen sowie zwischen Weser und Leine erstreckt und als Qualitätsnaturpark ausgezeichnet ist. Der Naturpark ist als eingetragener Verein organisiert, der sich dem Leitbild vom harmonischen Miteinander von Mensch und Natur des Europarc Deutschland e.V. angeschlossen hat. Teile des Naturparks wurden wegen der seltenen Tier- und Pflanzenwelt mit seinen ursprünglichen Buchenmischwäldern und den stillen und anmutigen Waldwiesentälern in das Europäische Biotop-Verbundsystem Natura 2000 mit aufgenommen.[10]

Vor dem Ickelsbachtal müssen wir Obacht geben, denn wir verlassen den breiten Forstweg und gehen Achtung !! unbemerkt links ziemlich steil im dichten Wald bergab. Dem Ickelsbach auf der rechten Seite kommen wir immer näher. Wir halten uns rechts und müssen erneut Obacht geben, wenn wir den Wanderweg in Serpentinen und mit Stufen versehen den Hang hinuntergehen. Es kann hier bei feuchtem Wetter rutschig sein. Wanderstöcke sind hier hilfreich. Nach wenigen Metern erreichen wir eine Ruhebank und eine Unterführung, durch die der an dieser Stelle eingefasste Ickelsbach nach 300 m in die Fulda fließt. Wir überqueren den Bach und wandern rechts den Berg hinauf. Hier beginnt der stetige Anstieg über etwa 150 Höhenmeter auf einer Streckenlänge von etwa 1,5 km.

Geht man links unter der Unterführung hindurch, gelangt man nach ca. 2,2 km nach Speele und kann mit der Bahn nach Kassel oder Hann. Münden fahren.

Vor der Unterführung der ICE-Bahntrasse weist ein Schild auf eine Besonderheit hin. Hier wurde vermutlich für Versuchszwecke im Jahre 1994 ein Mammutbaum gepflanzt. Diese riesigen Nadelbäume, die ihre Heimat im Westen Amerikas haben und dort Kalifornische Redwoods heißen, wachsen vier Mal so schnell als Fichten, speichern eine Menge Kohlendioxid und werden bis zu 100 m hoch. Der Mammutbaum, der hier zu sehen ist, hat noch einige Jahrzehnte vor sich, bevor er diese Höhe erreicht. Die Niester Riesen, so wird eine Gruppe von Mammutbäumen in der Nähe von Nieste bezeichnet, sind das beste Beispiel dafür, dass diese an sich kälteempfindlichen Bäume auch in Nordhessen gut gedeihen.

Auf einem breiten Forstweg geht es am Nordhang des Ickelsbachtales stets bergauf, zunächst geradeaus und dann im linken Bogen durch Buchenwald, vorbei am Ickelsbachweg und Ickelsbachhauptweg. Auf einem ebenen Teilstück biegt der Kassel-Steig rechts ab, führt an einer Schranke vorbei und hinauf auf die nächste Ebene. Hier finden wir historische Grenzsteine am Wegesrand. Genau hier verläuft die frühere Grenze zwischen den Gemarkungen Speele auf der linken Seite und Landwehrhagen auf der rechten Seite. Auf der linken Seite entdecken wir – von einer kräftigen Eiche umgeben – einen Ruheplatz. Es handelt sich um das Reetz-Gehege, das im Jahre 1927 als Dank an den im Forstamt Landwehrhagen fast 30 Jahre tätigen Förster Reetz aus Anlass seines Ausscheidens aus dem Forstdienst angelegt wurde.

Nach etwa 400 m verlassen wir unvermittelt den breiten Forstweg halbrechts und wandern in das tiefer gelegene romantische Obere Ickelsbachtal. Dieses schluchtenartige Tal wirkt noch den letzten Sturmschäden und dem Borkenkäferbefall nicht mehr so verwunschen und geheimnisvoll wie Jahre zuvor.

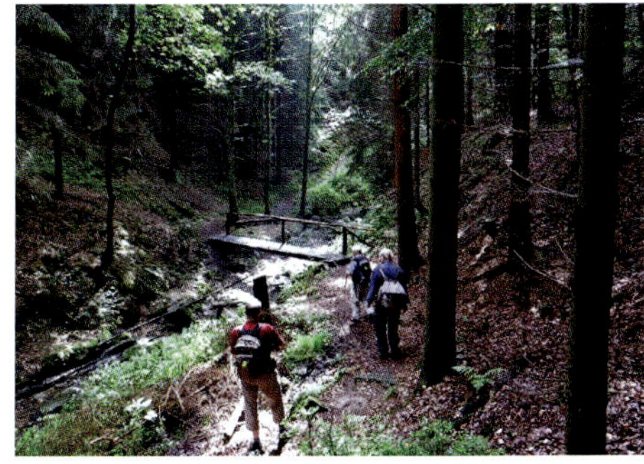

„Obere Ickelsbachtal" (Foto: Lothar Glebe)

Nach Überqueren der Ickelsbachbrücke geht es steil bergauf bis zum Waldrand, von wo aus wir schon den Ortsteil Landwehrhagen der Gemeinde Staufenberg erblicken. Wir halten uns links, biegen den ersten mit Gras bewachsenen Weg rechts ab und erreichen über die Kragenhofer Straße (linker Hand) und die Hannoversche Straße (L 562), der wir rechts folgen, die Bushaltestelle Rathaus, wo der W 4 endet.

Ortsteil Wahnhausen der Gemeinde Fuldatal

Der Ort Wahnhausen wurde erstmals 1107 urkundlich genannt. Er war über Jahrhunderte ein Fischer- und Bauerndorf. Die Fulda hatte gute Fischgründe. Mit der zunehmenden Industrialisierung des nahen Kassel entwickelte sich Wahnhausen zu einer Arbeiterwohngemeinde. Die Geschichte von Wahnhausen hat eine Besonderheit aufzuweisen. „Mit der Einverleibung des gesamten Obergerichtes (siehe Wanderabschnitt 5), der Ufer der Fulda bis Spiekershausen und Wahnhausen sowie des Eichenberges bei Rothwesten durch das Herzogtum Braunschweig in 1247 gehörte Wahnhausen fortan zum braunschweigischen Hoheitsgebiet, womit auch die Gerichtshoheit verbunden war. Der Grund und Boden blieb aber den Landgrafen von Hessen-Kassel. Diese Kondominatsherrschaft (Gemeinherrschaft) bestand fast 600 Jahre. Erst im Jahre 1832 wurde das gesamte Gebiet links der Fulda durch einen sog. Grenzbereinigungsvertrag zwischen dem Königreich Hannover und dem Kurfürstentum Hessen-Kassel wieder kurhessisches Staatsgebiet.“[11]

Die Wahnhäuser Bevölkerung ist stolz auf ihre 500 Jahre alte Antoniusglocke. Sie feierten am 30. Mai 2010 zum 500-jährigen Jubiläum der im Jahre 1510 gegossen Kirchenglocke ihr Wahnhäuser Glockenfest. In die Glocke sind drei Pilgerzeichen eingegossen worden. Dabei handelt es sich um Antonius von Grünberg, das Pilgerzeichen der Antoniter von Grünberg, den St. Georg und Anna von Düren. Hierauf ist auch der Name der Glocke zurückzuführen. Eine bronzene Tafel mit den Insignien und den Glockendaten hängt jetzt im Eingangsbereich der Wahnhäuser Kirche. Die gelungene Restaurierung dieser historischen Glocke ist dem Förderverein „Glocke Wahnhausen“ zu verdanken. Eine Besichtigung der Kirche ist nach vorheriger Anmeldung bei der Pfarrei Rothwesten-Wahnhausen (Tel. 05607 227) möglich.[12]

Ortsteil Speele der Gemeinde Staufenberg

„Speele wurde erstmals 1264 in einer Urkunde des Klosters Ahnaberg in Kassel erwähnt. Im Mittelalter wurde in Speele Salz gewonnen dank salzhaltiger Quellen an und in der Fulda. Neben Salzsiedern waren hier in der damaligen Zeit Fischer, Leineweber, Bauern, Schmiede und Müller zu finden.

Ein Wahrzeichen ist der alte Wartturm, der direkt an der Bahnstrecke liegt. Angeblich soll der Feldherr Tilly im Dreißigjährigen Krieg hier einen Schatz der Schweden vergraben haben. Diese Erzählung gehört wohl in das Reich der Märchen. Speele wurde oft überschwemmt, besonders in den Jahren 1909, 1911 und 1943 aufgrund der Zerstörung der Edertalsperre.“ Dem Westfälischen Frieden ist ein Stein im Kirchturm gewidmet. Die neue Kirche wurde 1788 erbaut. Der Bahnanschluss führte zu einem spürbaren Aufschwung des Ortes.

Vom Braunkohlewerk in Holzhausen führte eine Drahtseilbahn zum Bahnhof nach Speele. „Heute ist Speele ein Dorf mit schmucken Häusern, teils renovierten Fachwerkhäusern und vielen Neubauten“.[13]

Info: siehe Seite 120

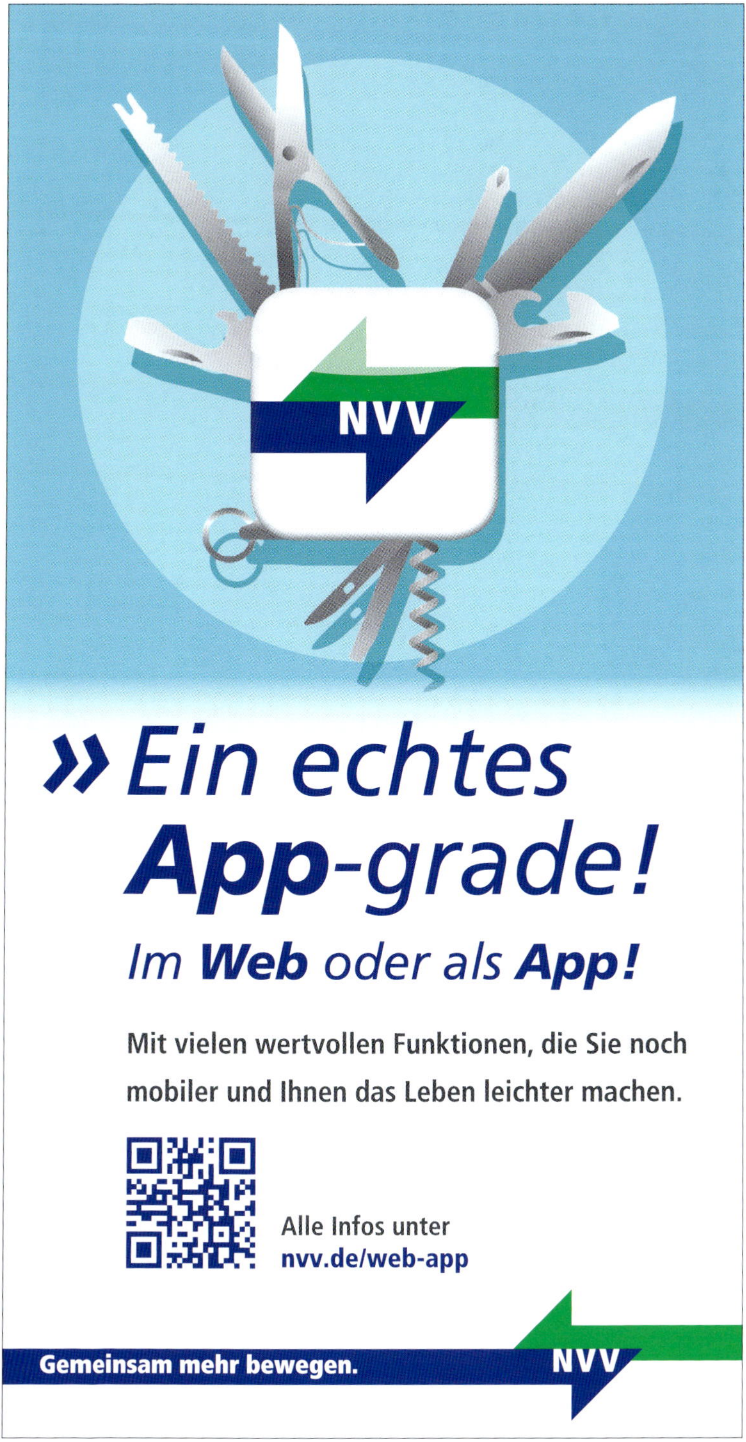

W 5 Von Landwehrhagen nach Heiligenrode

Schwierigkeit: leicht **Länge:** ca. 11,5 km

Ausgangspunkt: Bushaltestelle Rathaus der Linie 30 oder 33 in Landwehrhagen

Anfahrt: Kassel Königsplatz/Mauerstraße mit Bus 32 oder 30 bis Landwehrhagen, Haltestelle Rathaus (Bus 30 sonntags nur eingeschränkt)

Haltestellen: Landwehrh. (Rathaus): Bus 30 o. 32, 196 siehe W 4, Seite 40
Sandershausen (Kirche): Bus 30 (So. alle 4 h), Bus 52 (nicht So.)
Gewerbegebiet (Sandershäuser Berg): Bus 52,
(Zum Solarwerk): Bus 31, 52 und (Obelwegbrücke): Bus 31
Heiligenrode (Wicherstr.): Bus 31, 32

Route: Bushaltestelle Rathaus in Landwehrhagen - Schanze am Sandershäuser Berg (4,3 km) - Gut Ellenbach (7,4 km) - Forsthaus Niestetal (9,4 km) - Heiligenrode, Bushaltestelle Wicherstraße (11,5 km)

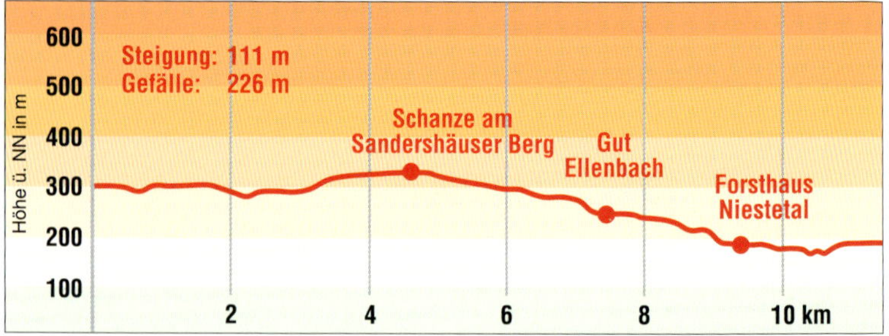

Direkt an der Bushaltestelle Rathaus in Richtung Hann. Münden gehen wir rechts die Gartenstraße entlang und biegen links in die Siegenbornstraße, die in einen Feldweg übergeht und immer geradeaus durch Feld und Flur führt. Dieser Weg stößt am Ende auf den Märchenlandweg, dem wir rechts folgen. Diesen Weg verlassen wir bald, halten uns rechts und gehen zum großen Teil auf mit Gras bewachsenen Wegen im Zickzack bis zur L 533. Wir genießen den herrlichen, weitläufigen Blick auf die Höhenzüge des Reinhardswaldes mit dem markanten Gahrenberg und den direkt vor uns liegenden Kaufunger Wald. Dort, wo die Landstraße überquert wird, steht eine schön gewachsene alte Eiche (Naturdenkmal) – siehe linkes Foto.

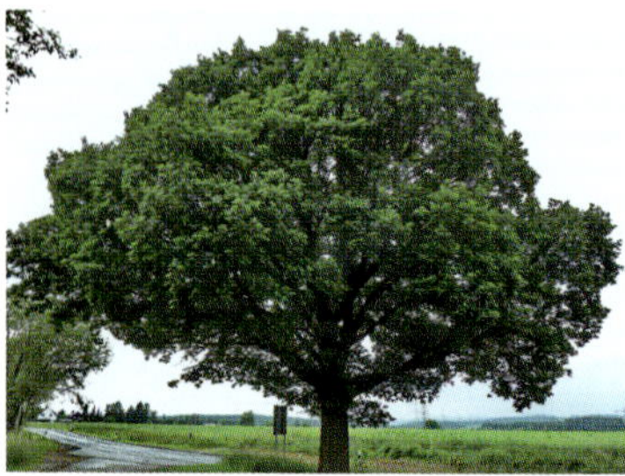

(Foto: Lothar Glebe)

siehe Karte Seite 51

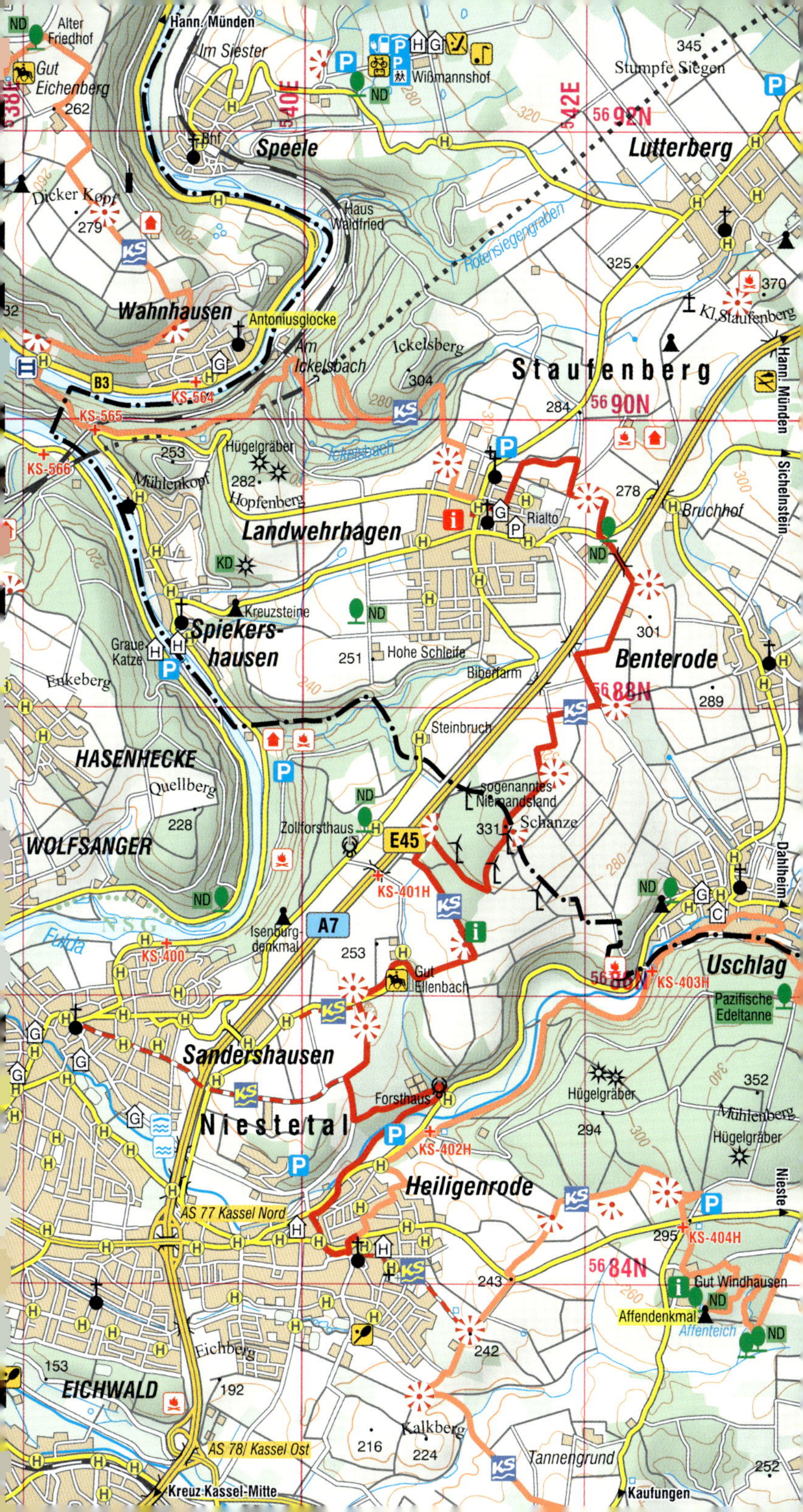

Hann. Münden
Alter Friedhof
Gut Eichenberg
Im Siester
Wißmannshof
Stumpfe Siegen
Speele
Lutterberg
Dicker Kopf
Haus Waldfried
Rotensiegengraben
Wahnhausen
Antoniusglocke
Am Ickelsbach
Ickelsberg
Kl. Staufenberg
Staufenberg
B3
KS-564
KS-565
KS-566
Hügelgräber
Mühlenkopf
Hopfenberg
Ickelsbach
Landwehrhagen
Rialto
Bruchhof
Kreuzsteine
Spiekershausen
Graue Katze
Hohe Schleife
Biberfarm
Benterode
Erkeberg
Steinbruch
HASENHECKE
Quellberg
sogenanntes Niemandsland
Schanze
WOLFSANGER
Zollforsthaus
E45
KS-401H
Isenburgdenkmal
A7
Fulda
KS-400
Gut Ellenbach
Uschlag
KS-403H
Pazifische Edeltanne
Sandershausen
Forsthaus
Hügelgräber
Mühlenberg
Niestetal
KS-402H
Heiligenrode
AS 77 Kassel Nord
KS-404H
Gut Windhausen
Affendenkmal
Affenteich
Eichberg
EICHWALD
Kalkberg
Tannengrund
AS 78/ Kassel Ost
Kreuz Kassel-Mitte
Kaufungen
Hann. Münden
Sichelnstein
Dahlheim
Nieste

In Höhe der Haltestelle „Rathaus“ befindet sich die sehenswerte Kirche St. Petrus, die im Jahr 1825 auf dem Grund des alten Kirchenschiffes von den Bürgern in Landwehrhagen nach 4-jähriger Bauzeit neu errichtet wurde. Im Gegensatz zum alten gotischen Wehrturm ist der Neubau von einer klassizistischen Stilrichtung geprägt. Neben dem wuchtigen Turm zeugen auch die Reste des ehemaligen Wassergrabens, der heute zu einem schönen Teich mit einer Fontäne umgestaltet wurde, davon, dass die frühere mittelalterliche Kirche wehrhaft war. Mit der Renovierung des Daches 1801 erhielt der Turm das heute noch vorhandene mehrstufige Helmdach. Der Innenraum der heutigen Kirche ist im Empirestil der nachnapoleonischen Zeit gehalten. Wohl einmalig sind die Auskleidungen im Altarbereich, auf der Kanzel und Empore mit einer qualitativ hochwertigen, handgedruckten Papiertapete.[1]

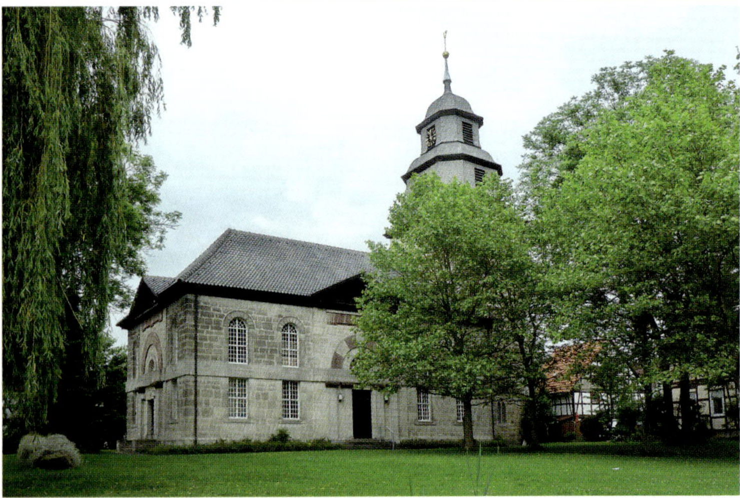

Ev.-luth. St. Petrus Kirche in Landwehrhagen (Foto: Lothar Glebe)

Wer sich den Ort Landwehrhagen etwas näher anschauen oder hier einkehren möchte, kann den Kassel-Steig auch über die Obere Dorfstraße erreichen. In dieser Straße, die an der Hauptkreuzung in der Ortsmitte beginnt, sind noch viele schöne Fachwerkhäuser zu sehen. Im frühen Mittelalter verlief hier ein Fernweg in West-Ost-Richtung, der die hessische Senke und das Kasseler Becken mit dem Leinetal verband. Bei Spiekershausen und Hedemünden musste die Fulda bzw. Werra durch eine Furt überquert werden. Der Römerfund in Hedemünden im Jahr 2004 lässt vermuten, dass bereits die Römer auf diesem Heerweg entlanggezogen sind. Die langgestreckte Dorfstraße ist ein typisches Merkmal für Hagedörfer, die meist an Straßen angelegt wurden. Durch neu entstandene Handelszentren verlief später die große Reichsstraße durch Landwehrhagen in Süd-Nord-Richtung von Frankfurt nach Hamburg. Kurz vor dem Dorfausgang verlässt man die Obere Dorfstraße, biegt links in den „Sandweg” und geht immer geradeaus ins freie Feld. Man trifft dann wieder auf den Kassel-Steig.[2]

Wir überqueren die stark befahrene Autobahn A 7. Von der Autobahnbrücke erblicken wir in der Ferne den Habichtswald. Wir wandern weiter durch Feld und Flur im Zickzack bis an den Rand eines kleinen Wäldchens. Von hier aus hat man den besten Blick auf das hochgelegene Dorf Landwehrhagen mit seinem markanten wuchtigen Wehrturm der St. Petrus Kirche.

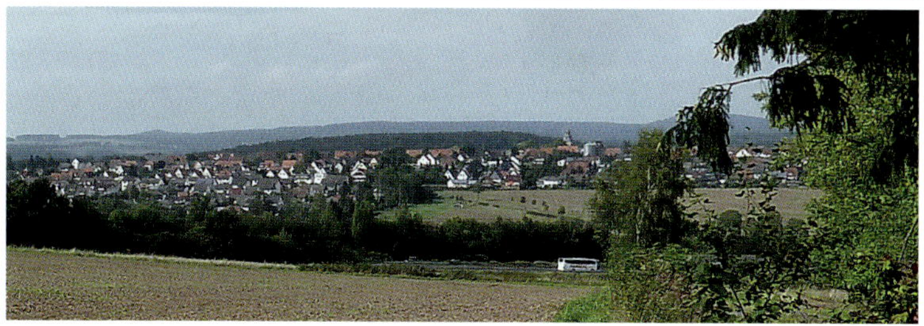

Blick auf Landwehrhagen mit der St. Petrus-Kirche (Foto: Lothar Glebe)

Hügelgräber deuten darauf hin, dass diese Gegend bereits in der Bronzezeit besiedelt war. Das Gebiet gehörte zum Hessengau, der größten rechtsrheinischen Gaugrafschaft im Mittelalter. Das ursprünglich rein fränkische Gebiet wurde im 7. Jh. in den sächsischen Hessengau (beiderseits der Diemel und im südlichen Niedersachsen) und den fränkischen Hessengau (zwischen Fritzlar und Kassel) aufgeteilt, nachdem die Sachsen in die südlichen Gebiete vorrückten und diese selbst besiedelten. Der Name „Hessengau" wurde allerdings nicht geändert. Die Gemarkung Landwehrhagen liegt in diesem früheren Grenzbereich. Die Besiedlung durch die Sachsen ist auch ursächlich dafür, dass entlang einer Linie von Waldeck bis nördlich von Kassel über den Kaufunger Wald eine Sprachgrenze verläuft. Nördlich davon wird ein westfälisch-niederdeutscher Dialekt (sog. Ick-Linie) bzw. östlich der Weser ein ostfälisch-niederdeutscher Dialekt und südlich davon ein mitteldeutsch-hessischer Dialekt (sog. Ich-Linie) gesprochen.[3]

Wir wandern links um den Wald herum und erreichen den mit 330 m höchsten Punkt des Sandershäuser Berges, die (Schweden-) Schanze. Die Aussicht ist grandios. Der Blick reicht über das gesamte Obergericht mit allen Erhebungen des Kaufunger Waldes, angefangen vom Wildhecker Kopf (382 m) über den Kleinen Steinberg, den Großen Steinberg (542 m), daneben den Steinbergskopf, die Häringsnase (508 m), den Haferberg (mit 580 m

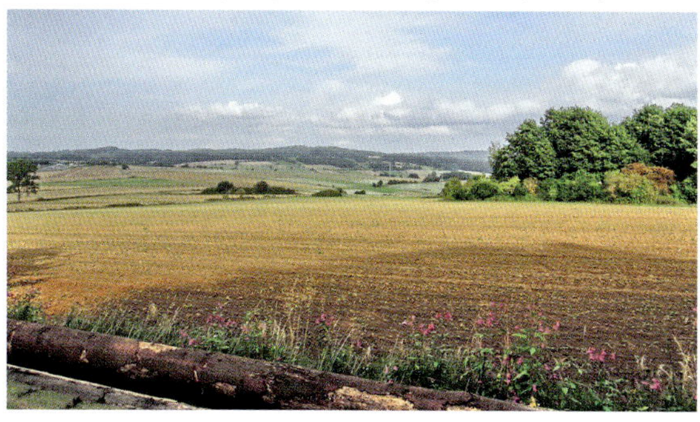

Ein schöner Fernblick Richtung Benterode zum nördlichen Kaufunger Wald (Foto: Hartmut Kipp)

die höchste Erhebung im Naturpark Münden), den Mühlstein (604 m) und den Bilstein mit Aussichtsturm (641 m), der höchsten Erhebung im Kaufunger Wald, die im Geo-Naturpark Frau-Holle-Land (früher Meißner/Kaufunger Wald) liegt. In Richtung Osten sieht man am Horizont die Höhenzüge oberhalb von Helsa und dahinter den Hirschberg (638 m).
Von hier aus überblickt man fast die gesamten Ortschaften des Obergerichtes, die verstreut im und am Rande des Kaufunger Waldes liegen. Dazu gehören von links Benterode in einer geschützten Mulde, Nienhagen, Escherode und Uschlag im wunderschönen Niestetal.

Als Obergericht bezeichnet man seit dem Mittelalter die Ortschaften im südlichen Niedersachsen auf der Hochfläche oberhalb von Münden im und am Rande des Kaufunger Waldes zwischen der Werra, der Fulda und der Nieste – im Gegensatz zum Untergericht, das sich von Hann. Münden entlang der Flüsse Weser, Schede und Nieme in Richtung Göttingen erstreckt. Die Burg Sichelnstein (heute Burgruine), die im Mittelalter häufig den Besitzer zwischen den braunschweigischen Herzögen und den hessischen Landgrafen wechselte, war gleichzeitig Amtssitz. Ihr gehörten große Besitztümer, so auch der Kaufunger Wald. Diesem Amt unterstand das gesamte Obergericht mit allen Ortschaften, darüber hinaus auch Wahnhausen an der Fulda und Hedemünden an der Werra. Zur Territorialverwaltung eines Amtes wurde im deutschsprachigen Raum vom Landesherrn ein Amtmann als dessen oberster Dienstmann bestellt. Dieser gehörte meistens dem Adel oder dem Klerus an. Seine Aufgabe war, im Amtsbezirk die Steuern einzutreiben, Recht zu sprechen und mit einer kleinen bewaffneten Einheit für Sicherheit und Ordnung zu sorgen.[4]

Wir wandern auf weichem Boden auf der Höhe am Waldrand, teils unter alten Bäumen entlang, in Richtung Süden. Nach etwa 300 m entdecken wir die ersten historischen Grenzsteine am Wegesrand. Wir stehen an der Grenze zwischen den Bundesländern Hessen und Niedersachsen.
Auf den alten Grenzsteinen sind die Initialen „KH“ für Königreich Hannover und „KFH“ für Kurfürstentum Hessen-Kassel eingemeißelt.

Der südliche Teil des Obergerichtes mit Landwehrhagen wurde erst Anfang des 14. Jh. durch eine Grenzreglung dem Herzogtum Braunschweig-Lüneburg zugeschlagen, nachdem Herzog Otto von Braunschweig bereits 1247 Münden und den nördlichen Teil des Kaufunger Waldes annektiert hatte. Das Herzogtum Braunschweig-Lüneburg wurde von Napoleon mit der Schaffung des Königreiches Westphalen aufgelöst. Nach dem Ende der napoleonischen Herrschaft wurde 1814 auf dem Wiener Kongress als Nachfolgestaat des Kurfürstentums Braunschweig-Lüneburg das Königreich Hannover gebildet. Seitdem gehörte Südniedersachsen mit dem Obergericht zu diesem von den Welfen beherrschten Königreich.[5]

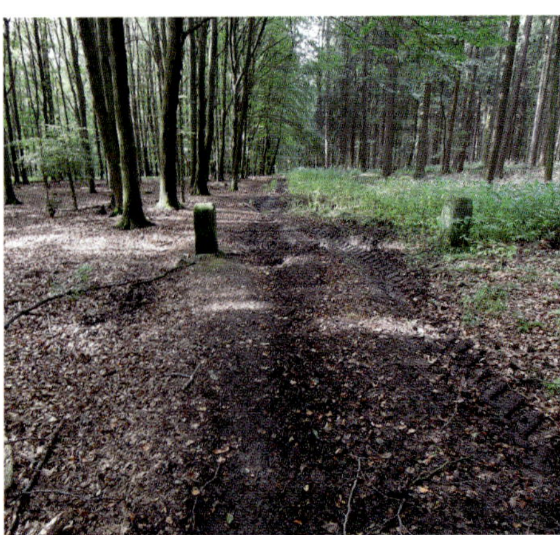

Zwischen den Grenzsteinen „Königreich Hannover“ (rechts) und dem „Kurfürstentum Hessen-Kassel“ (links) befindet sich sogenanntes Niemandsland (Foto: Hartmut Kipp)

Wenn man auf dem Weg etwa 100 m rechts in den Wald geht, entdeckt man eine Besonderheit, zwei gegenüberstehende Grenzsteine. Da der Weg mitten auf der Grenze zwischen dem früheren Königreich Hannover und dem Kurfürstentum Hessen-Kassel lag und von beiden Parteien benutzt wurde, verständigte man sich darauf, zwei Steine rechts und links des Weges (sog. Doppelsteine) zu setzen. Zwischen den beiden Steinen entstand somit ein sog. Niemandsland – welch eine Kuriosität!

Auf dem weiteren Weg bergab blicken wir auf den Gerholdsberg und den Mühlenberg jenseits des Niestetals und weiter rechts in einiger Entfernung auf den Kaufunger Stiftswald und die Söhre, wo uns der Kassel-Steig noch hinführen wird. An einer am Waldrand schön gelegenen Ruhebank wenden wir uns nach rechts. Wir gehen ganz dicht an einer 200 m hohen Windkraftanlage vorbei. Beim Austritt aus dem Wald haben wir einen fantastischen Blick in eine ganz andere Richtung. Vor uns liegt das Kasseler Becken und am Horizont erstrecken sich langgezogen der Habichtswald und der Dörnberg. Rechts daneben erkennen wir den Stahlberg und den Ort Hohenkirchen mit dem markanten Kirchturm. Rechter Hand steht eine Ruhebank

Wir befinden uns jetzt mitten auf dem Sandershäuser Berg, einem historischen Schauplatz. Hier fand am 23. Juli 1758 im Siebenjährigen Krieg die „Schlacht am Sandershäuser Berg“ statt. Das aus rd. 5000 Hessen und Hannoveranern bestehende Corps unter der Führung des Generalleutnants Graf Johann Casimir von Ysenburg kämpfte gegen die rd. 7000 Mann starke Avantgard der Franzosen unter dem Herzog von Broglie. Die Hessen und Hannoveraner verloren die Schlacht. Zum Gedenken an die tapferen Hessen und den in einer späteren Schlacht im April 1759 bei Bergen nahe Frankfurt gefallenen Generalleutnant von Ysenburg wurde am Waldrand an der Hannoverschen Straße, die parallel zur A 7 verläuft, ein Gedenkstein errichtet. Vier Jahre später, am 24. Juni 1762, standen sich die beiden Armeen in der Schlacht bei Wilhelmsthal erneut gegenüber. In dieser Schlacht, ebenso einen Monat später in dem Gefecht bei Lutterberg, wurden die Franzosen geschlagen, die sich danach aus Hessen zurückzogen.[6]

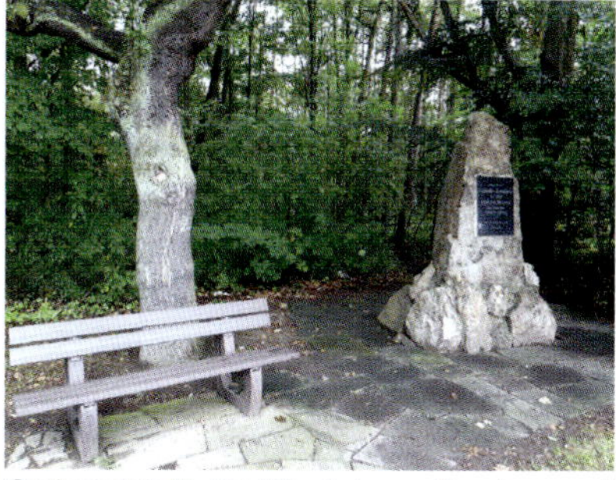

Gedenkstein für Graf Casimir von Ysenburg und seine tapferen Hessen zur Erinnerung an den 23. Juli 1758 (Foto: Lothar Glebe)

Wir wandern am Waldrand bergab und genießen den großartigen Blick auf das Kasseler Becken, dem wir langsam näherkommen. Von hier aus haben wir sogar eine Aussicht bis in den Chattengau mit der Stadt Gudensberg, auf den Odenberg und den Langenberg mit allen Erhebungen sowie auf die Schauenburg. Fern am Horizont sehen wir in etwa 50 km Entfernung die Ausläufer des Kellerwaldes.

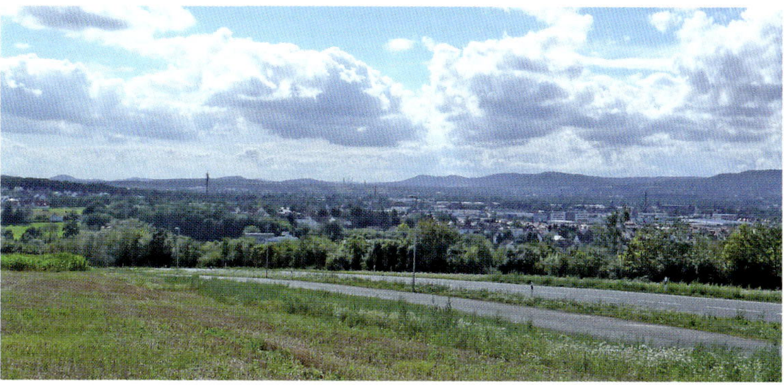

Ein großartiger Panoramablick auf das Kasseler Becken bis zum Odenberg, den Langenberg und den Habichtswald (Foto: Lothar Glebe)

Auf der neben uns liegenden landwirtschaftlich genutzten Fläche soll ein interkommunales Gewerbegebiet mit einer Gewerbefläche von 85 Hektar entstehen, das die Gemeinde Niestetal gemeinsam mit weiteren Kommunen im Landkreis Kassel entwickeln will. Eine Studie der Zeitschrift „Wirtschaftswoche" im November 2011 führte zu dem überraschenden Ergebnis, dass Kassel auf Grund der positiven Entwicklung in den letzen Jahren die Stadt mit der größten Dynamik in Deutschland ist. Dies strahlt auf die gesamte Region Kassel aus. Durch die Erschließung neuer Gewerbegebiete sollen die Rahmenbedingungen dafür geschaffen werden, dass sich dieser positive Trend im Raum Kassel fortsetzt.[7]

Am Ende des Waldes biegen wir rechts ab auf einen asphaltierten Feldweg und wandern hinab zum Gut Ellenbach. Der Wanderweg geht über einen Steg an den Gutsgebäuden vorbei (rechts liegt ein kleiner Teich) die Straße hinauf und leitet uns auf der Höhe links in einen Feldweg, der an einem Reitgelände und an Weideflächen entlangführt. In der Ferne haben wir ständig das Kasseler Becken im Blickfeld.

Geht man den Zuweg geradeaus weiter, kommt man nach etwa 600 m zu den Gebäuden von SMA, wo sich Bus-Haltestellen befinden.

Rechter Hand schauen wir auf ein langgestrecktes neu bebautes Areal. Es handelt sich um das neue SMA – Servicezentrum, das der Niestetaler Solartechnik-Hersteller SMA Solar Technology AG errichtet hat. In einer 23 000 Quadratmeter großen Halle werden aus Hochleistungselektronik bestehende Wechselrichter für Solaranlagen repariert und gewartet. Mit einem Wechselrichter wird der in Solarzellen gewonnene Gleichstrom in netztauglichen Wechselstrom umgewandelt. Neben dem Servicezentrum will SMA auf dem Sandershäuser Berg nach Bedarf weitere Produktionsstätten und Verwaltungsgebäude errichten. Die Fa. SMA ist mit der Herstellung von Solarwechselrichtern nach dem Stand von 2012 Technologie- und Weltmarktführer.[8]

Wenn Sie an der Kreuzung etwa 1 km geradeaus gehen, treffen Sie auf die Hermann-Scheer-Straße, wo sich die Haltestelle „Obelwegbrücke" befindet. Über die Brücke gelangt man auf dem Obelweg zum Ortsteil Sandershausen der Gemeinde Niestetal, wo man nach etwa 700 m die Haltestelle „Obelweg" oder nach weiteren 300 m die Haltestelle „Kirche" erreicht.

An dem Kreuzungspunkt wandern wir die asphaltierte Straße links abwärts bis zu einer Grillhütte. Hier wenden wir uns erneut nach links und gehen am Waldrand entlang bis zum ehemaligen Forsthaus im schön gelegenen Niestetal. Nach Überqueren der Nieste halten wir uns rechts und wandern nun unmittelbar am linken Ufer dieses in seinem natürlichen Bachbett ru-

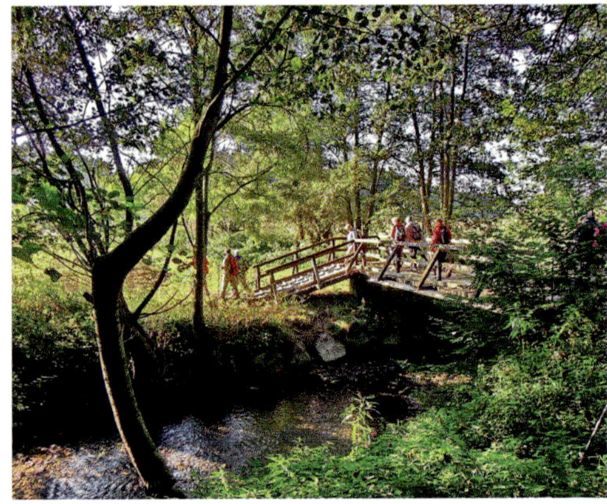

Holzbrücke über die Nieste (Foto: Hartmut Kipp)

hig dahinfließenden Gewässers durch ein Wiesengelände und Grünflächen bis zur Brücke, die die Nieste überquert. Links auf der Straße „Zum Sportplatz“ (linker Hand) und die Heinrich-Heine-Straße stoßen wir auf die Kasseler Straße im Ortskern von Heiligenrode, einem Ortsteil der Gemeinde Niestetal. Nach dem Überqueren dieser stark befahrenen örtlichen Hauptstraße gelangen wir zur Dorfstraße mit ihren schönen alten Fachwerkhäusern, in die wir links einbiegen. Bald erreichen wir die sehenswerte Evangelische Fachwerkkirche von Heiligenrode. Der Kassel-Steig führt links vor der Kirche in die „Kleine Gasse“. Wir biegen rechts ein in die Witzenhäuser Straße und gelangen nach wenigen Schritten zur Bushaltestelle an der Wicherstraße, wo der Wanderabschnitt W 5 endet.

Ortsteil Landwehrhagen der Gemeinde Staufenberg

Der Ort Landgrebenhayn (Landgrafenhausen) wurde erstmals 1356 in einer Urkunde erwähnt. In ihr wurde verbrieft, dass der Herzog von Braunschweig der Kirche St. Petrus das Fährrecht über die Fulda bei Spiekershausen überträgt, das übrigens noch Gültigkeit hat. Das ehemalige Bauern- und Fuhrmannsdorf Landwehrhagen zeigt sich heute als wirtschaftlicher, schulischer und kultureller Mittelpunkt des Obergerichts. Der Ort ist Sitz der Großgemeinde Staufenberg, die im Rahmen der Gebietsreform in 1973 durch den Zusammenschluss von zehn Dörfern des Obergerichts gebildet wurde.[9]

Gemeinde Niestetal

Die Großgemeinde Niestetal entstand im Rahmen der Gebietsreform im August 1972 durch den Zusammenschluss der früheren eigenständigen Gemeinden Sandershausen und Heiligenrode. Sandershausen wurde erstmals 1167 urkundlich als Sandrateshusen erwähnt. Der Ortsname könnte auf den Mönch Sandrat des Kaufunger Klosters zurückgehen, der mit der Besiedlung des Gebietes in der Nähe der ev. Kirche beauftragt wurde. Das Dorf Heiligenrode wurde mit Urkunde von 1123 ein eigenständiges Dorf, nachdem es vorher als Rodedorf dem Kloster Kaufungen gehörte. Aus dem Klosterdorf wurde im 14. Jh. ein Landgrafendorf. Die wegen ihres Fachwerkaufbaus sehenswerte Kirche in Heiligenrode wurde in der 2. Hälfte des 18. Jh. erbaut. Das „alte“ Sandershausen wurde am 3. Okt.1943 durch den verheerenden Luftangriff der Alliierten zerstört. Das historische Gesicht dieser Ortschaft ging damit für immer verloren.

Die einst ländlich geprägten Dörfer entwickelten sich nach 1945 mehr und mehr zu aufstrebenden Industriewohngemeinden, was durch den Zusammenschluss beider Gemeinden begünstigt wurde. Die Großgemeinde Niestetal konzentriert sich durch die Errichtung verschiedener neuer Gemeinschaftseinrichtungen darauf, dass beide Gemeindeteile noch mehr zusammenwachsen. Im Ortsteil Heiligenrode ist in einem naturnahen Ambiente ein wunderschönes Naherholungs- und Freizeitgelände entstanden. Die Gemeinde legt Wert darauf, dass sich ihre Bürgerinnen und Bürger wohlfühlen und bezeichnet sich als Wohngemeinde mit Freizeitwert.[10]

W 6 Von Heiligenrode nach Oberkaufungen

Schwierigkeit: anspruchsvoll **Länge:** ca. 20,6 km
Ausgangspunkt: Bushaltestelle an der Wicherstraße in Heiligenrode
Anfahrt: Kassel, Platz der Deutschen Einheit mit Bus 32 bis Heiligenrode, Haltestelle Wicherstraße
Haltestellen: Heiligenrode Wicherstraße Bus 31, 32
Nieste (Abzweig Sensenstein / Königsalm): Bus 34
Niederkaufungen (Bahnhof): Tram 4
Oberkaufungen (Mitte): Tram 4
Oberkaufungen (Bürgerhaus): Bus 34
Route: BH Wicherstraße in Heiligenrode – Pazifische Edeltanne (5,8 km) – Gut Windhausen (12,0 km) – Diebachsgraben (14,8 km) – Niederkaufungen (17,9 km) – Oberkaufungen Haltestelle Mitte (20,6 km)

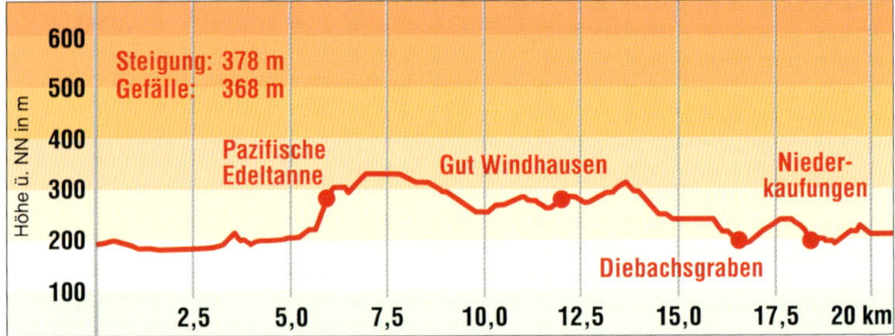

Heiligenrode - Niederkaufungen

Der Kassel-Steig beginnt an der Bushaltestelle „Wicherstraße" in Heiligenrode. Er führt uns über die Witzenhäuser Straße, die Lithstraße, die Sensensteiner Straße, den Meisenweg, den Sommerweg in die Feldflur durch ein

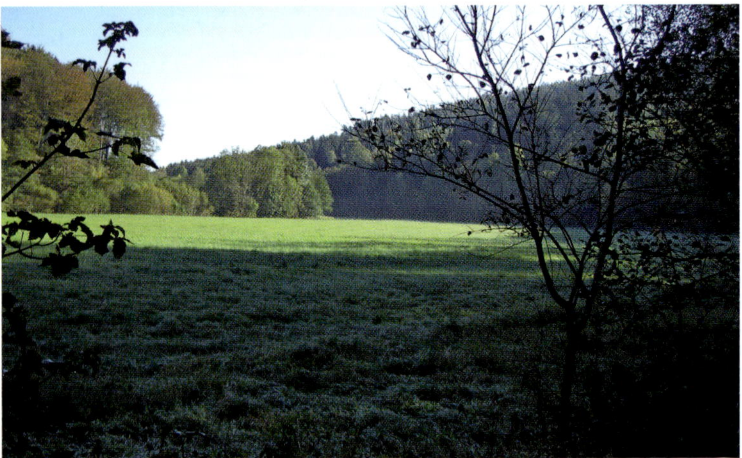

Das reizvolle Niestetal in Richtung Uschlag (Foto: Lothar Glebe)

sanft abfallendes Wiesengelände. Der Niestetalstraße (L 3237) folgen wir rechts und kommen bald zum Wanderparkplatz „Schützenhaus" (Rettungspunkt KS-402). Hier befindet sich eine Sitzgruppe. Wir wandern nun etwa 3 km auf dem identisch verlaufenden Nieste-Werra-Weg durch das reizvolle Niestetal am Fuße des Mühlenberges.

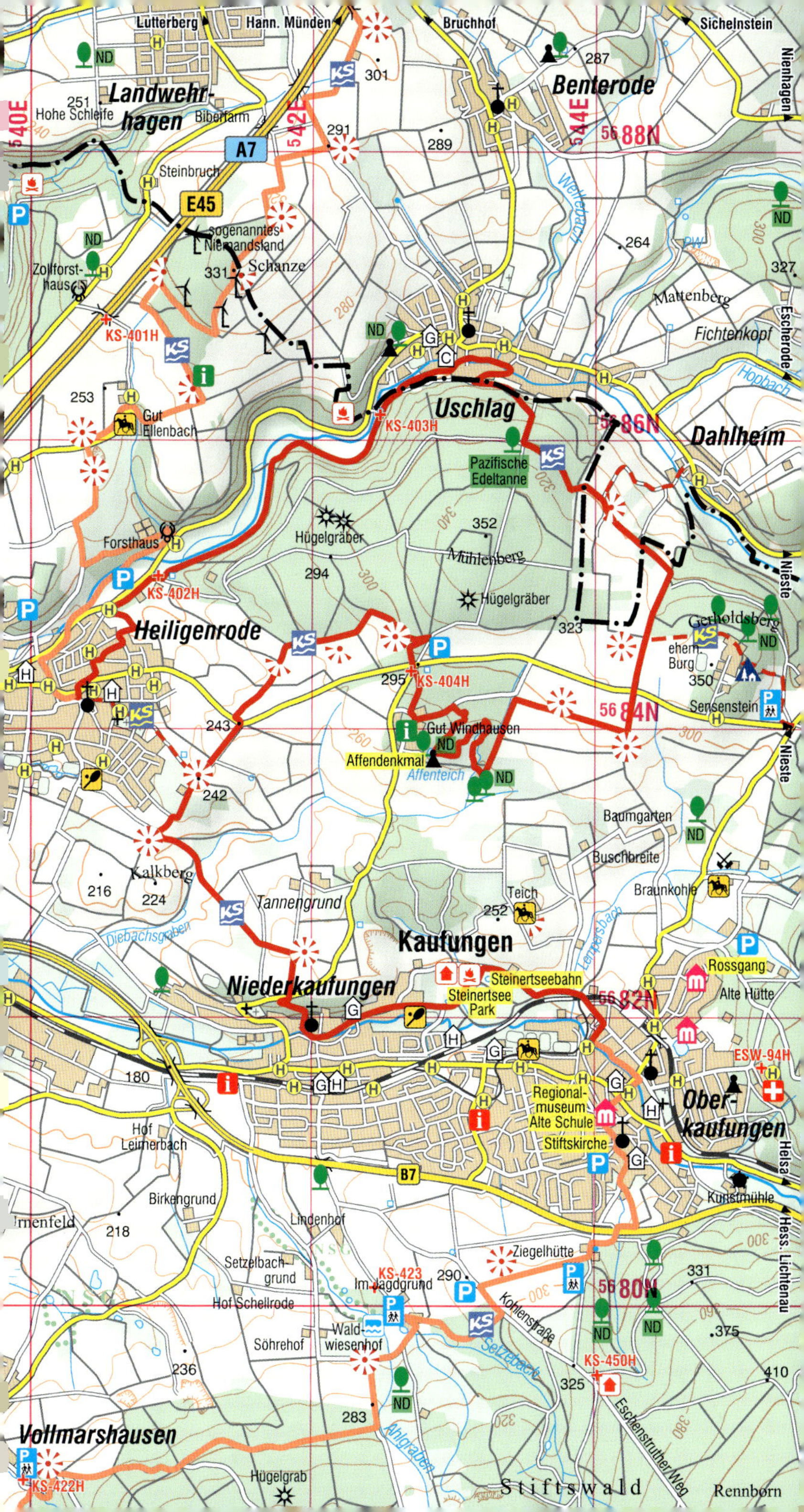
Lutterberg
Hann. Münden
Bruchhof
Sichelnstein
Nienhagen
Landwehrhagen
Hohe Schleife
Biberfarm
Benterode
A7
E45
Steinbruch
sogenanntes Niemandsland
Schanze
Zollforsthaus
KS-401H
Gut Ellenbach
Uschlag
KS-403H
Pazifische Edeltanne
Dahlheim
Mattenberg
Fichtenkopf
Escherode
Hopbach
Wellebach
Hügelgräber
Mühlenberg
Forsthaus
KS-402H
Heiligenrode
KS-404H
Gut Windhausen
Affendenkmal
Affenteich
Gerholdsberg
ehem. Burg
Sensenstein
Nieste
Baumgarten
Buschbreite
Braunkohle
Kalkberg
Tannengrund
Teich
Diebachsgraben
Lempelsbach
Kaufungen
Niederkaufungen
Steinertseebahn
Steinertsee Park
Rossgang
Alte Hütte
ESW-94H
Regional-museum Alte Schule
Stiftskirche
Oberkaufungen
Helsa
Kunstmühle
Hess. Lichtenau
Hof Leimerbach
B7
Birkengrund
Lindenhof
Ziegelhütte
Setzelbach-grund
KS-423
Im Jagdgrund
Hof Schellrode
Kohlenstraße
Söhrehof
Wald-wiesenhof
Setzebach
KS-450H
Eschenstruther Weg
Vollmarshausen
KS-422H
Hügelgrab
Ahlgraben
Stiftswald
Rennborn

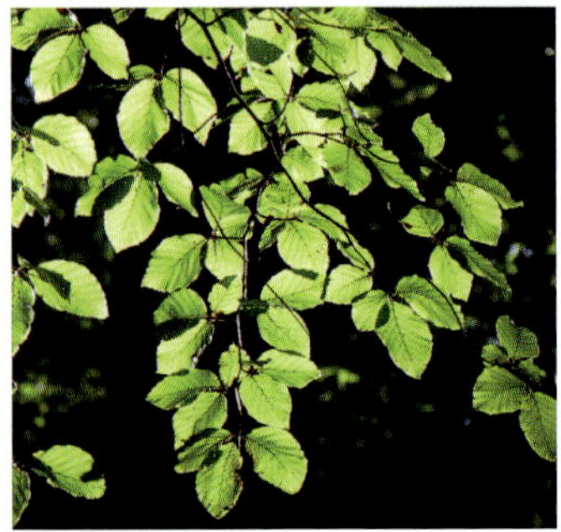
Buchenblätter (Foto: Theodor Arend)

Nachdem uns eine Zeit lang ein herrlicher Buchenwald umgibt, tritt der Weg aus dem Wald und wir erfreuen uns an dem lieblichen Wiesental, das beidseits von waldreichen, steilen Hängen eingerahmt wird. Links liegt der Sommerberg (238 m) und rechts der Mühlenberg (352 m). Das kleine Flüsschen entspringt nicht unweit von hier auf den Höhen des Kaufunger Waldes und schlängelt sich gemächlich in seinem natürlichen Bachbett durch das Niestetal. An der Stelle, an der der breite Forstweg rechts bergauf abzweigt, wandern wir geradeaus weiter vorbei an einem schönen Fachwerkhaus (einer früheren Mühle) nach Uschlag. Auf asphaltierten Wegen (Am Mühlenberg und Mühlenstraße) und befestigten Fußwegen führt der Kassel-Steig auf diesem romantischen Teilstück unmittelbar an der Nieste entlang. Wir gehen an einem kleinen Backladen in der Herrenwiese und rechts an einem Kinderspielplatz vorbei, überqueren an einem urwüchsigen Abschnitt die Nieste, wandern ein Stück bergauf, halten uns rechts und erreichen bald den Forstweg, den wir vorher verlassen haben. Wir folgen diesem Weg links, der uns jetzt ziemlich steil den Mühlenberg hinauf leitet. Wir sind froh, dass wir die nächste Ebene erreicht haben, denn hier finden wir unter Bäumen Ruhebänke, die zu einer Rast einladen.

Das zum Obergericht gehörende **Uschlag** ist ein Ortsteil der in Niedersachsen liegenden Großgemeinde Staufenberg. Die hessisch-niedersächsische Grenze verläuft hier durch das Niestetal. Uschlag wurde erstmals im Jahre 1019 in einer Schenkungsurkunde des damaligen Kaisers Heinrich II. erwähnt, mit der er Uschlag (Luslad) und die Dörfer Oberkaufungen (Overencoufunga), Niederkaufungen (Nederencoufunga) und Vollmarshausen (Volmareshusun) dem Kloster Kaufungen übergab. Vier Wasserläufe aus dem Kaufunger Wald münden in Uschlag in die Nieste. Vier Mühlen waren früher für die Bewohner eine wichtige Erwerbsgrundlage.

Mit dem Bau der Landstraße nach Kassel (1901) entwickelte sich Uschlag langsam zu einer Wohnortgemeinde, weil es immer mehr Bürger in die Betriebe nach Kassel zog.

Sehenswert sind die Johanniskirche mit einem alten Taufstein aus dem Jahr 1612, der Schnieder (Dorfplatz mit einem aus einem Mühlstein bestehenden Brunnen), das historische Pfarrhaus und die Pfarrscheune, die heute eine Begegnungsstätte der Kirchengemeinde beherbergt.[1]

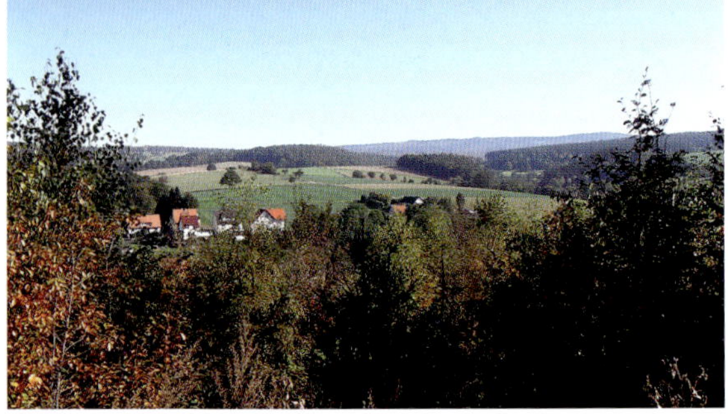
Blick auf Uschlag (Foto: Hartmut Kipp)

Ein Holzschild gibt uns den Hinweis, dass hier eine Pazifische Edeltanne angepflanzt wurde. Diese aus Nordamerika stammenden Arten sind die wertvollsten aller Tannen nach Schönheit und dem Wert des Holzes. Trotz Sturm- und Schneefestigkeit wurde diese Baumart bisher selten in Deutschland angepflanzt.

Der Kassel-Steig biegt an dieser Stelle links ab und verläuft ein Stück auf dem Durchgangswanderweg X7 (Herkulesweg) und dem Eco Pfad „Archäologie Sensenstein“ S. Auf diesem kulturhistorischen Rundweg stehen mehrere Informationstafeln, die im Bereich des Mühlenberges und des Gerholdsberges anschauliche Erläuterungen über bronzezeitliche Hügelgräber, mittelalterliche Eisenbergwerke, frühere Eichelgärten, die ehemalige Burg Sensenstein und weiter südlich über das Gut Windhausen mit seinem romantischen Landschaftgarten geben. Eine Wanderung auf diesem Eco Pfad ist sehr empfehlenswert. Nehmen Sie sich dabei Zeit für die vielen interessanten Beschreibungen und genießen Sie die Aussichten.

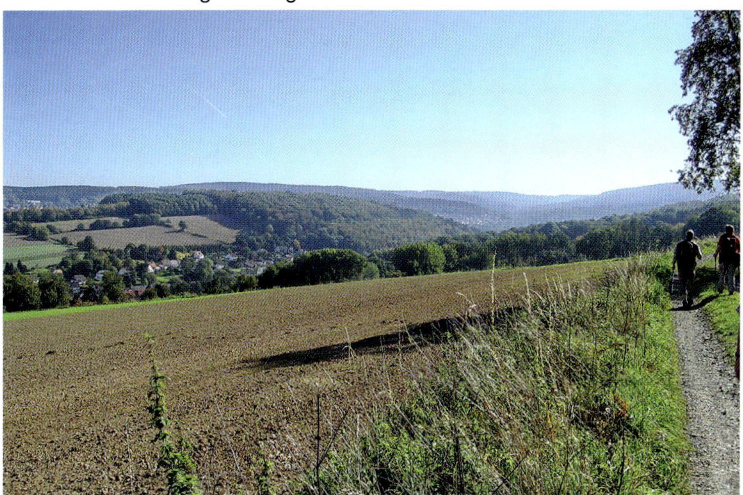

Herrliche Sicht in das obere Niestetal oberhalb von Dahlheim (Foto: Lothar Glebe)

Nach etwa 300 m treten wir aus dem Wald und sind überwältigt von der Aussicht, die sich hier bietet. Die gesamten vor uns liegenden Höhenzüge des Kaufunger Waldes sehen wir nun aus einer anderen Perspektive. An den Hängen erblicken wir die Ortschaften Sichelnstein und Escherode, im Tal die Orte Dahlheim und Nieste. Der Blick in das obere, sich verengende Niestetal mit den bis zu 600 m hohen Steilhängen ist fantastisch. Auf diesem Stück des Kassel-Steigs verweilt man gern. Wir treffen bald auf den Premiumweg 11, der mit dem Kassel-Steig ein Stück identisch verläuft. Der Wanderweg führt geradeaus weiter – teils auf schmalen Pfaden – bis zum Waldrand. An dieser Stelle biegen wir im rechten Winkel rechts ab und gehen am Waldrand bergauf bis zu dem Punkt, an dem der Eco-Pfad links zum Sensenstein abzweigt und eine Ruhebank zum Verweilen einlädt.

Von dieser Stelle ist es nicht mehr weit bis zu dem Gelände, auf dem sich im Mittelalter die Burg Sensenstein befand, die Landgraf Hermann von Hessen im Jahre 1372 erbauen ließ. Die Burg wurde direkt an der Grenze zu Braunschweig, mit dem man damals verfeindet war, errichtet, um sich vor Übergriffen zu schützen. Heute verläuft hier immer noch die Landesgrenze zu Niedersachsen. Einer Legende nach soll die Burg deshalb errichtet worden sein, um zu verhindern, dass der Braunschweiger Herzog, genannt Otto der Quade, der am Fuß des Staufenbergs eine Burg besaß, den hessischen Bauern fortan ihr Getreide raubt. Daher soll er seine Burg am Fuße des Staufenbergs auch Sichelnstein getauft haben. Um mehr Stärke auszudrücken, soll der hessische Landgraf seine gegenüberliegende **Burg „Sensenstein“** genannt haben. Ein ähnliches Beispiel gibt es am Rhein, wo die Namen der Burgen nicht mit Sichel und Sense, sondern mit Katz und Maus in Verbindung gebracht werden, womit auch die Überlegenheit der einen Burg gegenüber der anderen zum Ausdruck gebracht werden sollte. Die ersten Burgmannen auf Sensenstein waren die von Berlepsch, deren Wappen, das einen Sittich zeigt, noch auf dem Sensenstein zu finden ist. Nachdem der Konflikt mit Braunschweig beigelegt war, verlor die Burg nach und nach ihre Funktion und verfiel. Bereits Ende des 16. Jh. war nur noch ein Gutshof vorhanden, der sich meist im Besitz des Landgrafen von Hessen-Kassel befand. Heute betreibt der Landkreis Kassel auf diesem historischen Gelände gemeinsam mit dem Landessportbund Hessen die Jugendburg Sensenstein als **Sportbildungsstätte des Landkreises Kassel,** zu der ein Bildungs- und Tagungshaus sowie moderne Sportstätten mit einer Turn- und Schwimmhalle gehören, die von Schulklassen, Jugendgruppen und Vereinen genutzt werden können. [2]

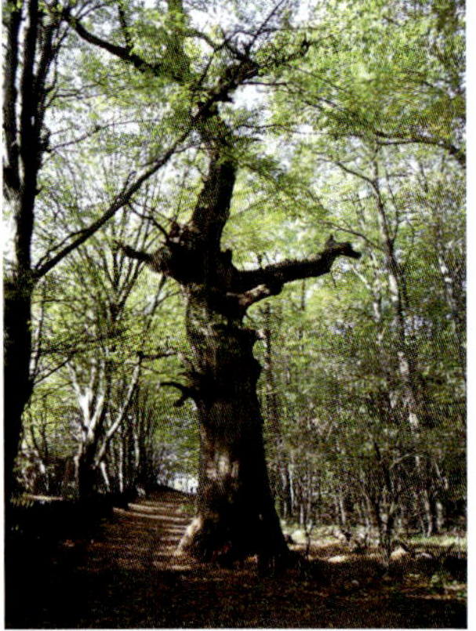

Uralte Huteeiche auf dem Weg zum Sensenstein (Foto: Reinhard Dülfer)

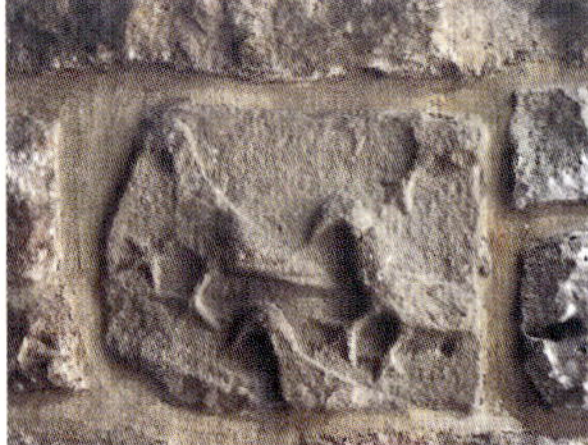

Rest eines Wappensteins der Familie von Berlepsch mit Sittichen (Foto: Lothar Glebe)

Wir wandern geradeaus weiter zur Kreisstraße K 4, die die Orte Heiligenrode und Nieste verbindet. Geradeaus kommt man auf dem beschriebenen Eco Pfad und Premiumweg P11 zur schön gelegenen Königsalm, einer urigen Waldgaststätte, in die Wanderer gern einkehren. Von dieser Hochfläche haben wir einen fantastischen Blick in die entgegengesetzte Richtung nach Osten auf den Kaufunger Wald und den Kaufunger Stiftswald mit dem 500 m hohen Großen Belgerkopf und die Söhre im Süden mit dem davor verlaufenden schönen Lossetal, durch das der Kassel-Steig ebenfalls führt. Nach Überqueren der K 4 wandern wir rund 250 m geradeaus, biegen rechts ab und folgen einem grasbewachsenen Feldweg entlang einer langgezogenen Hecke mit vielerlei Gehölzarten, einem idealen Nist- und Brutrevier für unsere Singvögel. Wir genießen die herrliche Landschaft mit der vor uns liegenden freien Feldflur, der von Berghängen eingerahmten Ortschaft Oberkaufun-

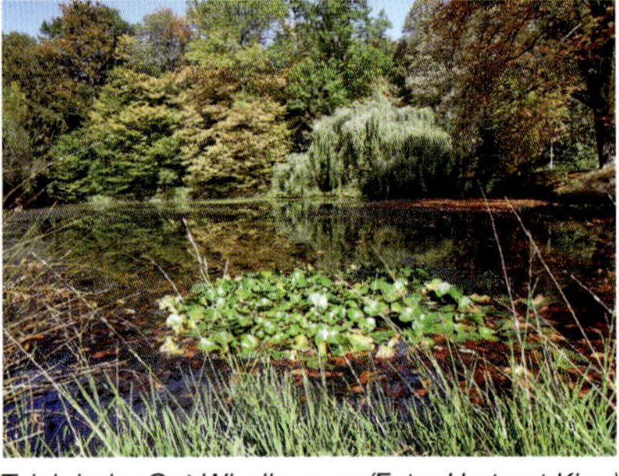

Teich beim Gut Windhausen (Foto: Hartmut Kipp)

gen im Lossetal und den waldreichen Höhenzügen in der Ferne (Ruhebank). Nach etwa 800 m erreichen wir ein kleines Wäldchen. Bei diesem unscheinbaren Waldstück handelt es sich um den einzigen **romantisch-sentimentalen Germanischen Garten in Deutschland**. In diesem früheren englischen Garten des ehemaligen Schlosses Windhausen wurden die Staffagen wieder freigelegt, die der Wanderer in diesem urwüchsigen Waldgebiet auf verschlungenen Wegen und über neu errichtete Stege entdecken kann. Informationstafeln erläutern die kleinen versteckt stehenden Bauwerke. Dieser Garten kann zu Recht als Kleinod bezeichnet werden.

„Windhausen war der Name eines heute nicht mehr existierenden Dorfes, das 1241 als Windehusen und 1340 als Winthusen erwähnt wurde. Der Name wird mit der Höhenlage des Ortes in Verbindung gebracht." Der ehemalige Stammsitz der Herren von Windhausen wechselte häufig die Besitzer. 1699 erwarb die Landgräfin Amalie, Gemahlin des hessischen Landgrafen Karl (1670 - 1730), das Gut Windhausen. Der im englischen Gartenstil gestaltete Garten wurde ab 1781 vom preußischen und späteren hessischen **General und Staatsminister Martin Ernst von Schlieffen** als gartenarchitektonische Ergänzung und Abrundung zum 1769 begonnenen **Schloss Windhausen** angelegt. In dem romantisch-sentimentalen Naturpark befindet sich eine Vielzahl gartenarchitektonischer Bauwerke, sog. Staffagen. Dazu gehören der Hertha-Altar, das Freundschaftsdenkmal, die Teufelsbrücke, der Tuisco-Stein und das so genannte **Arminiusgrab**, das dem Garten seinen Namen „Germanischer Garten" verlieh.

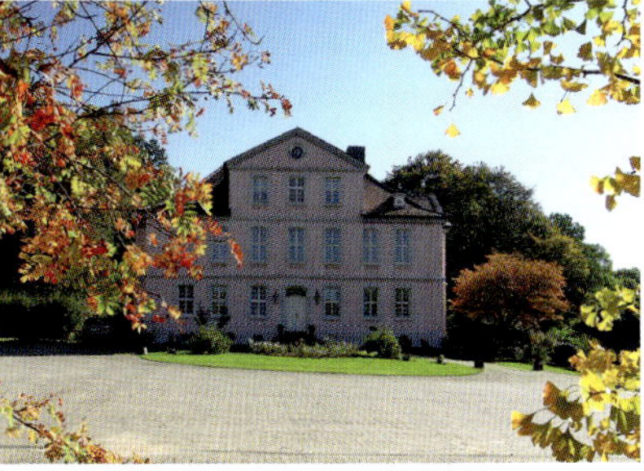

Das ehemalige Schloss Windhausen, heute Gut Windhausen (Foto: Hartmut Kipp)

Der auch „der Philosoph von Windhausen" genannte Schlieffen zog sich sehr häufig in seine Einsiedelei, eine mit Schilf bedeckte Hütte, zurück und widmete sich seinen wissenschaftlichen Studien. Schlieffen war u.a. Mitglied der Preußischen Akademie der Wissenschaften. „Staatsminister von Schlieffen war zeitweise auch Direktor des 1709 gegründeten Collegium Carolinum in Kassel, das um 1767 nach dem Vorbild einer Universität umgestaltet worden war und 1787 von Landgraf Wilhelm IX. geschlossen wurde."[3] In dem im Park befindlichen **Mausoleum**, das er sich schon lange vor seinem Tod errichten ließ, wurde er nach seinem Tod 1825 begraben.

Auf einer seiner vielen Reisen hatte Schlieffen einen Affen geschenkt bekommen, dem er einen weiteren zugesellte. Daraus entwickelte sich eine stattliche Herde von ca. 40 Affen, die frei in Windhausen lebte. Sie trieben ihre Späße mit den Windhäusern und Heiligenrödern, was sie nicht besonders beliebt bei der Bevölkerung machte. Über das

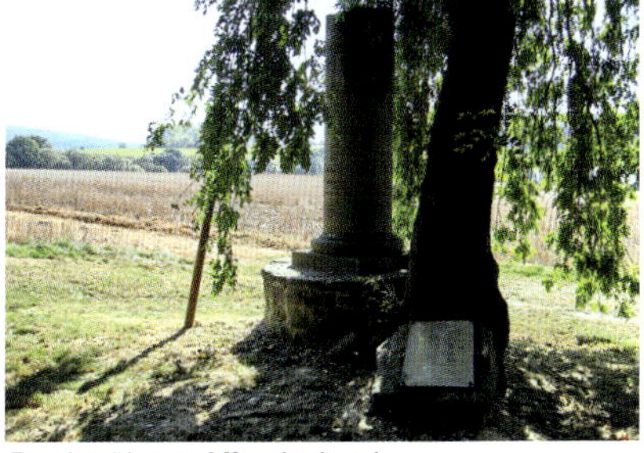

Das berühmte Affendenkmal bei Gut Windhausen (Foto: Lothar Glebe)

Ende der Affen gibt es unterschiedliche Auffassungen. Die wahrscheinlichste ist, dass die Affen nach einer Auseinandersetzung mit einem tollwütigen Hund ebenfalls tollwütig wurden und erschossen werden mussten. Der General von Schlieffen setzte ihnen in seiner großen Trauer zur Erinnerung am so genannten „Kleinen Teich" ein Denkmal in Form einer abgebrochenen Säule. Die Inschrift auf der Säule verfasste Martin Ernst von Schlieffen selbst. „Die Erzählungen über die Streiche der Affen, die in der Bevölkerung noch sehr präsent waren, inspirierten angeblich 1878 **Wilhelm Busch** während eines Aufenthalts auf Schloss Windhausen zu seiner 1879 erschienenen bekannten Humoreske ‚Fips, der Affe'."[3]

Der Kassel-Steig führt zusammen mit dem Eco Pfad und dem Premiumweg 11 am Waldrand entlang bis zum Mausoleum und in einem Bogen zum Affendenkmal. Von dort gehen wir auf neu angelegten Pfaden durch das rund um den Gutshof liegende Waldgebiet bis zur Kreisstraße 4, die wir überqueren. Nach wenigen Metern erreichen wir eine Sitzgruppe, auf der man wegen der herrlichen Aussicht gerne längere Zeit verweilen möchte.
Nach Erreichen eines Wanderparkplatzes (Rettungspunkt KS-404) halten wir uns links und wandern am Waldrand entlang bis zu dem Punkt, an dem es links zum Balkenröder Weg geht. Wir folgen diesem Weg durch Feld und Flur. Die Aussicht von hier aus in die Ferne bis in den Chattengau mit dem Lotterberg und dem Odenberg, zu den Ausläufern des Kellerwaldes, den gesamten Habichtswald, den Dörnberg, den Stahlberg und Staufenberg, den Ort Hohenkirchen und auf das Kasseler Becken mit der Stadt Kassel und den umliegenden Ortschaften ist grandios. Eine Ruhebank lädt zum Verweilen ein. Wir überqueren erneut die K 4 und genießen fortan die herrliche Landschaft oberhalb des Ortes Heiligenrode der Gemeinde Niestetal. Auf dem weiteren aussichtsreichen Wanderweg befinden sich Sitzgruppen und Ruhebänke.

Hier kann man über den gekennzeichneten Zuweg nach Heiligenrode abzweigen und mit dem Bus nach Kassel oder in Richtung Staufenberg fahren.

Wir gehen an einer alten Feldholzinsel vorbei, die Insekten und allerlei Klein- und Kriechtieren einen natürlichen Lebensraum bietet, wie auf verschiedenen Tafeln zu lesen ist. Der Kassel-Steig führt auf einem asphaltierten Weg leicht bergab bis zu einer Wegspinne. Auf diesem Stück befinden sich einige Informationstafeln über die Pflanzen und Tiere in der Natur. An der Stelle, an der ein Heckengelände beginnt, müssen wir Obacht geben, denn der Wanderweg biegt fast im spitzen Winkel links ab. Geradeaus gelangt man zum Kacksberg am Rande des Kalkberges, auf dem sich eine Sitzgruppe befindet, von der man einen außergewöhnlich schönen Blick auf die Ortschaften Heiligenrode, Lohfelden, Waldau, das gesamte Kasseler Becken bis zu den Höhenzügen des Naturparks Habichtswald mit dem Langenberg, dem Baunsberg, dem Habichtswald und dem Dörnberg am Horizont genießen kann.
Zurück zum Kassel-Steig streifen wir auf der linken Seite ein Landschaftsschutzgebiet. Solche Gebiete dienen auch der Erhaltung des Landschaftsbildes und der Erholung. Das Bundesnaturschutzgesetz regelt Art und Umfang der Schutzmaßnahmen, die geringer sind gegenüber einem Naturschutzgebiet. Im Frühjahr locken die weiß blühenden Schwarzdornhecken mit Ihrem Duft viele Insektenarten an, aber auch für die Wanderer und Erholungssuchenden ist der Weg durch dieses Gelände hinab in das Diebachstal ein echter Naturgenuss. Nach Überqueren des langsam dahinplät-

schernden Diebachsgraben, der zwischen Heiligenrode und Niederkaufungen in die Losse mündet, geht es bergauf an einer Mülldeponie vorbei auf eine Hochfläche, von der wir auf den Mühlenberg, das Gut Windhausen, das Diebachstal und den Hof Tannengrund blicken. Rechts davon liegt der Hopfenberg.

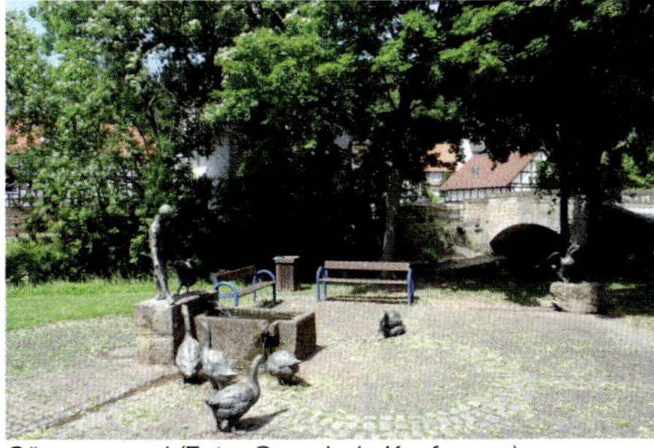
Gänserammel (Foto: Gemeinde Kaufungen)

Wir überqueren die Windhäuser Straße und gehen wenige Meter nach rechts, bevor wir links in einen dichten Eichenwald eintauchen. Der Wanderweg leitet uns bergab. Vom Waldrand haben wir einen schönen Blick auf den Ortsteil Niederkaufungen der Gesamtgemeinde Kaufungen mit ihren vielen Fachwerkhäusern. Über die Bergstraße gelangen wir zum Steinweg. Rechts von uns befindet sich der Kirchplatz mit einer kleinen Dorfkirche. Nach wenigen Schritten gelangen wir zur Gänserammel (siehe Seite 88).

Das Dorf „Nederencoufunga“ wurde 1019 von Kaiser Heinrich II. dem Kloster bzw. Stift Kaufungen geschenkt und blieb über Jahrhunderte in dessen Grundherrschaft und Kirchenzugehörigkeit. Die kleine ev. Kirche Niederkaufungens (mit Westportal um 1500) erhielt 1615 ihre heutige Gestalt. In der Nordwestecke der Kirche sind Mauerreste einer turmartigen, quadratischen ‚Kemenate' von 1382 erhalten, die – ehemals mit Wassergraben umgeben – dem Dorf als Schutzraum diente.
In der Kirche selbst beeindrucken besonders die Kirchenfenster aus dem Jahre 1956/57 und die Kanzel, die 1640 mitten im 30-jährigen Krieg neu erstellt wurde. Auf dem ehemaligen Friedhof auf der Nordseite der Kirche steht ein für unsere Region seltener Grabstein des 1722 verstorbenen Greben (Dorfvorsteher) Johannes Werner[4]

Wir folgen dem Steinweg nach links und freuen uns über das reizvolle Ensemble mit den alten Fachwerkhäusern und kleinen bunten Wohnhäusern, die entlang der Losse erbaut wurden.

Man kann hier die Wanderung abkürzen, wenn man die nächste steinerne Lossebrücke (16,6 km) überquert und nach wenigen Metern nach links geht. Man gelangt dann zur Raiffeisenstraße, die auf die Leipziger Straße stößt. An der Ecke befindet sich die Gaststätte „Hessenperle“. Schräg gegenüber führt die Bahnhofstraße zur RT-Haltestelle. Von dort kann man in Richtung Kassel und Hess. Lichtenau fahren.

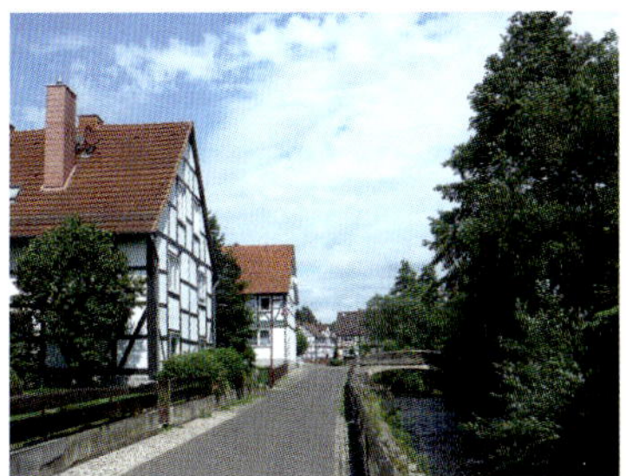
Schöne Fachwerkhäuser entlang der Losse in Niederkaufungen (Foto: Lothar Glebe)

Niederkaufungen – Oberkaufungen

Der Kassel-Steig verläuft auf dem Weg von Niederkaufungen nach Oberkaufungen eine längere Zeit auf dem Eco Pfad „Mensch und Wasser in Kaufungen“.
Die Bewohner im Lossetal nutzten über Jahrhunderte das Wasser der Los-

se, die oberhalb von Hessisch Lichtenau entspringt und nach 28,9 km in Kassel in die Fulda mündet. Sechs Informationstafeln des Eco Pfades „Mensch und Wasser in Kaufungen“ zeigen dies anschaulich. Zahlreiche Schneid-, Mahl-, Schlag- und Ölmühlen, deren Aufgaben und Techniken im Laufe der Zeit wechselten, wurden am Mühlgraben in Niederkaufungen und Oberkaufungen erbaut. Die letzte Niederkaufunger Mühle stellte in 1958 ihren Betrieb ein.
Wir wandern über den Steinweg und den Rohrweg zum „Steinertseepark“, der durch mehrere Fußwege die beiden Ortsteile Oberkaufungen und Niederkaufungen miteinander verbindet.

Heute sieht man der grünen Naturschutz- und Freizeit-Oase nicht mehr an, dass hier im Steinertfeld zwischen 1953 und 1965 im Tief- und Tagebau Braunkohle abgebaut wurde. Das 87.000 qm umfassende Gelände wurde bereits ab 1960 mit Müll aus der Stadt Kassel verfüllt. Diese Abfallhalde war eine schwere Umweltbelastung für beide Kaufunger Dörfer, auch wegen der erheblichen Geruchsbelästigung vor allem in den Sommermonaten. Deshalb beschloss die 1970 gegründete Großgemeinde Kaufungen, ein Erholungsgebiet anzulegen. Die von der Gemeinde übernommene Rekultivierung erstreckte sich über zehn Jahre. Es entstand mit Unterstützung zahlreicher Kaufunger Bürger ein inzwischen 30 ha großes Freizeit- und Erholungsgebiet – mit 4,5 ha Wasserflächen, Flächen für Freizeitsport, Grillhütte, Minieisenbahn, Themenspielplatz –, das von der Bevölkerung gut angenommen und gern besucht wird.
„Das Steinertseegebiet bildet im naturnahen Bereich einen hochwertigen Lebensraum für Fauna und Flora. Die ausgewiesenen Vogel-, Pflanzen- und Amphibienschutzgebiete haben inzwischen zu einer Artenvielfalt geführt. Bisher unbekannte Vogelarten sind heimisch geworden und eine Vielzahl anderer Vögel sind als Nahrungsgäste oder Durchzügler nachgewiesen. Insgesamt haben sich in diesem Gebiet ca. 120 Vogelarten angesiedelt, von denen viele gefährdet oder vom Aussterben bedroht sind. Seltene Amphibien und Pflanzen finden heute Lebensraum in den Uferzonen und den angrenzenden Auenwäldern. Der Steinertsee ist einer der wichtigsten Lebensräume für Wasservögel im Landkreis Kassel.“ [5]

Wir wandern links um den Steinertsee herum und kommen an dem Gelände der Steinertseebahn vorbei, die in den Sommermonaten vom Modellbahnclub Kassel e.V. betrieben wird. Mit diesen Bahnen können nicht nur Kinder, sondern auch Erwachsene befördert werden. „Die Lokomotiven sind teils Eigenbauten und teils Fertigmodelle. Die Dampflokomotiven werden, wie die großen Vorbilder, mit Steinkohle befeuert und mit dem im Kessel erzeugten Dampf in Bewegung gesetzt. Die Elektrolokomotiven werden über Batterien und Elektromotoren angetrieben.“ [6]

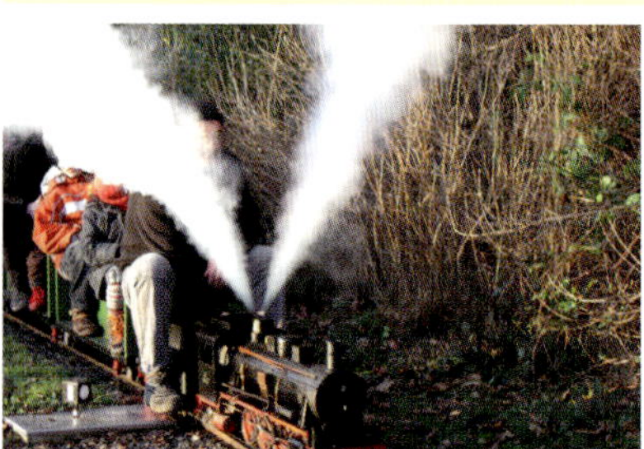

Eine Fahrt mit der Steinertseebahn am Steinertsee (Foto: Modell-Bahn-Club Kassel e.V.)

Der Kassel-Steig führt uns weiter zur Weinberghütte.
(Namensgebung in Anlehnung an das Flurstück „Weinberg“), dem Vereinsheim des Wandervereins Niederkaufungen e.V. Seit dem Umbau 1997 kön-

nen hier 40 Wanderer gemütlich rasten. Neben der Hütte wurde 2000/ 2001 ein Weinberg – als Erinnerung an die klösterliche Geschichte Kaufungens – angelegt. Von 120 Rebstöcken wird jährlich ein unverkäuflicher Wein gekeltert, dem man ein volles Bukett mit nachhaltigem Aroma nachsagt.

Am Ende der Straße „Am Weinberg“ überqueren wir die Bahnschienen, zweigen dann rechts in den Struthweg und erreichen, immer rechts haltend, über den Schoppenbergweg das Etappenziel, die Haltestelle „Oberkaufungen Mitte“.

Am Ortsausgang Richtung Nieste zeugt das **Bergwerkmuseum Rossgang,** Außenstelle des Regionalmuseums, von der 500-jährigen Geschichte des Oberkaufunger Bergbaus. Zunächst förderte man **Alaunton**. Er ist ein Gemisch aus Ton, Eisenkies und anderen Stoffen, der erst durch verschiedene chemische Vorgänge den Alaun freigibt. Alaun fand in der Färberei und Stoffdruckerei Verwendung, weil er wasch- und lichtechte Farben bildet. In der Gerberei verwandelt er Tierhäute in Leder. In der Medizin wurde seine zusammenziehende und leicht ätzende Wirkung genutzt. Bei der Herstellung von Papier war er unentbehrlich, weil er das Verlaufen von Tinte und Druckfarbe auf Papier verhinderte.[7]

Um 1800 löste die **Braunkohlengewinnung** im Tage- und im Tiefbau die Oberkaufunger Alaunproduktion ab. Zwischen 1820 und 1880 förderte man die Kohle mit 2 PS aus 28 Metern Tiefe: Zwei Pferde drehten einen Wellbaum mit Seiltrommel; während sich ein Hanfseil aufwickelte, wurde ein zweites abgewickelt, um die beiden Förderwagen damit heraufzuziehen bzw. herunterzulassen.
Der Rundbau mit freitragendem Dach über 15,5 m Durchmesser und der Schachtanbau sind heute technisches Denkmal. Der frühindustrielle Pferdegöpel zeugt von bergmännischer Arbeit vor dem Zeitalter der Dampfmaschine. Ein Modell zur Alaunherstellung im Freigelände und eine Fotoausstellung zum industriellen Bergbau des 20. Jahrhunderts ergänzen die Präsentation.[8]

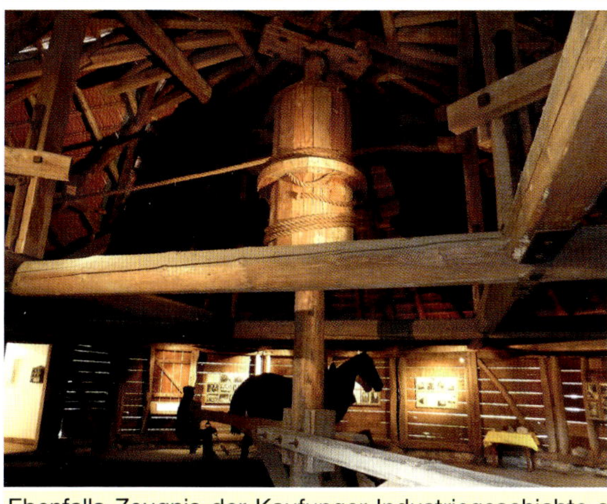

Göpelwerk im Bergwerkmuseum Rossgang in Oberkaufungen (Foto: Lothar Glebe)

Ebenfalls Zeugnis der Kaufunger Industriegeschichte sind die nahe gelegenen Gebäude der ehemaligen Ziegelfabrik (am alten Bahnhof Oberkaufungen). „Das Hessische Ziegeleimuseum ist ein Teil des Industriedenkmals Ziegelei Oberkaufungen. Hier wurden 111 Jahre lang – von 1870 bis 1981 – Ziegelsteine und Falzdachziegel hergestellt. Die Erzeugnisse wurden um 1900 bis nach St. Petersburg geliefert. Der 660 qm große labyrinthische Zickzackofen und alle Maschinen, die bei der Schließung 1981 für die Produktion von Hochlochziegeln gebraucht wurden, sind an ihrem ursprünglichen Platz erhalten. Der Besucher folgt auf einem geführten Rundgang den einzelnen Produktionsschritten, vom Beladen der Tonloren über das Mischen, Formen und Trocknen zum Brennen. Die Themen Reparatur, Energie, Transport, Arbeitssicherheit, Vermarktung und Verkauf sind in den Rundgang integriert."[9]

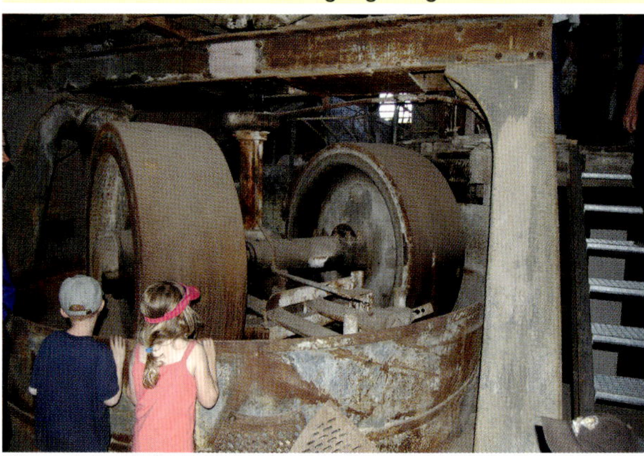

Der Kollergang im Ziegeleimuseum in Oberkaufungen (Foto: Dirk Rhode)

In den Kammern des Zickzackofens befindet sich ein weiteres Ausflugsziel: „SinnesGänge – Das Erfahrungsfeld zur Entfaltung der Sinne bietet mit rund 40 Erfahrungsstationen den Besuchern vielfältige Möglichkeiten, die eigenen Sinne aktiv zu entdecken und zu erleben. Dabei reicht das Spektrum von neuen Hörerlebnissen am Gong über das Bestaunen der Formen des Sandpendels oder des Wasserstrudels bis hin zum Weg durch den Dunkelgang." „Der Besucher erfährt, wie das Auge sieht, das Ohr hört, die Nase riecht, die Haut fühlt, die Finger tasten, der Fuß (ver-)steht, die Hand (be-)greift, das Gehirn denkt, die Lunge atmet, das Blut pulst, der Körper schwingt. Die Wahrnehmung der Gesetze der eigenen Natur befähigt den Menschen, in den Erscheinungen der äußeren Natur die gleiche Gesetzlichkeit wahrzunehmen als auch zu wahren."[10]

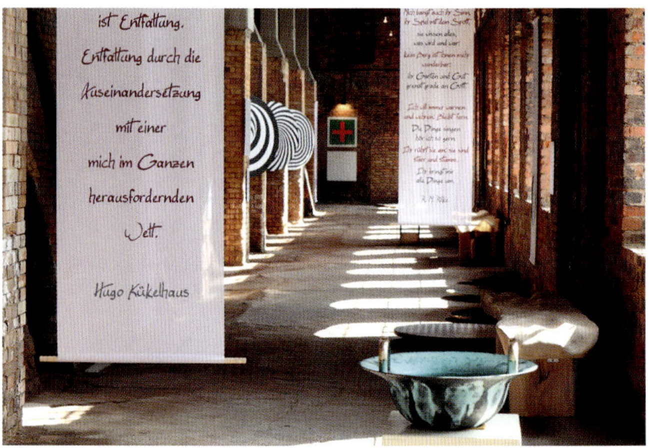

Die „SinnesGänge" im Ziegeleimuseum (Foto: Charlotte Fischer, Bexbach)

Wissenswertes über Kaufungen
Die 1970 im Rahmen der Gebietsreform entstandene Großgemeinde Kaufungen besteht aus den Ortsteilen Niederkaufungen, Papierfabrik und Oberkaufungen, zu dem auch das historische Areal der Stiftsfreiheit gehört.
2011 wurde das 1000-jährige Ortsjubiläum gefeiert, da der Ort erstmals als **Königshof „coufunga“** im Jahre 1011 als Ausstellungsort zweier Urkunden König Heinrichs und seiner Gemahlin Kunigunde erwähnt wurde. Kaufungen war zu dieser Zeit ein Nebenhof der curtis Kassel, der in der Folge ausgebaut wurde. **Die Georgskapelle** war die Eigenkirche der Pfalz. Heinrich II. und Kunigunde – inzwischen zu Kaiser und Kaiserin gekrönt – gründeten am Ort ein gut ausgestattetes (Benediktiner-) Nonnenkloster oder Stift zur Sicherung ihres Seelenheils und als möglichen Witwensitz der Kaiserin.[11]

Nachdem Landgraf Philipp I. im Zuge der Reformation den Konvent aufgelöst hatte, übernahm die Althessische Ritterschaft die ehemaligen Besitzungen des Stiftes Kaufungen.
Von der Mitte des 16. Jahrhunderts bis 1971 wurden im Bereich der Kaufunger Dörfer Bodenschätze ausgebeutet und verarbeitet (Töpfereien und Ziegeleien, Steinbrüche und Sandgruben, Kupferhütte, Alaunproduktion, Braunkohlenbergbau).
Mit dem Bau der Papierfabrik 1843 und der Eisenbahnstrecke Kassel-Waldkappel (1879/80) wurde das Lossetal industrialisiert: Fabriken siedelten sich vor allem in Oberkaufungen und um die Papierfabrik an, Kasseler Fabrikarbeiter zogen – der besseren Lebensbedingungen wegen – nach Kaufungen. Die Gemeinde hat sich in den letzten Jahrzehnten zu einem attraktiven Wirtschaftsstandort entwickelt, wozu auch die Verbesserung der weichen Standortfaktoren mit beigetragen hat. Die Sanierungs- und Modernisierungsmaßnahmen an alten Fachwerkhäusern, die Gestaltung von Plätzen mit Brunnen, Bänken und Bäumen, die vielen Gemeinschaftseinrichtungen, ein vielfältiges Kulturprogramm und ein reges Vereinsleben garantieren eine hohe Wohn- und Lebensqualität. Das große Engagement zum Erhalt der historischen Fachwerkgebäude wurde im Januar 2021 mit der Aufnahme von Kaufungen als Mitglied in die Deutsche Fachwerkstraße honoriert. Die ältesten Gebäude reichen bis in das 16.Jh. zurück. Kaufungen betrachtet sich als moderne und traditionsbewusste Großgemeinde.[12]

Kaufungen: Rundgänge, Führungen und Besichtigungen

Geführte Ortsrundgänge durch Kaufungen
Museumsbesichtigungen und Führungen:
Regionalmuseum „Alte Schule“ und Bergwerkmuseum Rossgang
„Kultur&Garten Pfad“ zwischen Stiftsareal und Regionalmuseum
Eco Pfad Mensch und Wasser in Kaufungen
www.kaufungen.eu

Themenführungen rund um die Stiftskirche und offene Kirche:
www.ev-kirche-oberkaufungen.de

Hessisches Ziegeleimuseum Oberkaufungen e.V.
Besichtigungen und Führungen: www.hessisches-ziegeleimuseum.de

SinnesGänge – Erfahrungsfeld zur Entfaltung der Sinne
in der Ziegelei Oberkaufungen
Besichtigungen und Führungen: www.sinnesgaenge.de

W 7 Von Oberkaufungen nach Wellerode

Schwierigkeit: leicht **Länge:** ca. 11,3 km
Ausgangspunkt: Haltestelle der Tram 4 in Oberkaufungen Mitte
Anfahrt: Kassel Königsplatz mit Tram 4 bis Oberkaufungen
Haltestellen: Oberkaufungen (Mitte): Tram 4
Oberkaufungen (Bürgerhaus): Bus 34
Vollmarshausen (Kaufunger Straße, Mitte, Kirche): Bus 37
Vollmarshausen (Welleröder Straße): Bus 37
Wellerode (Kirche, Kasseler Straße): Bus 37
Route: Oberkaufungen Mitte – Ziegelhütte (2,5 km) – Setzebach (4,6 km) – Heupelsberg/Abzw. Vollmarshausen (8,2 km) – Wellerode (11,3 km)

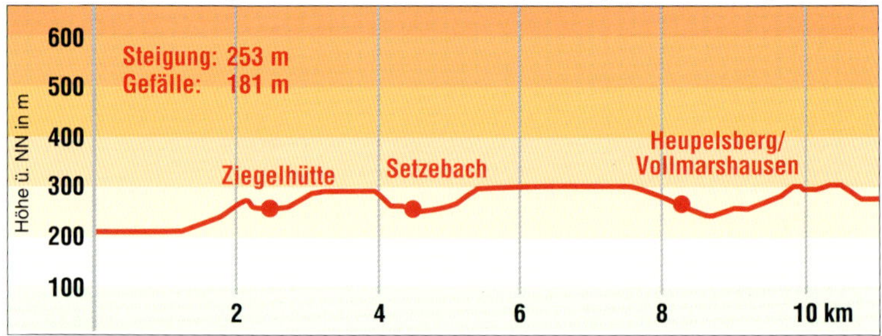

Der Kassel-Steig führt von der Haltestelle Oberkaufungen Mitte links über die Losse und dann rechts in den Unteren Struthweg. Die Losse begleitet uns bis zur Niester Straße. Hier treffen wir auf den **Grimm-Steig,** der im Mai 2011 eröffnet wurde. Eine Wanderung auf diesem, vom Deutschen Wanderverband zertifizierten Rundwanderweg durch das Märchenland der Brüder Grimm, ist ein besonderes Wandererlebnis. Der 77 km lange Wanderweg führt durch das Nordhessische Bergland über den Hohen Meißner (750 m) und durch malerische und denkmalgeschützte Fachwerk-Gemeinden. Im Bereich der Gemeinde Oberkaufungen verläuft der Kassel-Steig gemeinsam mit dem Grimm-Steig.

Wir überqueren in Höhe des Bürgerhauses bzw. Rathauses an der Fußgängerampel die Leipziger Straße und gehen zunächst einige Meter nach links, biegen dann rechts in die Straße „Zum Mühlenweg“. Nach wenigen Metern gehen wir links durch eine schmale Gasse und stoßen auf den Mühlengraben. Wir halten uns rechts, folgen dem „Gässchen“ und wandern die Straße „Hundeberg“ bergauf. An der Ecke Mühlenweg befindet sich eines der vielen historischen Gebäude, der ehemalige landgräfliche Jägerhof aus dem 18. Jahrhundert, der um 1880 zur Baptistenkapelle umgebaut wurde.

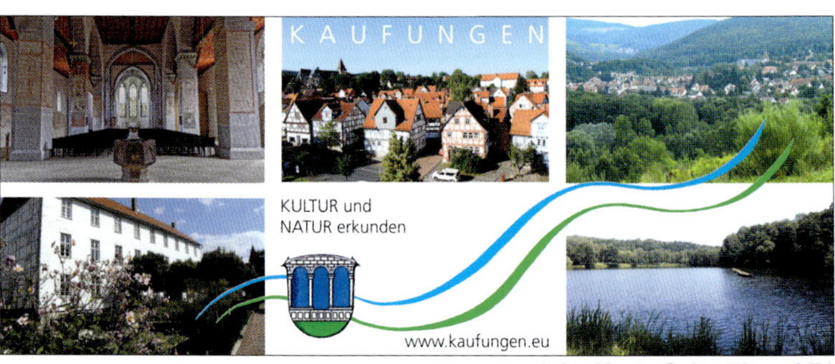

siehe Karte Seite 59 und 71

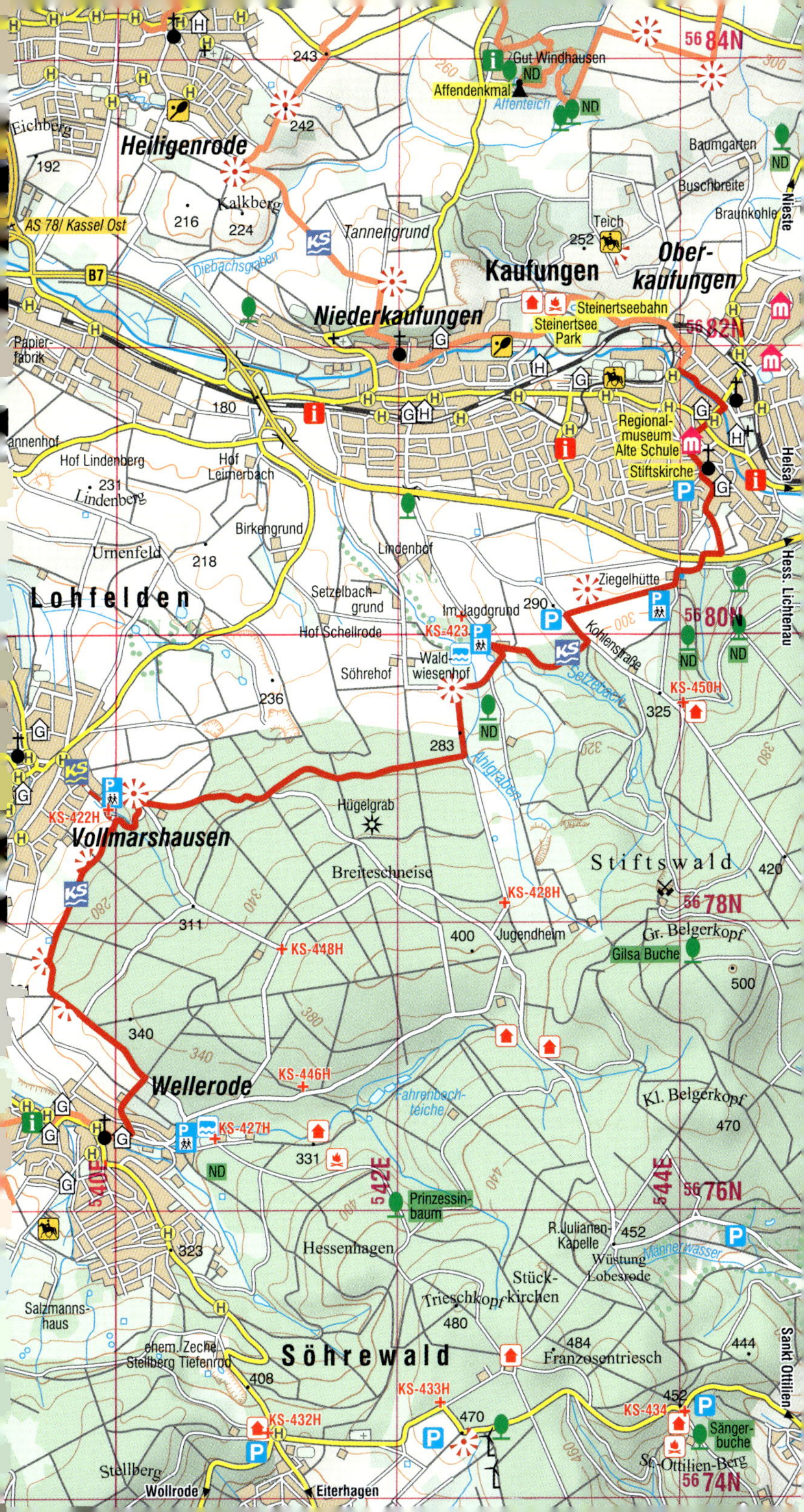

Heiligenrode
Niederkaufungen
Kaufungen
Oberkaufungen
Lohfelden
Vollmarshausen
Wellerode
Söhrewald
Stiftswald
Gut Windhausen
Affendenkmal
Steinertseebahn
Steinertsee Park
Regionalmuseum Alte Schule
Stiftskirche
Ziegelhütte
Waldwiesenhof
Hügelgrab
Breiteschneise
Jugendheim
Gr. Belgerkopf
Gilsa Buche
Kl. Belgerkopf
Fahrenbachteiche
Prinzessinbaum
Hessenhagen
R.Julianen-Kapelle
Wüstung Lobesrode
Trieschkopf
Stückkirchen
Franzosentriesch
Salzmannshaus
ehem. Zeche Stellberg Tiefenrod
Stellberg
Sängerbuche
St.-Ottilien-Berg
Wollrode
Eiterhagen
Sankt Ottilien
Hess. Lichtenau
Helsa
Nieste
AS 78/ Kassel Ost
B7
KS-422H
KS-423
KS-427H
KS-428H
KS-432H
KS-433H
KS-434
KS-446H
KS-448H
KS-450H

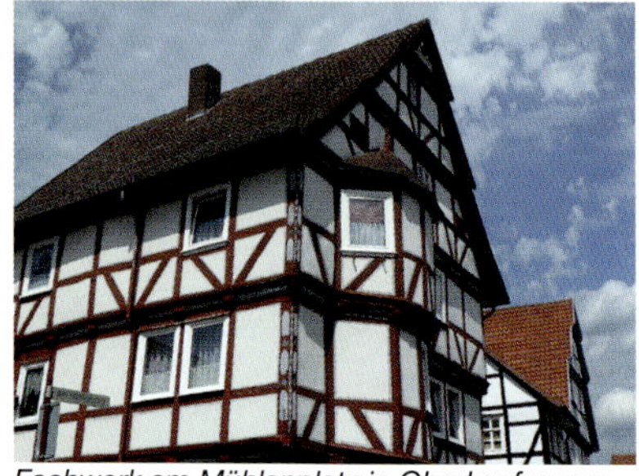

Fachwerk am Mühlenplatz in Oberkaufungen (Foto: Lothar Glebe)

Beim Gang durch die malerischen Gassen und Winkel faszinieren uns die restaurierten Fachwerkbauten mit Schmuckbalken und markanten Erkern. Jedes Haus dieses einzigartigen Fachwerkensembles hat seine eigene Geschichte. Es lohnt sich, den Kassel-Steig vorübergehend zu verlassen und den historischen Ortskern zu erkunden oder an einem geführten Ortsrundgang teilzunehmen.

Am Ende der Straße „Hundeberg" treffen wir auf die Schulstraße, in die wir links abbiegen. Direkt an der Ecke steht das MitmachHaus mit Museumsgarten und daneben das mit einer schönen Schindelfassade verkleidete Regionalmuseum „Alte Schule".

Regionalmuseum „Alte Schule" Kaufungen: Untergebracht im Schulgebäude von 1842, gibt das Museum Einblicke in den Alltag der Kaufunger Dörfer im Industriezeitalter. In 20 Räumen lassen sich Handwerke, ein Kolonialwarenladen, Küchen, Schlafkammern und ein von ehemaligen Bergleuten im Keller eingebauter Bergwerkstollen besichtigen. Attraktion für Kleine und Große ist die Inszenierung eines Dorfschulklassenzimmers der 1930er/1950er Jahre.

Vielfältige Erinnerungen an Spielen, Arbeiten und Lernen, Regionalmuseum „Alte Schule" Kaufungen (Foto: Bettina v. Andrian)

Wir wandern geradewegs weiter auf der Schulstraße über den „Kultur&Garten Pfad" und erreichen das Stiftsareal, den historischen Mittelpunkt der Gemeinde Kaufungen.

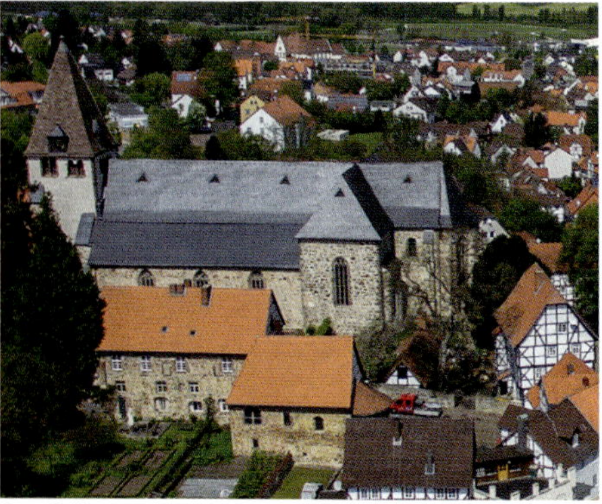

Das Stiftsareal in Kaufungen (Foto: H. F. Oppermann)

Die **Stiftskirche zum Heiligen Kreuz**, hoch über den Fachwerkhäusern Oberkaufungens, ist das bedeutendste Baudenkmal des Ortes. Sie wurde 1025, ein Jahr nach dem Tod Kaiser Heinrichs II. (heiliggesprochen 1146), geweiht. Seine Witwe Kunigunde (heiliggesprochen 1200) verbrachte im Kloster ihren Lebensabend.

Aus der Bauzeit ist die Westempore erhalten, während die heutige Kirche ihr Aussehen im Wesentlichen dem unvollendeten Umbau zur Hallenkirche zwischen 1391 (nördliches Querhaus) und 1469 (Chor) verdankt. Die erhaltenen Wandmalereien stammen aus der 1. Hälfte des 15. Jahrhunderts: im Querhaus der Zug der heiligen drei Könige, im nördlichen Seitenschiff ein Passionszyklus, an den Pfeilern und im Chor Heiligendarstellungen, darunter ein König und die heilige Elisabeth.

Seit dem späten 14. Jahrhundert war die Stiftskirche zugleich Gemeindekirche des Doppeldorfes Kaufungen. Sie ist bis heute geistiger Mittelpunkt der Ev. Kirchengemeinde Oberkaufungen. In ihr befinden sich zwei bedeutende Orgeln: die neu restaurierte Georg Peter Wilhelm-Orgel (1802) und die Dieter Noeske-Orgel (1974). Zahlreiche kulturelle Veranstaltungen finden jährlich in und um die Kaufunger Stiftskirche statt, z. B. die Kaufunger Konzerte, der Kaufunger Stiftssommer und die Stiftsweihnacht. [1]

Man sollte sich auf jeden Fall Zeit nehmen für einen Rundgang durch das gesamte Stiftsareal mit seinen malerischen Winkeln. Von der „Schönen Aussicht", zu der man vom Kirchgarten durch ein Rundbogenportal gelangt, ist der Blick auf den Dorfkern und das Lossetal bis zum Hirschberg besonders reizvoll. Auch lohnt sich ein Besuch der St. Georgskapelle.

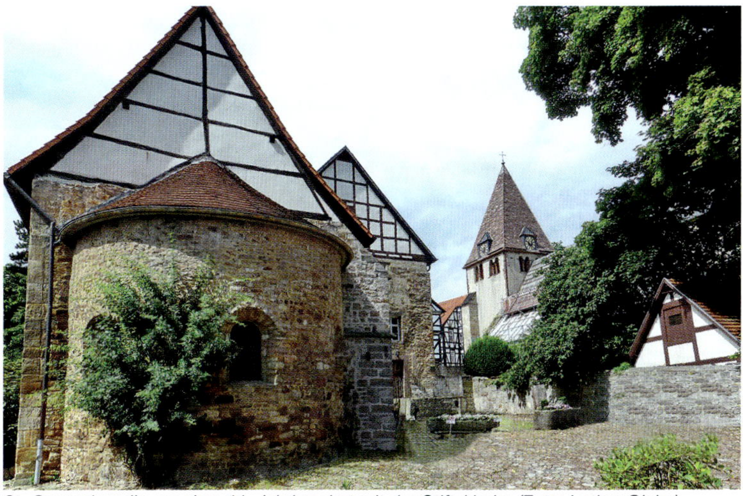

St. Georgskapelle aus dem 11. Jahrhundert mit der Stiftskirche (Foto: Lothar Glebe)

Im anschließenden neu gestalteten ehemaligen Kreuzgangbereich sind Teile des Dormitoriums erhalten und in der Querhauswand der Stiftskirche ein zugemauertes Sandsteinportal mit Äbtissinnenwappen. Über eine Steintreppe kommt man zum Stiftshof, der von drei repräsentativen Verwaltungsgebäuden des **Ritterschaftlichen Stifts Kaufungen** umgeben ist: der Renterei von 1605 mit den aufwendig verzierten Fachwerkobergeschossen, dem Herrenhaus aus dem 18. Jahrhundert mit Teilen des gotischen Vorgängerbaus und dem Wappensaal der Althessischen Ritterschaft im Inneren sowie dem mächtigen Steinbau der Zehntscheune von 1725. [2]

Das Ritterschaftliche Stift Kaufungen, eine kleine Adelsherrschaft über vier (später fünf) Dörfer innerhalb der Landgrafschaft Hessen, übernahm 1532 vom aufgelösten kirchlichen Stift Kaufungen die Rolle der Versorgung der Töchter des hessischen Adels. Die Stiftung existiert bis heute: „Die Aufgaben des Stifts sind – neben der Unterhaltung der unter Denkmalschutz stehenden Stiftsgebäude und der Stiftskirche – sozialer Art. Es werden ausschließlich und unmittelbar gemeinnützige, mildtätige und kirchliche Zwecke verfolgt. Hauptverpflichtung ist – wie seit den Anfängen des Stiftes – die Versorgung bedürftiger Damen nach den Richtsätzen der Sozialämter. Mitglieder des Stiftes sind die berechtigten Geschlechter der Althessischen Ritterschaft." [3]

„Das Ritterschaftliche Stift Kaufungen ist Eigentümer des Kaufunger Stiftwaldes. Die durch eine nachhaltige Forstwirtschaft erzielten Erlöse werden zur Deckung der mit der Aufgabenwahrnehmung des Stiftes verbundenen Kosten verwandt."[4]
Das Stiftsareal ist umgeben vom „Ortsteil" (Stifts-) Freiheit mit seinem schönen Bestand an Fachwerkhäusern, wie dem Stiftsforsthaus von 1538 (Auf der Freiheit 7) oder dem Vogtshaus (Zur Schönen Aussicht 9). Diese ehemals selbstständige Gemeinde war Wohnort der Angehörigen und Bediensteten des Stiftes.[5]

Wir wandern an der Zehntscheune vorbei durch die Tränkegasse.

Das traufständige Fachwerkhaus (Dach- bzw. Traufseite verläuft parallel zur Straße) mit dem repräsentativen Zwerchhaus bekrönten Mittelrisalit (Aufbau eines geneigten Daches mit eigenem Giebel und eigenem Dach als hervorspringender Gebäudeteil) am Ende der Gasse war das Haus des Fruchtschreibers aus dem 18. Jh. Als Angestellter des Stiftes war dieser für die Verwaltung der Naturalien (Einsammlung der Früchte und Erstellung der Fruchtrechnung) zuständig.[6]

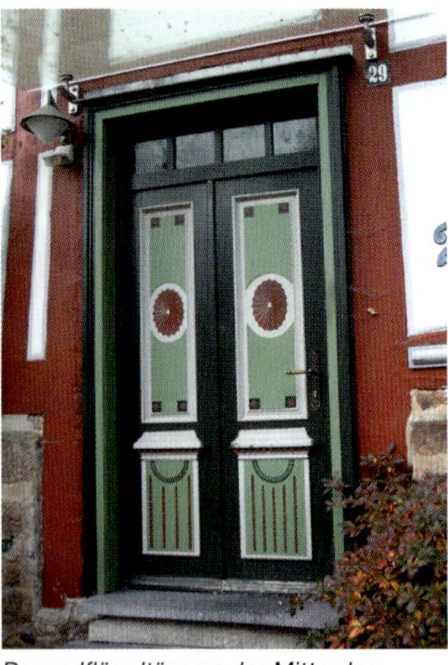

Doppelflügeltür aus der Mitte des 19. Jahrhunderts (Foto: Klaus Hobein)

Wie an einer Reihe weiterer Fachwerkbauten Kaufungens aus der Zeit um 1700 (etwa Mühlenplatz 4) sind Eckständer und Türrahmung mit Kassettierungen verziert. Die Kaufunger Fachwerkhäuser sind in Stockwerkbauweise errichtet, für die jedes Stockwerk einzeln abgezimmert und auf das darunter liegende gesetzt wurde. Die auf einer Schwelle stehenden Ständer wurden oben mit einem Rähm (Rahmen) abgeschlossen. Daher rührt auch der Begriff Rähmbauweise. Diese Konstruktionsmethode löste im 15./16. Jahrhundert den Geschossbau ab, bei dem die einzelnen Etagen in ein mehrgeschossiges Gerüst aus senkrechten Wandständern eingehängt worden waren. So konnte der wertvolle Werkstoff Holz effizienter genutzt werden.[7]

Am Ende der Tränkegasse biegen wir rechts in die Dautenbachstraße. Auf der linken Seite befindet sich eine ehemalige Hofanlage, ebenfalls aus der ersten Hälfte des 18. Jh. Auffallend ist die grün gestrichene alte Eingangstür mit aufgesetzten Verzierungen. Die Straße führt ein Stück links am tiefer liegenden Dautenbach entlang und geht dann in einen teils befestigten Hohlweg über. Nach einem steilen Anstieg gelangen wir auf die nächste Ebene. Wir halten uns rechts, dem nächsten Querweg folgen wir scharf links und gehen dann durch die Unterführung der B 7 hinauf bis zu einer Stelle, an der die älteste Ziegelhütte in Oberkaufungen stand.

Wir befinden uns am Rande des Kaufunger Stiftswaldes, der zum Geo-Naturpark Frau-Holle-Land gehört. Die höchsten Erhebungen sind der Große Belgerkopf (500 m), der Bielstein (528 m) mit der Bielsteinkirche (eine 15 m hohe Basaltformation) und der Michelskopf (485 m), an dem die beiden idyllischen Michelskopfseen liegen, die sich in ehemaligen Basaltsteinbrüchen gebildet haben.[8]

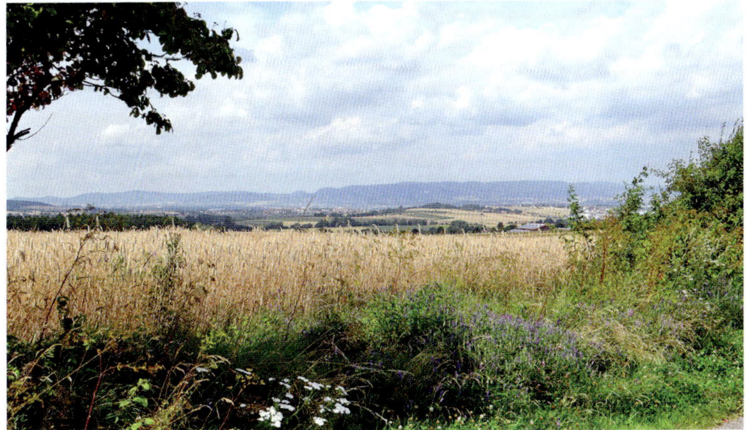

Eine überwältigende Aussicht von der Nordseite des Stiftswaldes in Richtung Herkules (Foto: Dieter Hankel)

Kaufunger Wald und Stiftswald/Söhrewald bildeten in vorindustrieller Zeit eine wichtige Existenzgrundlage für die Bevölkerung der Lossetalgemeinden. Nutzungsrechte wurden vom jeweiligen Grundherrn (dem Landgrafen, dem Stift, der Gemeinde) genau geregelt. Nutzholz wurde als Baustoff verwendet und als Werkstoff für Werkzeuge, Geräte oder Wagen. Brennholz war der wichtigste Rohstoff für den Hausbrand wie für Köhlereien und Glashütten, Töpfereien und Ziegeleien, Kalkbrennereien, Alaunhütten oder Schmieden. Eichenrinde brauchte man zum Gerben des Leders. Der Wald bereicherte das tägliche Brot mit Beeren, Pilzen, Bucheckern. Man trieb das Vieh zur Hute und Mast hinein und nutzte Laub und Blätter als Viehfutter, zur Einstreu oder zum Düngen der Felder.

Etwa seit 1900 entwickelte sich die touristische Erschließung der Wälder um Kaufungen, vor allem durch die Touristenvereine und Sonntagsausflügler. Der Bau der Lungenheilstätte fällt ebenfalls in diese Zeit (heute DRK-Klinik und Altenpflegeheim). Nun war es die gesunde (Wald-) Luft, die die Erholungssuchenden aus Industriestandorten wie der Großstadt Kassel in das schöne Lossetal lockte.[9]

Die Bedeutung der hiesigen Waldflächen in vielfacher Hinsicht muss uns allen noch bewusster werden. Sie zu pflegen und zu schützen ist eine Verpflichtung nicht nur der staatlichen und privaten Forsten und Naturschutzverbände, sondern der gesamten Gesellschaft, damit auch für die künftigen Generationen sowie für die Flora und Fauna der natürliche Lebensraum erhalten bleibt.

An der Ziegelhütte halten wir uns rechts (der Grimm-Steig geht geradeaus weiter vorbei an dem Ruhe-Forst für Urnenbeisetzungen) und wandern nun etwa 800 m geradeaus durch Feld und Flur auf einem der schönsten Abschnitte des Kassel-Steigs oberhalb von Kaufungen in Richtung Nordwesten.

Die Rund- und Fernsicht von hier aus ist überwältigend. Der Blick reicht von den Erhebungen des Langenbergs über die Schauenburg, den Habichtswald, den Dörnberg, den Stahlberg, den Reinhardswald mit dem Gahrenberg, die Schanze, den Sandershäuser Berg, den Mühlenberg, Gut Windhausen, den Kaufunger Wald mit seinen Höhenzügen, den Stiftswald und die Söhre. Rechts unter uns liegt das Lossetal mit den bekannten Ortschaften, die wir auf dem Kassel-Steig bereits durchwandert haben.

Am Ende dieses Panoramaweges zweigen wir links auf den von rechts kommenden Riedforstweg ab, der von Heiligenrode durch den Riedforst nach Morschen im mittleren Fuldatal führt. Wir befinden uns jetzt auf einem breiten Forstweg, der Kohlenstraße, die an die Zeiten des Bergbaus im Stiftswald erinnert.
In einiger Entfernung ist auch ein Wanderparkplatz gleichen Namens.
Achtung! Nach etwa 300 m leitet uns der Kassel-Steig rechts in den Wald. Von fast parallel laufenden Wegen nehmen wir den rechten Pfad. Auf diesem gehen wir leicht bergab, rechts haltend bis sich der Wanderweg zu einem heimeligen Pfad verengt. Tief links unter uns fließt der Setzebach. Nach 500 m erreichen wir einen breiten Fahrweg. Vor uns liegt die seit langem aufgegebene Ausflugsgaststätte „Am Setzebach", die früher von der einheimischen Bevölkerung gern aufgesucht wurde.

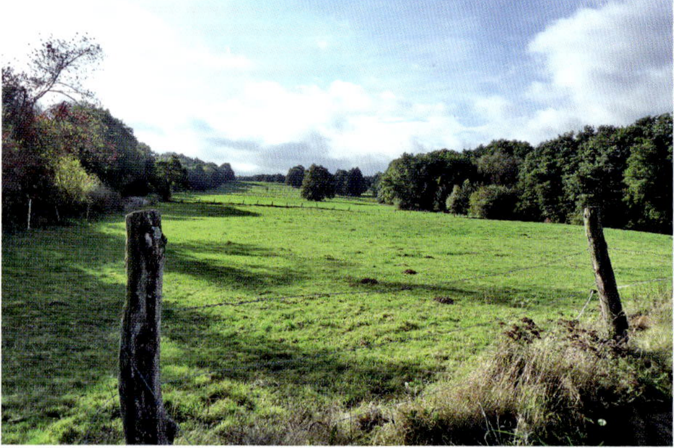

Weidegelände zwischen Setzebach und Ahlgraben (Foto: Lothar Glebe)

Auf der weiteren Wegstrecke befinden sich zahlreiche Ruhebänke. Wir überqueren den Setzebach und anschließend den Ahlgraben, wandern ein Stück durch Weidegelände mit schönen Ausblicken und biegen dann links ab bis zum Waldrand. Dort lädt uns eine Ruhebank zu einer Rast ein. Wir genießen die Fernsicht auf die Hänge des Kaufunger Waldes. Der Kassel-Steig führt weiter bergauf. Nach etwa 200 m biegen wir rechts ab. Nun wandern wir etwa 2,5 km auf einem ebenen Stück durch die Söhre und passieren einige Windbruchflächen. Auf der rechten Seite bestaunen wir die bis zu 30 m hohen und ca. 100 Jahre alten Waldkiefern.
Am Heupelsberg (262 m) treten wir aus dem Wald und sind begeistert von der erneuten Aussicht auf den nahen Ortsteil Vollmarshausen und das Kasseler Becken, den Reinhardswald sowie den Kaufunger Wald in der Ferne. Eine kleine, blumenreiche Wiese verführt uns zu einer besinnlichen Ruhepause mit einem schönen Blick auf den Habichtswald. Kurz vor dem Wanderparkplatz „Am Heupel" (Rettungspunkt KS-422) biegen wir links ab.

Am Rettungspunkt KS-422 (8,2 km) können Sie zum Ortsteil Vollmarshausen abzweigen und mit dem Bus nach Kassel oder in Richtung Eiterhagen fahren.

Wir wandern zunächst einige 100 m auf einem Forstweg. Fast unbemerkt zweigt der Weg rechts ab auf einen schmalen Waldpfad, der oberhalb von Vollmarshausen, teils durch einen alleenartigen Eichenbestand, verläuft. Der Blick auf das enge Fahrenbachtal und auf Vollmarshausen mit seinen schönen Fachwerkhäusern im Ortskern und der auffälligen Kirche sowie auf die gegenüberliegenden Hänge mit dem malerischen Forsthaus Eisberg zeigt immer wieder, wie märchenhaft die Täler des Kasseler Beckens sind.

Vollmarshausen ist ein Ortsteil von Lohfelden. Der Zusammenschluss der beiden Gemeinden erfolgte am 1. Dezember 1970. Vollmarshausen wurde erstmals im Jahr 1019 in einer Urkunde Kaiser Heinrich II. erwähnt, mit der er die Ortschaft dem Kloster Kaufungen schenkte.
Am Sandküppel in der Gemarkung Vollmarshausen nahe dem Lindenberg hatten vor mehr als dreitausend Jahren sechs hier siedelnde Familien ihre Toten beerdigt. Auf diesem Gräberfeld, das man 1951 entdeckte, wurden über einen Zeitraum von mehr als 500 Jahren mehr als 250 Gräber und nahezu 50, meist grubenartige kleine Kultstellen angelegt. Gefunden wurden runde und längliche Grabgruben sowie Steinsetzungsgräber mit ausgestreutem Leichenbrand, auch Gräber mit Urnen und z. T. mit Beigefäßen sowie verbrannte Baumsärge und Verbrennungsplätze. „Das Gräberfeld der jüngeren Bronze- und älteren Eisenzeit von 1100 bis 600 vor unserer Zeitrechnung dürfte zu den wenigen völlig ergrabenen Nekropolen dieses Zeitraumes in Mitteleuropa gehören.“ Die sensationellen Funde sind im Landesmuseum in Kassel archiviert. [10]

Zu den Kulturdenkmälern in Vollmarshausen gehört die bereits 1308 genannte Obermühle, vom Wasser des Fahrenbaches bis 1978 angetrieben. Die Kraft des Wassers nutzend, baute im 17. Jh. der Müller und Büchsenmacher Jost Lagemann in seiner Werksatt – ausgerüstet mit vom Mühlrad angetriebenen Maschinen – Jagdgewehre von höchster Präzision. Es waren die von Königen und Fürsten begehrten so genannten Müllerbüchsen. Die Büchsenmacher der Familie Nähler übernahmen die Mühle und fertigten Müllerbüchsen gleicher Qualität bis Mitte des 18. Jh.; ausgestellt im Jagdmuseum Bad Wildungen. [10]

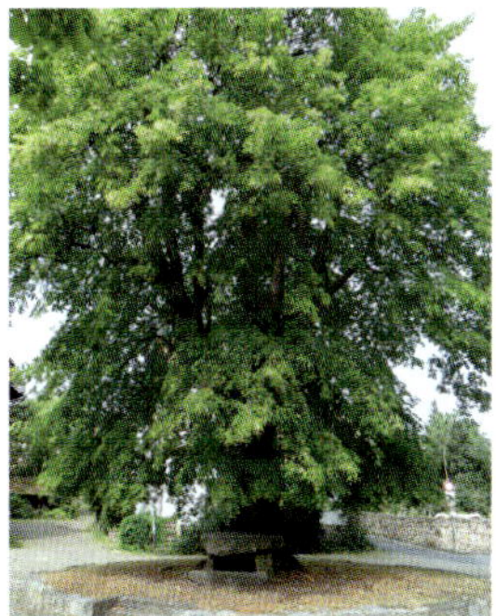

Die 250 Jahre alte Gerichtslinde wurde 2015 aus Sicherheitsgründen gefällt und durch einen mutmaßlichen Abkömmling des bisherigen Naturdenkmal ersetzt. Davor steht noch immer ein Gerichtstisch. Unter der Gerichtslinde tagte vermutlich bis ins ausgehende Mittelalter die niedere Gerichtsbarkeit des 3. Schöppenstuhls im Amt Neustadt, zugehörig Vollmarshausen, Crumbach, Ochshausen und Wellerode. 1277 Gründung des Gerichts vor der Neustadt, später Amt Neustadt. [10]

Bild der damals 250 Jahre alte Gerichtslinde mit steinernem Gerichtstisch in Vollmarshausen (Foto: Lothar Glebe)

Die in der Zeit von 1835–1839 neu erbaute evangelische Kirche fällt besonders ins Auge, sie gleicht einer byzantinischen Basilika. Holtmeyer spricht von flach gedeckter Saalanlage mit neutoskanischen Formen der Vollmarshäuser Kirche.
Der pfadartige Wanderweg geht über auf einen Forstweg, der weiter am Waldrand entlang verläuft. Nach einigen hundert Metern biegen wir den ersten Feldweg rechts ab. Unter uns liegt von steilen Wiesen und bewaldeten Hängen eingebettet der historische Ortsteil Wellerode der Gemeinde Söhrewald. Halblinks führt der Wanderweg auf den Kaufunger Weg. Nun zweigen wir erneut links ab auf den Grünen Weg und gehen dann rechts die Untere Bergstraße hinunter, bis wir auf die Fahrenbachstraße mit den vielen gut erhaltenen und restaurierten Fachwerkhäusern treffen (siehe nächste Seite). Wir halten uns rechts, biegen links in die Straße „An der Kirche“ und gehen rechts um die sehenswerte evangelische Kirche herum zur Bushaltestelle „Kirche“ in der Kasseler Straße, wo die 7. Etappe endet.

Wissenswertes über Söhrewald

Die Gemeinde Söhrewald wurde am 1. Dezember 1970 durch den freiwilligen Zusammenschluss der Gemeinden Wellerode, Wattenbach und Eiterhagen gebildet. Die waldbedeckten Höhenzüge der Söhre gaben der Gemeinde ihren Namen. Wellerode gehörte früher zu den Stiftsdörfern der Ritterschaft Kaufungen und damit auch zum Amt Kaufungen.
Der Ort wurde erstmals 1351 urkundlich erwähnt. Sehenswert sind die Kirche und zahlreiche schöne Fachwerkhäuser in der Fahrenbachstraße. Dazu gehören u. a. das Evangelische Gemeindehaus (An der Kirche 2), das Alte Forsthaus (Fahrenbachstr. 2), das Schützenhaus (Fahrenbachstr. 5), das ehemalige Haus Neutze (Fahrenbachstr. 11) und das Eckhard´sche Haus mit einer auffallend schönen Eingangstür (Fahrenbachstr. 15).
Die landwirtschaftlichen Flächen waren gegenüber den zur Gemarkung gehörenden Waldflächen sehr gering und karg, so dass sich viele Bewohner als Waldarbeiter und „Kulturfrauen“ (eine Bäume pflanzende Frau war auf der 50-Pfenning-Münze abgebildet) verdingten. Wegen der schlechten Verkehrsverhältnisse und der Abgeschiedenheit änderte sich an diesen schwierigen Lebensverhältnissen über mehrere Jahrhunderte nichts. Erst mit dem Bau und der Inbetriebnahme der Söhrebahn in 1912 (Näheres siehe Beschreibung des Abschnitts W 8) kam der Umschwung. Durch die Transportmöglichkeit konnten die heimischen Braunkohle- und Basaltvorkommen erschlossen werden. 1927 waren z. B. 350 Arbeiter im Bergbau und den Steinbrüchen beschäftigt. Diese Arbeitsplätze gibt es heute nicht mehr. Heute arbeitet der größte Teil der Erwerbstätigen in Kassel oder dem Umland.[11]

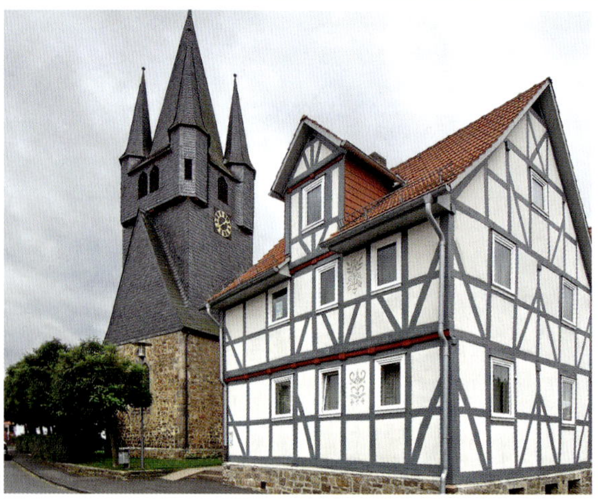

Ev. Kirche und ein schönes Fachwerkhaus in Wellerode (Foto: Hartmut Kipp)

„Söhrewald ist zu einer Arbeitnehmerwohnsitzgemeinde geworden. Ihr Kapital ist die unversehrte Waldlandschaft. Die außerordentlichen landschaftlichen Schönheiten der vielgestaltigen Mischwälder mit stillen Tälern und idyllischen Wasserflächen bieten ausgezeichnete Voraussetzungen für Naherholung und Fremdenverkehr. Um die alten Ortskerne mit ihren gediegenen Fachwerkhäusern sind neue Wohngebiete entstanden. Söhrewald ist ein Ort mit Zukunft. Die Entwicklung zu einer attraktiven Gemeinde mit hohem Wohnwert und hoher Lebensqualität geht weiter. Das Leitbild von Wellerode lautet: „Ein lebenswertes Dorf mit intakter Natur und Infrastruktur schaffen und erhalten, in dem sich alle Bürger wohlfühlen.“[12]

Für Ihre Entdeckungstour haben wir die passenden Wegbegleiter

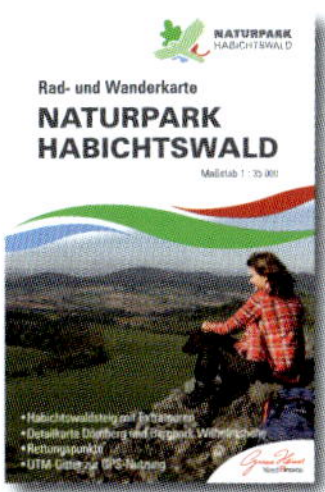

Naturpark Habichtswald

Reiß- & Wetterfest

Rad- und Wanderkarte - Maßstab 1:35 000

- Rad- und Wanderwegenetz
- Habichtswaldsteig inkl. Extratouren
- Detailkarte Wilhelmshöher Wasserkünste und Dörnberg
- Ausflugsziele & Sehenswürdigkeiten

ISBN 978-3-86973-152-0 **6,00 €**

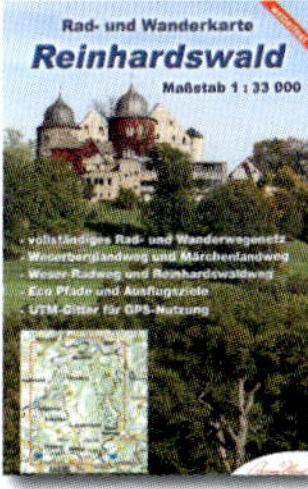

Reinhardswald

Reiß- & Wetterfest

Rad- und Wanderkarte - Maßstab 1:33 000

- Rad- und Wanderwegenetz
- Märchenlandweg
- ECO-Pfade
- Ausflugsziele & Sehenswürdigkeiten

ISBN 978-3-86973-112-4 **6,00 €**

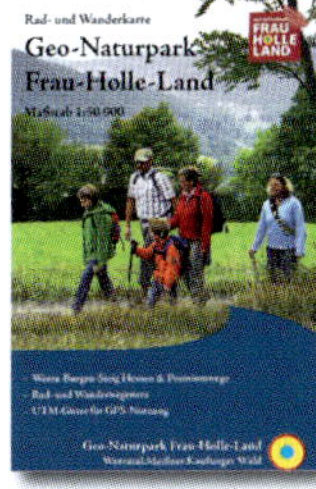

Geo-Naturpark Frau-Holle-Land

Reiß- & Wetterfest

Rad- und Wanderkarte - Maßstab 1:50 000

- Rad- und Wanderwegenetz
- Werra-Burgen-Steig Hessen & Premiumwege
- Ausflugsziele & Sehenswürdigkeiten

ISBN 978-3-86973-195-7 **6,00 €**

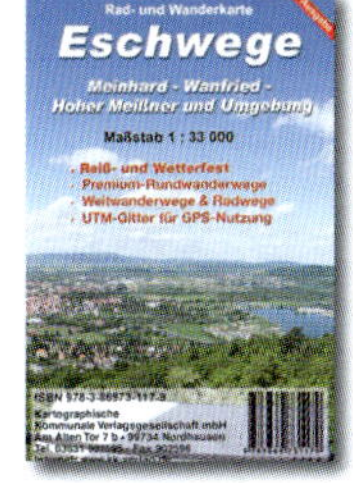

Eschwege

Reiß- & Wetterfest

Rad- und Wanderkarte - Maßstab 1:33 000

- Rad- und Wanderwegenetz
- Meinhardt - Wanfried - Hoher Meißner
- Premium-Rundwanderwege
- Ausflugsziele & Sehenswürdigkeiten

ISBN 978-3-86973-117-9 **6,00 €**

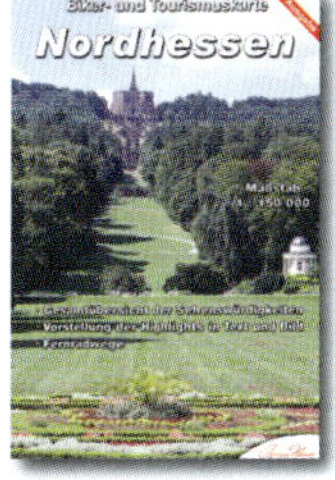

Nordhessen

Biker & Tourismuskarte - Maßstab 1:150 000

- Übersichtskarte von Nordhessen mit den touristischen Highligts
- Fernradwege und Touristenstraßen
- Vorstellung Ausflugsziele & Sehenswürdigkeiten

ISBN 978-3-86973-127-8 **4,00 €**

W 8 Von Wellerode nach Dörnhagen

Schwierigkeit: leicht **Länge:** ca. 14,3 km
Ausgangspunkt: Bushaltestelle an der Kirche in Wellerode (Linie 37)
Anfahrt: Kassel, Platz der Deutschen Einheit mit Buslinie 37 bis Wellerode
Haltestellen: Wellerode (Kirche, Kasseler Straße): Bus 37
Crumbach (Kirche): Bus 37
Crumbach (Altes Rathaus, Bürgerhaus): Bus 35, 36 und 37
Dörnhagen (Siedlung): Bus 17 und 50
Dörnhagen (Mitte): Bus 17 und 17 E
Kiliansblick an der Landstraße L 3460: Bus 17
Route: Wellerode – Sühnekreuz (1,2 km) Steinbach (2,3 km) – Schutzhütte am Abzweig nach Crumbach (5,8 km) – KS-425 (8,3 km) – Dörnhagen (14,3 km)

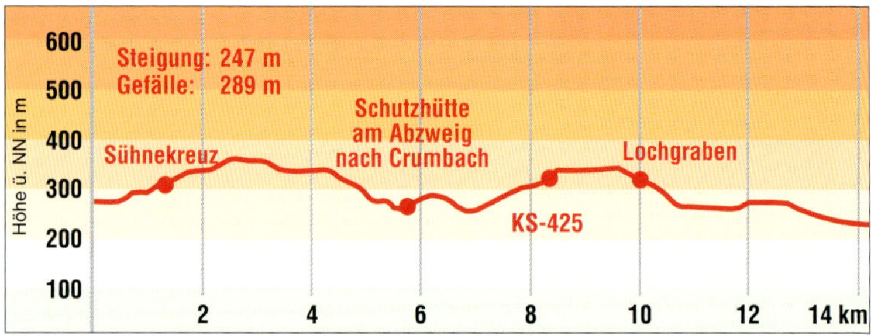

Wellerode – Lohfelden, Ortsteil Crumbach

Dieser Wanderabschnitt führt zum größten Teil durch schönen Buchenwald. Oberhalb von Lohfelden bietet sich auf einem längeren Panoramaweg eine sensationelle Aussicht auf das Kasseler Becken.

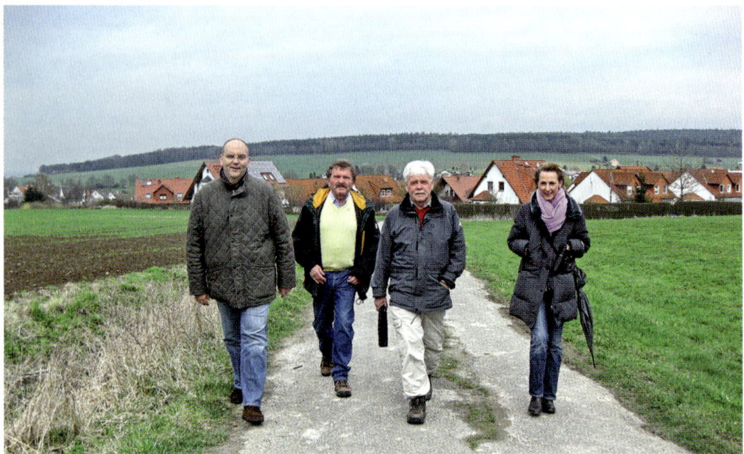

Unterwegs auf dem Kassel-Steig:
Unternehmer Andreas Fehr (Hauptspender), Klaus-Dieter Wolff (stellv. Vors. d. HWGV), Dieter Hankel (1. Vors. d. HWGV), Dorothee Fehr (Foto: Inge Wolff)

Von der Haltestelle „Kirche" in Wellerode gehen wir wenige Schritte die Kasseler Straße entlang in Richtung Vollmarshausen, biegen links ab in die Goethestraße und folgen dieser bergauf bis zur früheren Trasse der Söhrebahn, die heute als bequemer Rad- und Wanderweg Wellerode-Wald mit der Gemeinde Lohfelden verbindet. Wir biegen nach links ab und folgen etwa 550 m der früheren Trasse der Söhrebahn.

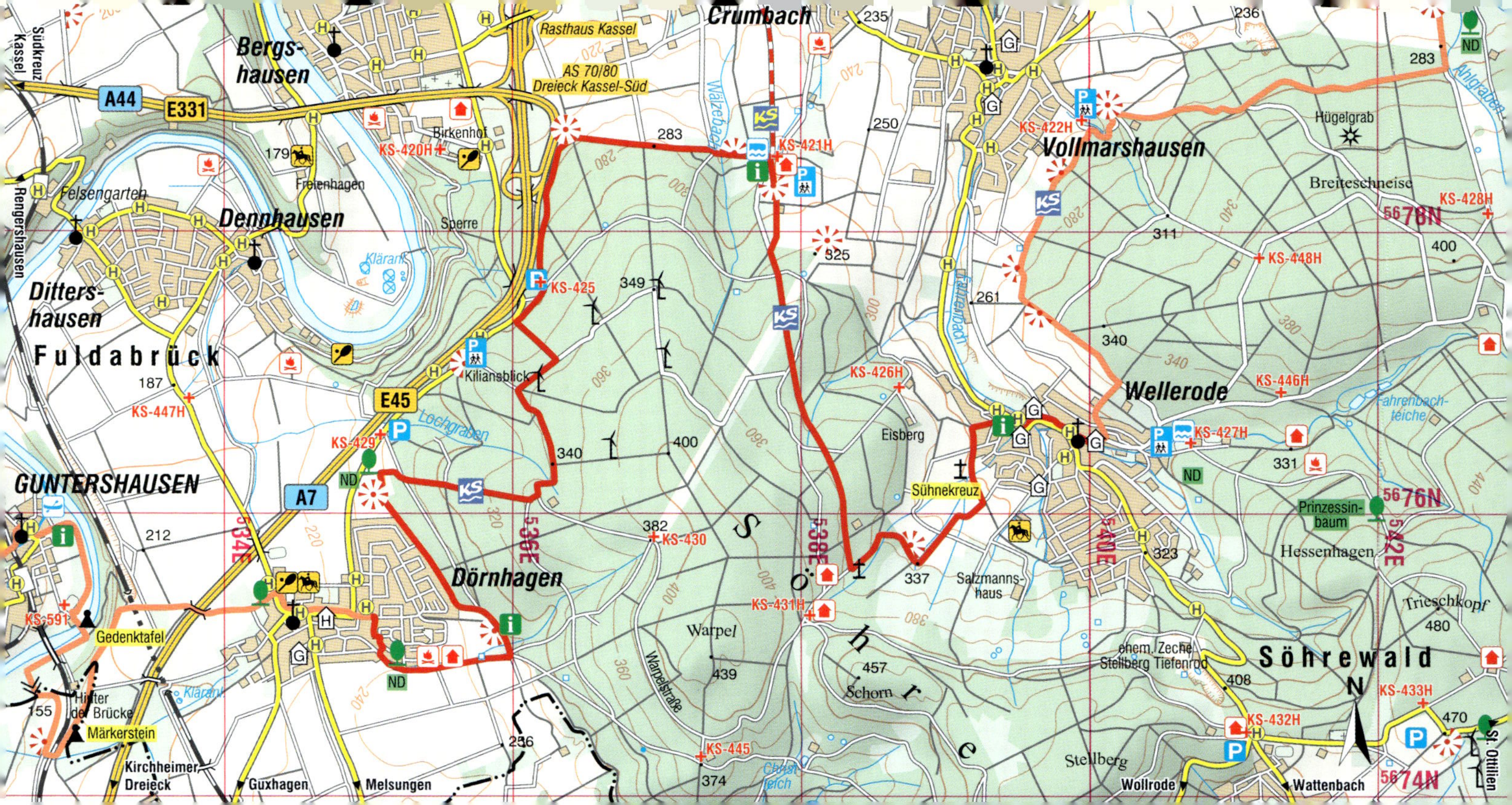

Crumbach
Bergs-hausen
Rasthaus Kassel
AS 70/80 Dreieck Kassel-Süd
A44
E331
Südkreuz Kassel
Rengershausen
Birkenhof
KS-420H
Freienhagen
Felsengarten
Dennhausen
Sperre
Kläranl.
Ditters-hausen
Fuldabrück
KS-447H
GUNTERSHAUSEN
KS-591
Gedenktafel
Hinter der Brücke
Märkerstein
Kirchheimer Dreieck
Guxhagen
Melsungen
A7
E45
KS-429
ND
Lochgraben
Kiliansblick
KS-425
Dörnhagen
KS-430
Warpel
Warpelstraße
KS-445
Christteich
KS-431H
Söhre
Schorn
KS-421H
Wälzebach
KS-426H
Eisberg
Sühnekreuz
Salzmanns-haus
Fahrenbach
Vollmarshausen
KS-422H
Hügelgrab
Breiteschneise
KS-428H
KS-448H
Wellerode
KS-446H
KS-427H
Fahrenbach-teiche
Prinzessin-baum
Hessenhagen
Trieschkopf
ehem. Zeche Stellberg Tiefenrod
Söhrewald
Stellberg
KS-432H
KS-433H
Wollrode
Wattenbach
St. Ottilien
Ahlgraben
[5]34E
[5]36E
[5]38E
[5]40E
[5]42E
[56]78N
[56]76N
[56]74N

Die **Söhrebahn** war eine Kleinbahn, die von 1912 bis 1966 Personen von Kassel-Bettenhausen über Eisenhammer, Crumbach/Ochshausen, Vollmarshausen, Wellerode-Ort bis Wellerode-Wald beförderte. Aber auch Bodenschätze wie Braunkohle, Basalt, Sand, Ziegelsteine, landwirtschaftliche Güter und Holz wurden nach Kassel transportiert. Die Bahn wurde in 1910 als Aktiengesellschaft gegründet. Wesentliche Anteilseigner waren die Anliegergemeinden, die Fa. Henschel & Sohn und die Casseler Basalt-Industrie (CBI). Täglich befuhren zwischen 5 und 7 Züge mit einer Höchstgeschwindigkeit von 25 km/h die 10,6 km lange Strecke. Dabei wurde ein Höhenunterschied von 183 m überwunden. Die Züge wurden von

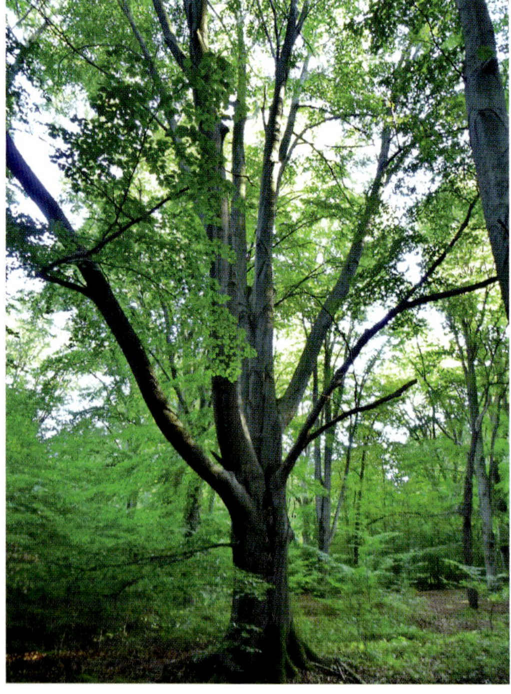

Eine schöne Buche am Wanderweg. (Foto: Theodor Arend)

drei Dampflokomotiven und später zwei Diesellokomotiven gezogen, die alle von der Fa. Henschel geliefert wurden. Der Wagenpark kam von der Fa. Credé in Kassel. Nachdem 1966 der Güterverkehr ab Wellerode wegen Schließung der Bergwerke sehr eingeschränkt wurde, war der Personenverkehr nicht mehr rentabel. Die Personenbeförderung wurde auf Omnibusse umgestellt. Die Einstellung des Güterverkehrs zwischen Wellerode-Wald und Lohfelden erfolgte endgültig in 1971.
In Kassel beförderte die Söhrebahn danach noch Güter für die Firmen AEG, Spinnfaser und andere. Die Gleisanlagen der Söhrebahn wurden bis auf Reste zurückgebaut. Die ehemalige Bahntrasse dient heute als Rad- und Wanderweg.[1]

Nach 340 m, wo die ehemalige Trasse den tief unter uns liegenden Steinbach überquert, treffen wir auf ein Steinkreuz, das nach einem Wolkenbruch am 11.7.1980 im Steinbach freigespült und im September 1982 hier aufgestellt wurde. Auf der Vorderseite des grob geformten Steinblocks ist in einfacher Art eine menschliche Figur eingeritzt, die einen kreuzähn-

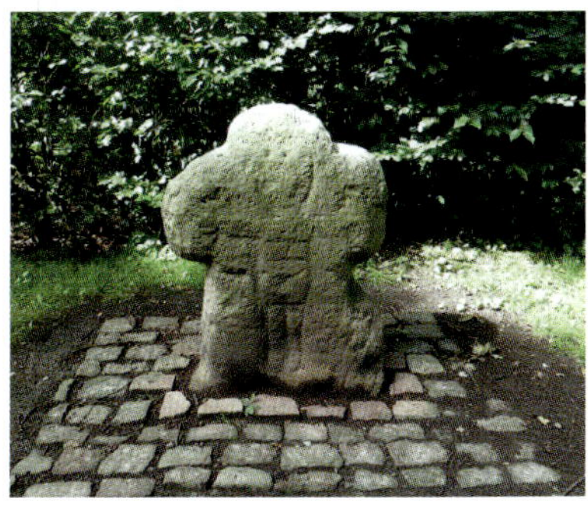

Steinkreuz oberhalb von Wellerode, wahrscheinlich ein Sühnekreuz (Foto: Lothar Glebe)

lichen Gegenstand hochhält. Es wird angenommen, dass es sich bei diesem Stein um ein Sühnekreuz handelt. Fachleute schätzen, dass dieses Sühnemal um 1500 entstanden ist.[2] „Die meisten Sühnekreuze, die in der Zeit zwischen 1300 und 1530 aufgestellt wurden, stehen im Zusammenhang mit Totschlagsdelikten; der unmittelbare Anlass ist jedoch selten schriftlich bezeugt. Wurde jemand im Streit oder anderweitig ohne Absicht getötet, musste der Schuldige damals mit der Familie des Opfers einig werden. Es wurden zwischen beiden privatrechtliche Sühneverträge abgeschlossen.“ [3] „Danach konnte der Mörder bzw. Totschläger unter anderem zur Aufstellung eines Sühnekreuzes, zur Zahlung einer Geldstrafe oder einer Pilgerfahrt verpflichtet werden. Erst die Constitutio Criminalis Carolina von 1553 ersetzte den Sühnebrauch der katholischen Kirche durch die weltliche Gerichtsbarkeit.“[4] Auch die Einführung der Reformation in den entsprechenden Gegenden hatte zur Folge, dass künftig keine Sühnekreuze mehr gesetzt wurden.

An der Stelle, an der der Wanderweg einen asphaltierten Weg kreuzt, wenden wir uns nach rechts, wandern stets bergauf durch Wiesen und Felder und erreichen nach etwa 200 m einen beschaulichen Ruheplatz mit einer Sitzgruppe am Rande einer Streuobstwiese, genannt „Ziegenböckchen“. Vor uns blicken wir auf die Warpelhöhe (439 m), den niedrigsten Bergrücken der Söhre und den Schorn (457 m). Je höher wir kommen, desto fantastischer wird die Aussicht. Wir genießen den traumhaften Blick auf Wellerode mit seiner schönen Kirche und den bewaldeten Berghang bis hinauf zum Großen Belgerkopf (500 m), den Bielstein (528 m) sowie den Fernsehsender am Franzosentriesch, der nicht mehr in Betrieb ist und deshalb zurückgebaut wurde. Linker Hand reicht der Blick bis zum weit entfernten Kaufunger Wald.

Der Kassel-Steig quert in einem rechten Bogen das Wiesengelände. Beim Eintritt in den Wald überqueren wir den Steinbach, der in der Nähe des Warpel entspringt und in den Fahrenbach mündet. An der Stelle, an der der Wanderweg auf einen Querweg stößt, halten wir uns links und wandern ca. 400 m bergauf durch die Söhre. Achtung, an einer Bank zweigt der Wanderweg fast unbemerkt rechts ab!

Die Söhre ist ein waldbedeckter Höhenzug, der sich von der Fulda in Richtung Osten bis zum Kaufunger Stiftswald und im Süden bis zum Tal der Mülmisch und dem angrenzenden Riedforst erstreckt. Die Söhre wurde schon früh besiedelt; der Name leitet sich ab von „soor“ oder „sor“ und bedeutet „trocken“. Den ersten Siedlern mangelte es offenbar an Wasser, so dass sie Ihre Siedlungen wieder aufgeben mussten; dazu gehörte auch Lubesrode. Zeugnis aus vergangenen Zeiten ist z. B. die Ruine „Stückkirchen“. Lange Zeit hatten die umliegenden Gemeinden in der Söhre Huterechte und nutzten den Wald insoweit zur Bestreitung ihres Lebensunterhaltes. Später sicherte der Braunkohle- und Basaltabbau viele Jahrzehnte den Bewohnern der Söhregemeinden Arbeitsplätze. Das Braunkohlebergwerk Stellberg soll von 1836 –1967 allein etwa 5 Mio. Tonnen Braunkohle gefördert haben. Heute gehört die Söhre zum Geo-Naturpark Frau-Holle-Land, der zu den schönsten Naturlandschaften Deutschlands zählt.[5]

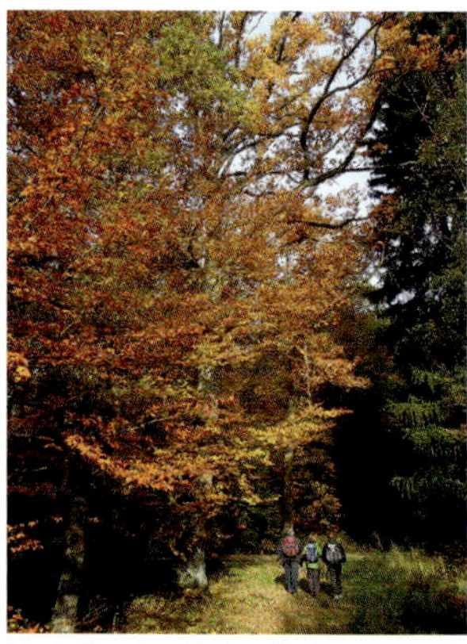
Herbstzauber (Foto: Hartmut Kipp)

Der Kassel-Steig verläuft nun auf einem sanften Waldweg – der später in einen Pfad übergeht – etwa 3 km zusammen mit dem Durchgangswanderweg X3 (Wildbahn) durch dichten Buchenwald, der in der herbstlichen Jahreszeit von den Sonnenstrahlen in einen bunt leuchtenden Herbstzauber verwandelt wird.

Auf diesem Teilstück werden wir auf Neuanpflanzungen am Wegesrand aufmerksam, um die Basaltsteine angeordnet sind, was daraufhin deutet, dass es sich um etwas Besonderes handelt. Kleine niedrige Hinweistafeln informieren die Wanderer über die Bedeutung dieser Anpflanzungen. Auf einer Länge von 12 km wurde im Oktober 2011 ein neuer Abschnitt der Kunstwanderstrecke „Ars Natura“ eröffnet. Diesen Kunstpfad gibt es seit 2001, der Erholung durch Wandern und das Erleben künstlerischer Elemente vereint. Begonnen hat alles in Felsberg, unterhalb der Felsburg. Über 300 Kunstwerke erstrecken sich inzwischen entlang der Fernwanderwege X3 (Wildbahn) und X8 (Barbarossaweg) auf einer Länge von 240 km.

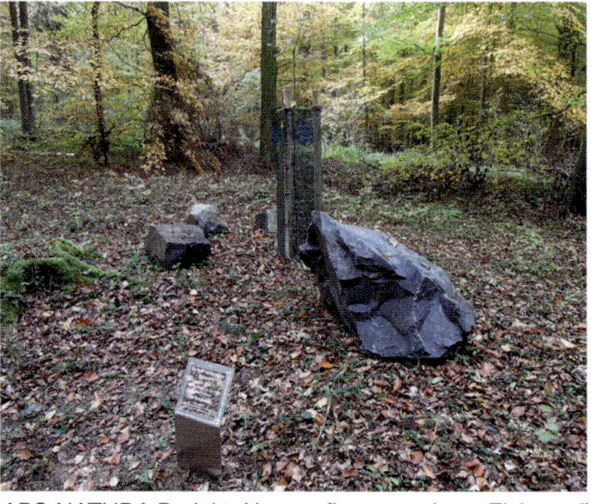
ARS NATURA Projekt: Neuanpflanzung einer „Elsbeere“ Baum des Jahres 2011 (Foto: Hartmut Kipp)

An 18 Stationen wurden seltene Bäume gepflanzt, die in unserer Region wieder heimisch werden sollen. „Bäume der Zukunft“ heißt dieses neue Projekt, das nicht nur Kunst und Natur miteinander verbindet, sondern an diesen Orten zudem die Botanik als Kunstobjekt in Erscheinung tritt. Auf dem Teilstück der Wildbahn von Lohfelden bis Eiterhagen wurden u.a. junge Eibenbäume, Walnuss, Speierling, Sommer- und Winterlinde, Spitzahorn, Ginkgo, Wildapfel und -birne sowie die Elsbeere, der Baum des Jahres 2011, angepflanzt. Diese sehenswerte Baumkunst in der Natur wurde von der EU und von dem in Lohfelden beheimateten Unternehmer Andreas Fehr finanziert.[6]

Beim Austritt aus dem Waldgebiet müssen wir darauf achten, dass der Kassel-Steig und der X3 rechts am Rand der Wiese geradeaus weiterlaufen. An manchen Stellen begegnen wir weiteren Kunstwerken von ARS NATURA mit Bezug zum Schuhhandwerk. Interessant ist neben vielen anderen das Objekt „Schuhgeschichten“ der Klasse 9 c der Söhre-Schule in Lohfelden, das man nur entdeckt, wenn man den Blick nach oben in einen Baum richtet.

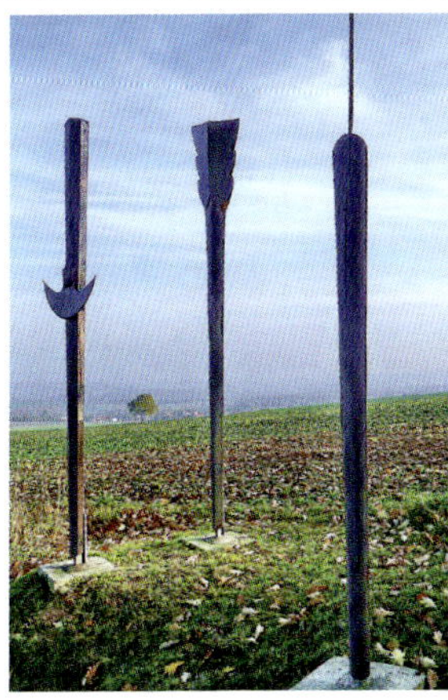

Bei Unterbrechung des Heckenstreifens bietet sich ein fantastischer Weitblick auf den Kaufunger Wald und den Kaufunger Stiftswald. Am Ende der Wiese erreichen wir den Wanderparkplatz „Herchenbachtal“ mit einer Schutzhütte und weiteren Kunstwerken. Eine Informationstafel beschreibt den historischen Schusterpfad, der mit der heutigen Wildbahn identisch ist. Dieser Pfad war früher die kürzeste Verbindung zwischen Spangenberg und Kassel, den die Händler und Marktfrauen benutzten, um ihre Waren zur damaligen Residenzstadt Kassel zu transportieren und zu verkaufen.

ARS NATURA Kunstwerk „Wegmarken" des Künstlers Matthias Heß (Foto: Lothar Glebe)

Von hier aus können wir nach Lohfelden, Ortsteil Crumbach, abzweigen, indem wir dem Wanderzeichen KS oder dem Wanderweg X3 etwa 1,7 km bis zur nächstgelegenen Haltestelle folgen.

Lohfelden, Ortsteil Crumbach – Dörnhagen

Auf dem weiteren Streckenabschnitt am Waldrand der Söhre entlang sind wir fasziniert von dem atemberaubenden Blick auf die Stadt Kassel und das Kasseler Becken. Vor uns liegt der Ortsteil Crumbach der Großgemeinde Lohfelden. Am Horizont erheben sich der Habichtswald mit dem Bismarckturm und dem Herkules, der Dörnberg, der Stahlberg, der Reinhardswald und der Kaufunger Wald. An dieser Stelle rückt der Kassel-Steig am nahesten an die Kasseler Stadtgrenze heran, deshalb der großartige Blick auf die Innenstadt mit seinen noch erhaltenen Kirchtürmen und repräsentativen Gebäuden.

Kurz vor der A 7 führt der Wanderweg links hinauf durch den Wald und trifft dort auf einen breiten Forstweg. Unmittelbar vor dem Waldparkplatz „Schwarzmarkt” wandern wir links auf einem Forstweg weiter. Achtung! Nach etwa 200 m führt der Weg unbemerkt links bergauf bis zu einem querverlaufenden Forstweg, auf dem wir rechts weiterwandern. In der Nähe befinden sich 5 Windkraftanlagen des Windparks Söhrewald und der Lehrpfad zur Windkraft. Am nächsten querverlaufenden Forstweg treffen wir auf die „Warpelstraße”, der wir links folgen. Auf dem ebenen, kurvenreichen Weg, der zwischen einem hohen, lichten Buchenwald auf der linken Seite und dichten, undurchdringlichen Fichtenbeständen auf der rechten Seite verläuft, müssen wir uns an Abzweigungen immer rechts halten.

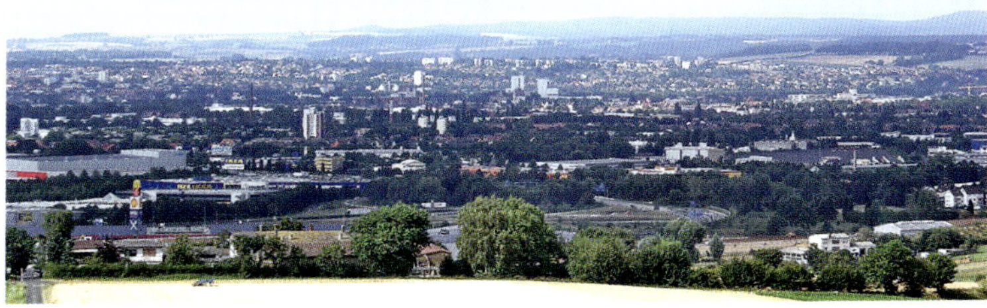

Blick von der Nordseite der Söhre auf das Kasseler Becken mit Waldau im Vordergrund (Foto: Hartmut Kipp)

Beim nächsten Abzweig verläuft der Kassel-Steig immer bergab in Richtung Westen. Durch die Baumwipfel sind die in der Ferne liegenden Erhebungen des Langenbergs zu sehen, den wir auf dem übernächsten Wanderabschnitt durchqueren werden.
Am Fuße des Hanges angekommen, überqueren wir den Forstweg und erreichen am Waldrand eine Wiesenfläche. Etwas versteckt befindet sich rechts im Wald eine Sitzgruppe. Der Blick auf die am Osthang des Habichtswaldes liegenden Kasseler Stadtteile ist beeindruckend.

Am Waldrand entlang geht es oberhalb von Dörnhagen, einem Ortsteil von Fuldabrück, auf einem schmalen Weg weiter. Am Ortsende halten wir uns links und gehen am Waldrand entlang bis zu einer Bank, von der aus man einen grandiosen Blick in den Chattengau mit den markanten, aneinander gereihten Basaltkuppen hat, die charakteristisch für das märchenhafte nordhessische Bergland sind. Dazu gehören der Lotterberg, die Obernburg bei Gudensberg, der Odenberg und die Ausläufer des Langenbergs.

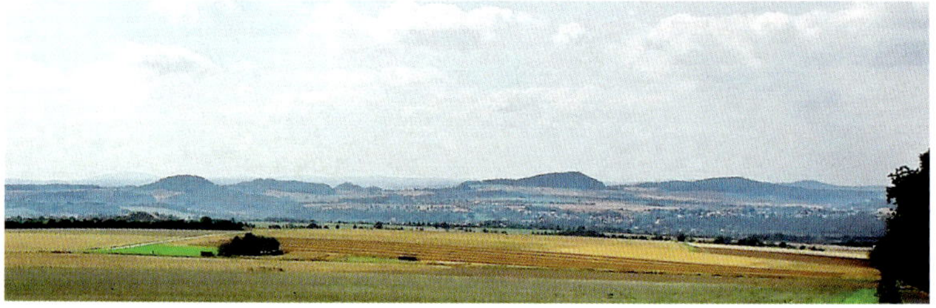

Grandioser Blick von Dörnhagen in den Chattengau (Foto: Hartmut Kipp)

Der Chattengau erstreckt sich von Fritzlar bis zum südlichen Teil des Altkreises von Kassel und wird in dem Wanderführer von Bruno Mende als „das Herzland Althessens“ bezeichnet. Seit wann dieses Gebiet die Bezeichnung Chattengau erhalten hat, ist nicht genau belegt; sie wurde erst Mitte des 20. Jh. bekannt.
Im Mittelalter gehörte dieses Gebiet zum Hessengau, der sich vom Lahngau im Westen bis nach Ostwestfalen im Norden, der Werra im Osten und Hersfeld im Süden erstreckte. Diese rechtsrheinische fränkische Grafschaft unterteilte sich in zwei Stämme: den fränkischen Hessengau (identisch mit dem heutigen Chattengau) und dem sächsischen Hessengau, der das Gebiet beidseits der Diemel und das südliche Niedersachsen umfasste.
Zahlreiche Funde deuten darauf hin, dass dieses, in der fruchtbaren Niederhessischen Senke liegende Gebiet, das auch den heutigen Chattengau umfasst, seit der älteren Steinzeit besiedelt wurde.
Die heutige Bezeichnung ist darauf zurückzuführen, dass in vorchristlicher Zeit hier die Chatten, ein germanischer Stamm, siedelten, die ihren Hauptsitz in Mattium (vermutlich im Raum des heutigen Maden) hatten. Die Mader Heide war uralte Versammlungsstätte des Hessengaus.[7]

Der Wanderweg verläuft noch ein kurzes Stück in die gleiche Richtung weiter bis zu einer Wegspinne. Hier nehmen wir den nach rechts abzweigenden asphaltierten Weg, der bergab rechter Hand an einem flächenhaften Naturdenkmal mit einem Feuchtbiotop vorbeiführt. Eine Informationstafel schildert, dass Fuldabrück einfach märchenhaft ist und dokumentiert dies mit der Erzählung der Brüder Grimm vom „Eisenhans“, die auf einer Tafel nachzulesen ist. In Fuldabrück begnügt man sich nicht mit den Erzählungen der Brüder Grimm, sondern der Wanderer wird darüber hinaus über die wahren Begebenheiten informiert.

Auf der Warpelstraße, von der aus man einen schönen Blick bis in das Melsunger Bergland hat, entdeckt der Wanderer feinste Naturprodukte. Auf einer Streuobstwiese gedeihen die schönsten Äpfel der einheimischen Sorten. Dazu gehört auch der „Rote Eiserapfel", der im Sonnenlicht den Apfelbaum so wunderschön schmückt, vergleichbar mit leuchtend roten Kugeln an einem Weihnachtsbaum. Eine Informationstafel gibt uns einen Einblick in die Tier- und Obstwelt einer Streuobstwiese. In der Zeit der Obstbaumblüte ist dieser Wegabschnitt ein besonderer Genuss für Natur- und Gartenliebhaber.

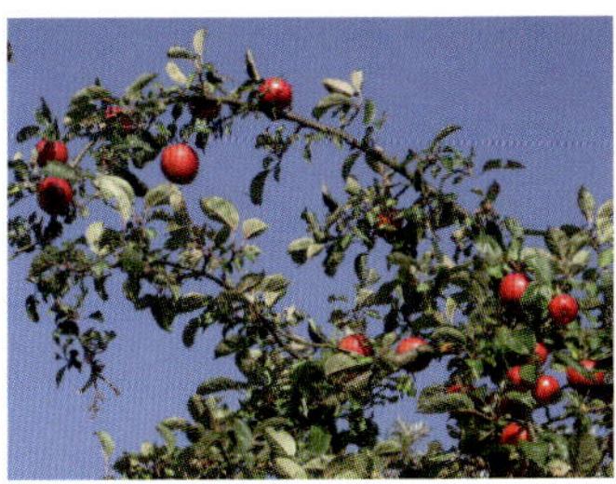

„Rote Eiseräpfel" auf einer Streuobstwiese bei Dörnhagen (Foto: Inge Wolff)

Am Ende der Straße biegen wir halbrechts in einen Fußweg ein. Schlagartig halten die Wanderer inne, wenn sie ehrfurchtsvoll linker Hand eine uralte knorrige Eiche erblicken. Nach Erzählungen der Einheimischen soll dieser auffallend schön gewachsene Baum 600 Jahre alt sein. Dieses Naturdenkmal, unter dem an bestimmten Tagen Gottesdienst gefeiert wird, ist im prachtvollen bunten Herbstkleid wirklich als Wunder der Natur zu betrachten.

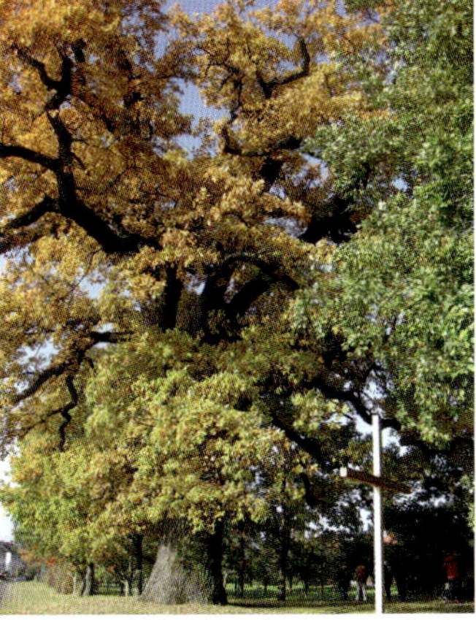

Eine etwa 600 Jahre alte knorrige Eiche bei Dörnhagen (Foto Inge Wolff)

Der Kassel-Steig lässt den Kinderspielplatz links liegen. Entlang der Straßen „Goldene Aue" und „Finkenweg" gelangen wir über einen Fußweg auf die Waldstraße. In der schräg gegenüberliegenden Rundstraße erreichen wir die Haltestelle „Siedlung". Hier endet die Etappe W 8 des Kassel-Steigs.

Gemeinde Lohfelden

Die Gemeinde Lohfelden ist aus der ersten „Gebietsreform" im Landkreis Kassel hervorgegangen. Am 1. Juni 1941 entstand aus den Orten Crumbach und Ochshausen der heutige Ort „Lohfelden".

Der Name stammt aus der alten Flurbezeichnung „Im Lohfeld". Am 1. Dezember 1970 vereinten sich Lohfelden und Vollmarshausen zur neuen Großgemeinde „Lohfelden". Erstmals urkundlich erwähnt wurde Volmarshusun in 1019, Oggozenshusun und Crumbelbach in 1102. Trotz unterschiedlicher Entwicklungen blieben die drei Gemeinden auf dem kirchlichen Sektor und durch eine gemeinsame Gerichtsbarkeit lange Zeit miteinander verbunden. Die drei Orte gehörten einem Kirchspiel an und bildeten einen gemeinsamen Schöppenstuhl.

Der Schöppengrebe – zuständig für Verwaltung, Polizeiangelegenheiten und Gerichtsbarkeit – hatte damals seinen Sitz in Vollmarshausen. Lohfelden betrachtet sich heute als eine moderne Gemeinde mit einer attraktiven Infrastruktur und einem regen kulturellen Leben. Sie legte bereits 1971 großen Wert sowohl auf die Ausweisung von neuen Wohngebieten als auch auf die Entwicklung und den Ausbau von Gewerbegebieten nahe der Autobahn und strebt auch an, Standort für Unternehmen im Bereich der erneuerbaren Energien zu werden.[8]

Am Naherholungsgebiet „Lohfeldens grüne Mitte“ auf dem Loh zwischen Vollmarshausen und Crumbach beginnt der am 13. September 2009 eingeweihte Eco Pfad „Kulturgeschichte Lohfelden“. Dieser Weg stellt eine Zeitreise von der Bronzezeit bis in das 20. Jh. dar. Er verbindet Plätze in Lohfelden, wo Menschen früher gebetet, gewohnt, gearbeitet und getrauert haben.
Er führt vorbei am Hessischen Wagen- und Kutschenmuseum, dem einzigen in Hessen, der Kirche von Crumbach mit einer interessanten Baugeschichte, einer Arbeitersiedlung aus den 1940er Jahren bis zum Platz des früheren Lagers „Fernsicht“, in dem Zwangsarbeiter der Rüstungsindustrie während des 2. Weltkriegs leben mussten.[9]

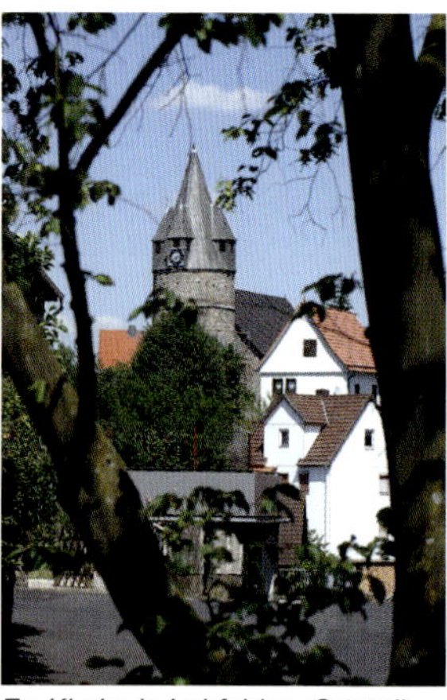

Ev. Kirche in Lohfelden, Ortsteil Crumbach (Foto: Heinz Ebrecht)

Die evangelische Kirche in Crumbach lässt mit dem Geviert einer alten Wehrmauer, in die das Fundament eines früheren Wohnturms und das alte Tor eingefügt sind, sowie mit dem Wehrturm, der heute der Glockenturm der Kirche ist, die Struktur einer mittelalterlichen, wehrhaften Kirchenanlage erkennen. Alte Fundamentreste und die gotische Sockelschräge am Chorraumabschluss zeugen von den Stufen der Umbauten zur heutigen Kirche, die 1770/71 entstand. Vor dem Hauptportal der alten Wehrmauer stehen in der Nähe der Lutherlinde im Hopfengärtchen am Hang alte Maulbeerbäume. Sie wurden bereits 1790 genannt. Die beiden Altbäume sind als Naturdenkmal ausgewiesen.[10]

Lohfelden ist auch an den **Märchenlandweg** angeschlossen, der vom derzeitigen Brüder Grimm-Museum in Kassel über Lohfelden zum Kunstwerk „Gänserammel“ nach Niederkaufungen und weiter nach Niestetal führt. In der Dorfmitte von Niederkaufungen befindet sich ein kleiner Platz am Bach nahe der Mühle, auf dem sich früher die Gänse sammelten. Zur Erinnerung an diese dörfliche Idylle wurde auf dem kleinen Anger in der Nähe der Gewölbebrücken, die im Jahre 1829 über die Losse und den ehemaligen Mühlgraben gebaut wurden, eine Skulptur errichtet. Dieser Platz mit der Bronzeplastik trägt daher den Namen Gänserammel. (Foto Seite 65)[11]

Im **Vorsterpark** wurde 2005 eine moderne Skulptur mit Brunnen zum „Märchen von einem, der auszog das Fürchten zu lernen“ und einem Eimer mit Gründlingen errichtet. Dieses Märchen der Brüder Grimm wurde deshalb ausgewählt, weil es von einem jungen Menschen erzählt, der ehrlich, hilfsbereit, sozial eingestellt und ohne Furcht die ihm übertragenen Aufgaben erfüllt hat, und weil die Geschichte ein so fröhliches Ende findet.[12]

Rathaus-Galerie „Kulturfitüre“
In der Rathaus-Galerie werden wechselnde Ausstellungen mit unterschiedlichen Themen sowie Kunstgegenständen gezeigt. Darüber hinaus bietet die Gemeinde Lohfelden gemeinsam mit der „Kulturfitüre im Rathaus“ ein abwechslungsreiches Kunst- und Kulturprogramm an. Konzerte, Kabarett und Theater in Lohfelden sind in der Region bekannt.
Tel. 0561 51102-70

Hessisches Kutschen- und Wagenmuseum – Das Museum informiert den Besucher darüber, wie man sich in der „guten alten Zeit" fortbewegte oder wie die Post damals den Weg zu ihren Empfängern fand. Der Trägerverein des Museums hat es sich zur Aufgabe gemacht, die Entwicklungsgeschichte der europäischen Kutschen zu dokumentieren. Zu bewundern sind verschiedene Pferdekutschen und -wagen, Pferdeschlitten, Geschirre und allerlei Zubehör rund ums Pferd. Tel. 0561 516894

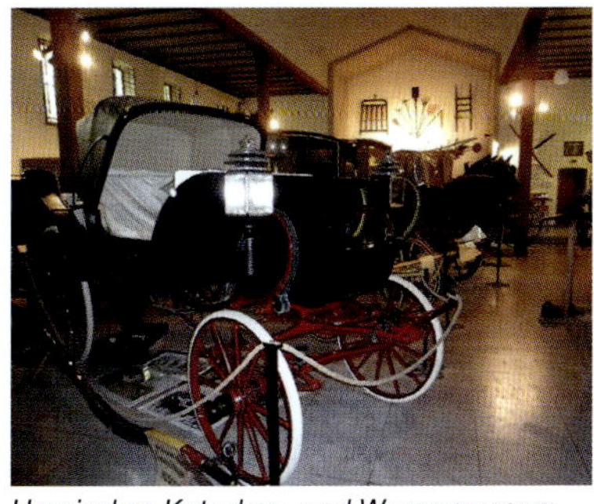

Hessisches Kutschen- und Wagenmuseum in Lohfelden, Ortsteil Crumbach „Im Vordergrund die Kutsche der ‚Kronprinzessin' Prinzessin Eitel Friedrich von Preußen" (Foto: Lothar Glebe)

Die Gemeinde Fuldabrück ist durch den freiwilligen Zusammenschluss der Gemeinden Dennhausen und Dittershausen am 01. Juli 1967 entstanden. Am 01.08.1972 wurden im Rahmen der Gebietsreform die Gemeinden Bergshausen, Dörnhagen und Fuldabrück (Dennhausen/Dittershausen) zur Gemeinde Fuldabrück zusammengeschlossen. Die räumlich auseinanderliegenden Ortsteile haben sich unterschiedlich entwickelt. Das bedeutende Gewerbegebiet von Fuldabrück befindet sich in Bergshausen, wo sich innovative mittelständische Unternehmen angesiedelt haben, die sich auf dem Weltmarkt gut behaupten können. Die Gemeinde setzt auch auf den sanften Tourismus, der im Einklang mit der Natur steht. Die einzelnen Ortsteile sind von einer herrlichen Landschaft umgeben. Entlang der in mehreren Schleifen gemächlich dahinfließenden Fulda führt der Fuldaradweg R 1 von Fulda nach Hann. Münden. Auf zahlreichen Wanderwegen durch ausgedehnte Wälder, Felder, Wiesen und in Uferbereichen der Fulda können die Wanderer und Spaziergänger die Natur genießen. Aktuelle Informationen erhalten Sie auf den Internetseiten der Gemeinde unter www.fuldabrueck.de[13]

„Als Gründer des Ortes Dörnhagen gilt der hessische Gaugraf Werner III. von Grüningen. Der Ortsname wird entweder von deru (Eiche) oder duri (dürr) abgeleitet. Der Ort wurde erstmals 1253 erwähnt."[14] Den Mittelpunkt von Dörnhagen bildet der historische Ortskern mit alten Fachwerkhäusern und dem in 2011 neu gestalteten Dorfplatz. Sehenswert ist auch die 800 Jahre alte Saalkirche mit ihren Fresken. Das alte Bauerndorf hat sich zu einer modernen Wohnsitzgemeinde entwickelt. Die Nähe zur Großstadt Kassel und zu den umliegenden Großunternehmen (z. B. VW) und die gute verkehrsmäßige Anbindung haben dies begünstigt. Zahlreiche soziale Einrichtungen für alle Bevölkerungsschichten sowie Sport- und Freizeitanlagen und ein reges Vereinsleben sind gute Grundlagen dafür, dass sich die Bewohner in Dörnhagen wohlfühlen.[15]

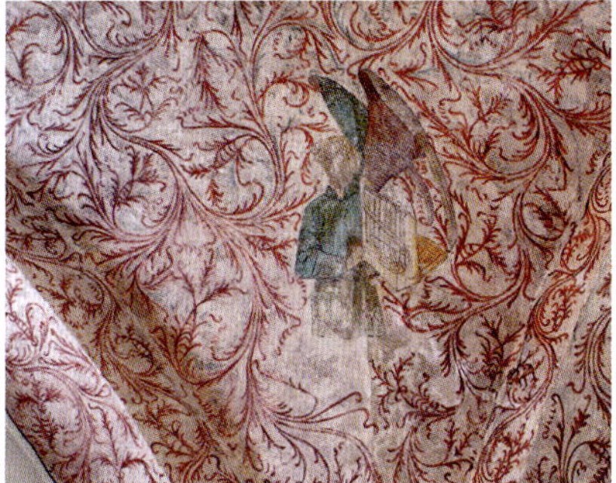

Fresken in der Saalkirche von Dörnhagen - Engel mit Handorgel (Foto: Hartmut Kipp)

W 9 Von Dörnhagen nach Großenritte

Schwierigkeit: leicht **Länge:** ca. 16,0 km
Ausgangspunkt: Bushaltestelle Siedlung in Dörnhagen (Bus 17 u 50)
Anfahrt: Kassel, Königsplatz/Mauerstraße mit Buslinie 17 bis Dörnhagen
Haltestellen: Dörnhagen (Siedlung): Bus 17 und 50
Dörnhagen (Mitte): Bus 17 und 17 E
Guntershausen (Kirche): Bus 64
Guntershausen (Bahnhof): RT 5, RT 9 und RE 5, RE 30
Hertingshausen (EKZ Ratio, Abzweig Grifte - Bus 64
Grifter Str. - Bus 50, 64
Kirchbauna (Taunusstraße): Bus 50 (Mo.-Fr.), Bus 63
Kirchbauna (Gemeindehaus): Bus 50 (Mo.-Fr.), 63
Kirchbauna (Odenwaldstraße, An der Windmühle): Bus 62
Altenbauna (Stadtmitte): Bus 51, 60, 403, Tram 5
Altenbauna (Baunataler Werkstätten): Bus 63
Großenritte (Kirche): Bus 61, (Bahnhof): Tram 5
Route: Dörnhagen – Guntershausen (5,7 km) – Tal der Bauna/Riesenstein (7,0 km) – Kirchbauna (10,6 km) – Großenritte/Bahnhof (16,0 km)

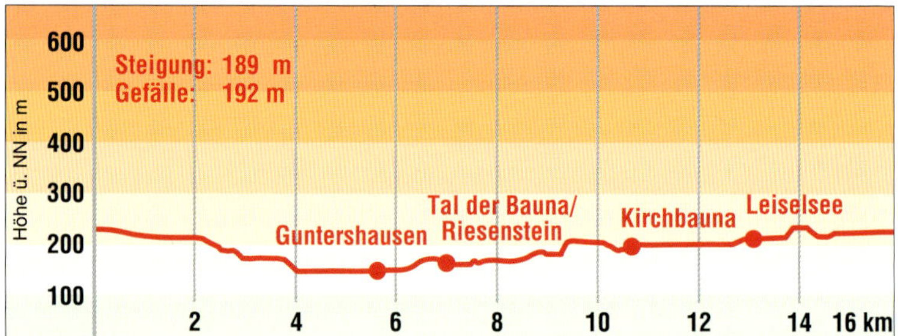

Dörnhagen – Kirchbauna

Wir starten an der Bushaltestelle „Siedlung" in Dörnhagen, gehen in die Waldstraße, dann nach rechts bis zur Melsunger Straße, biegen links ab und am neu gestalteten Dorfplatz und der Kirche vorbei zur Dennhäuser Straße. Am Weg „Zum Grenzeberg" am Ortsausgang führt uns der Kassel-Steig links in die Feldflur. Zwischen Obstgärten hindurch werfen wir nochmals einen Blick auf die schöne Dorfkirche. Wir erreichen bald die Brücke über die A7, von der wir einen weiten Blick in Richtung Norden bis zum Stahlberg und dem Reinhardswald haben. Am Waldrand geht es links auf einem Feldweg bis zur Bahnschranke an der Trasse der Bahnstrecke Kassel–Fulda. Unterwegs treffen wir auf einen gepflasterten Platz mit einem historischen Grenzstein und einer Bank, die uns zu einer Rast einlädt.

siehe Karte Seite 91

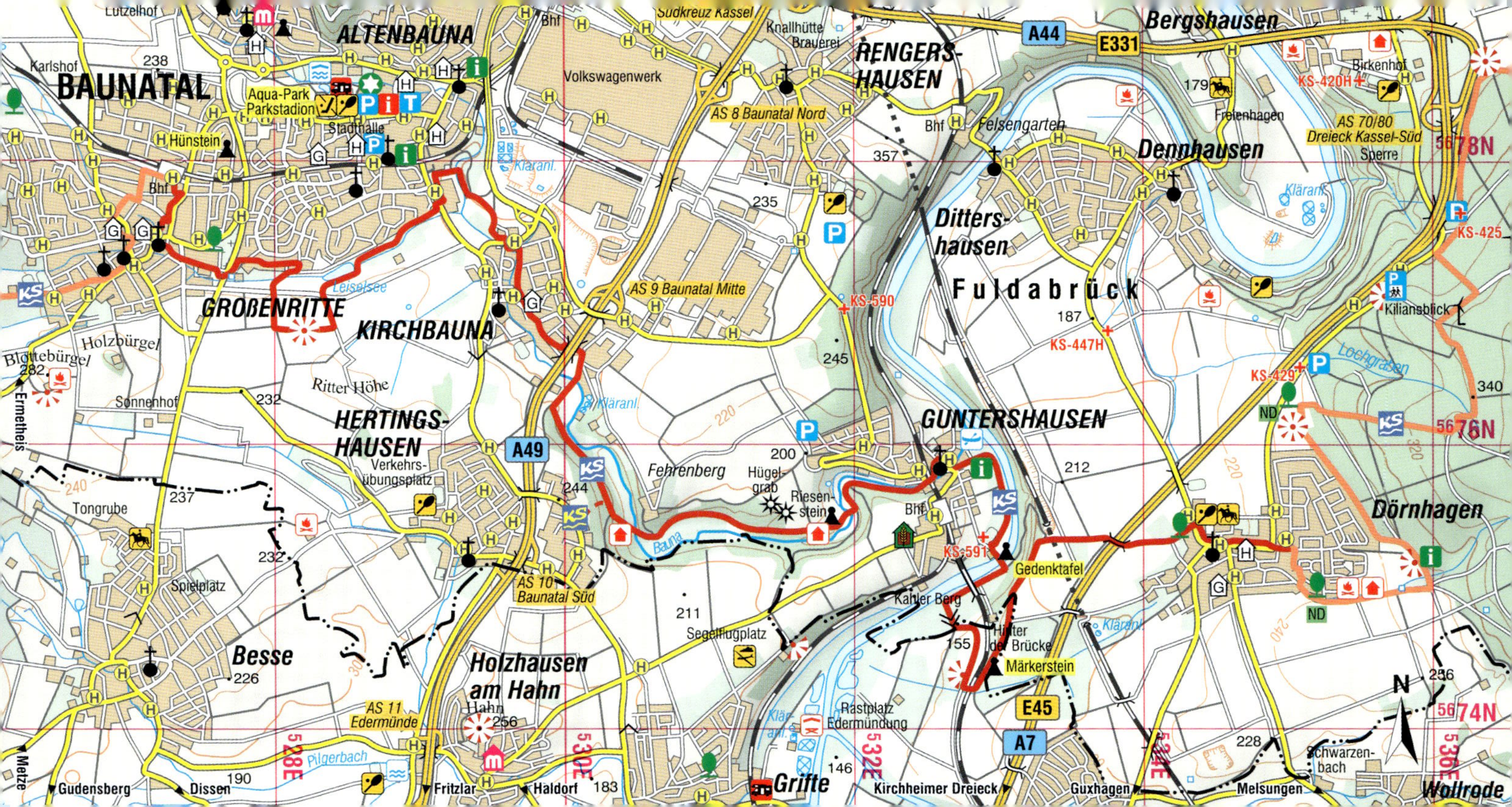
BAUNATAL
ALTENBAUNA
Aqua-Park
Parkstadion
Stadthalle
Hünstein
Karlshof
Lützelhof
Volkswagenwerk
Südkreuz Kassel
AS 8 Baunatal Nord
AS 9 Baunatal Mitte
AS 10 Baunatal Süd
AS 11 Edermünde
AS 70/80 Dreieck Kassel-Süd
Knallhütte Brauerei
RENGERSHAUSEN
Bergshausen
Freienhagen
Birkenhof
Dennhausen
Felsengarten
Dittershausen
Fuldabrück
Kiliansblick
Sperre
Lochgraben
GROßENRITTE
Leiselsee
KIRCHBAUNA
Ritter Höhe
Holzbürgel
Blottebürgel
Sonnenhof
Ermetheis
HERTINGSHAUSEN
Verkehrsübungsplatz
Tongrube
Spielplatz
Besse
Fehrenberg
Hügelgrab
Riesenstein
Bauna
Kläranl.
GUNTERSHAUSEN
Gedenktafel
Kahler Berg
Hinter der Brücke
Märkerstein
Segelflugplatz
Rastplatz Edermündung
Grifte
Holzhausen am Hahn
Hahn
Pilgerbach
Dörnhagen
Schwarzenbach
Wollrode
Gudensberg
Dissen
Fritzlar
Haldorf
Kirchheimer Dreieck
Guxhagen
Melsungen
Metze
A44
E331
A49
E45
A7
KS-420H
KS-425
KS-429
KS-447H
KS-590
KS-591
ND
Bhf
5678N
5676N
5674N
5628E
5630E
5632E
5634E
5636E
238
179
357
235
187
245
282
232
200
212
244
237
220
340
320
240
211
155
226
256
190
183
146
228
236

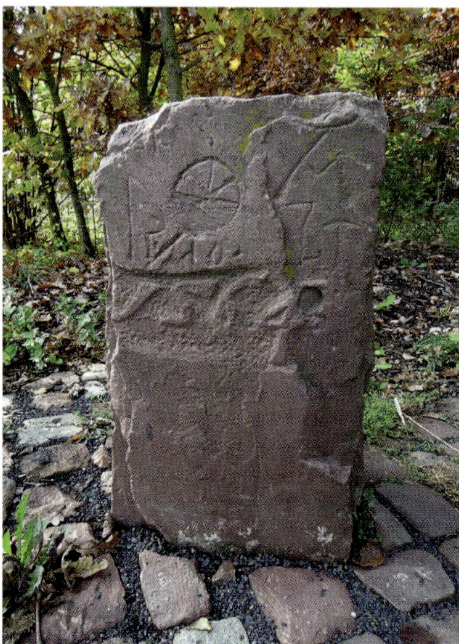

Der Märkerstein: Zeuge eines historischen Grenzstreits (Foto: Hartmut Kipp)

Eine Informationstafel beschreibt die Geschichte und damalige Bedeutung des hier aufgestellten Märkersteines. Er ist stummer Zeuge von jahrelangen Grenzstreitigkeiten zwischen den Bewohnern der Orte Guckshain (Guxhagen), Dornhain (Dörnhagen) und Griffta (Grifte) um die Nutzung des im Grenzbereich liegenden Waldgebietes Casselbusch zur Holzgewinnung und Viehmast. Der Grenzstreit war deshalb so gewichtig, weil sich hier auch die Grenzen der Ämter des Landgrafen überschnitten. Im Jahre 1564 wurden die Streitigkeiten durch die Unterzeichnung eines von dem damaligen Landgrafen Philipp des Großmütigen verfassten „Contractes“ endgültig beigelegt und die gegenseitigen Rechte und Pflichten geregelt. Zur Festlegung der Grenzen wurden neue „Malsteine“ gesetzt, dazu gehörte auch der Märkerstein. Dieser historische Grenzstein befand sich bis vor 30 Jahren unscheinbar an der ursprünglichen Stelle zwischen Dörnhagen und Guxhagen am Feldrand. Nach der Entdeckung wurde dieses Kleinod vom Regionalmuseum Fritzlar aufbewahrt und gesichert. Auf Betreiben der betroffenen Gemeinden und mit Unterstützung des Fuldabrücker Geschichts- und Heimatvereins und des Hessisch-Waldeckischen Gebirgs- und Heimatvereins Guntershausen/ Guxhagen wurde die Geschichte aufgearbeitet und der Stein als Dauerleihgabe an seinen Ursprungsort zurückgebracht. Die über der Jahreszahl eingemeißelten berufsständigen Symbole für Bauern, Hufschmied, Landwirt und Wagner lassen Rückschlüsse auf die Personen oder Berufsgruppen zu, die an der Grenzregelung beteiligt waren.[1]

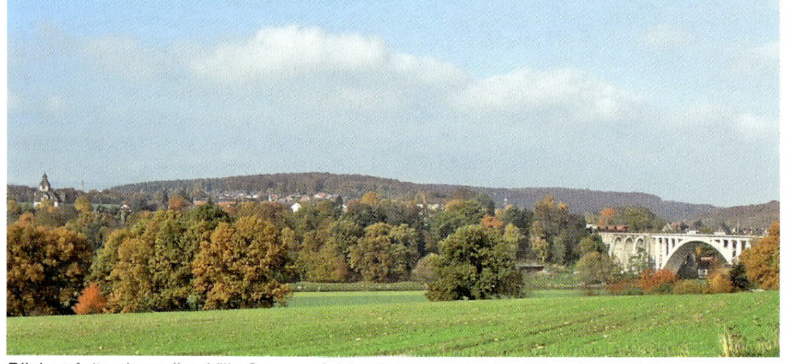

Blick auf die ehemalige Villa Sommerfeld mit dem markanten Türmchen – links und die Eisenbahnbrücke bei Guntershausen – rechts (Foto: Hartmut Kipp)

Die touristischen Informationsstellen der Städte und Gemeinden finden Sie auf Seite 120

Nach Überqueren der Bahngleise gehen wir rechts auf einem asphaltierten Weg, der bei Erreichen der Fulda auf den Fuldaradweg R1 stößt, bis zur Brücke über die Fulda. Von der Höhe haben wir einen herrlichen Blick auf die Eisenbahnbrücke bei Guntershausen, einem Ortsteil der Stadt Baunatal, die die Fulda majestätisch überspannt.

Der Ort war Mitte des 19. Jahrhunderts Eisenbahnknotenpunkt. Die Main-Weser-Bahn verkehrte zwischen Kassel – Frankfurt. Die Friedrich-Wilhelms-Nordbahn, die von Westfalen über Kassel, Bebra, Halle nach Berlin fuhr, zweigte in Guntershausen ab. Die in 1848 neu errichtete Brücke über die Fulda war 283 m lang und etwa 27 m hoch. Sie hatte 13 Bögen mit einer Spannweite von je 15 m. „Mit diesen Ausmaßen war sie damals die größte Eisenbahnbrücke Deutschlands. Im Zweiten Weltkrieg wurden die sieben mittleren Bögen der Brücke zerstört. 1952 wurde sie in der heutigen Form neu aufgebaut. Guntershausen gehörte damals mit zu den sogenannten Fürstenbahnhöfen.[2] „Es handelte sich dabei um ein ‚Fürstenzimmer', das nur ‚hochgestellte' Persönlichkeiten betreten durften. Dieses kurfürstliche Wartezimmer ist heute nicht mehr erhalten."[3]

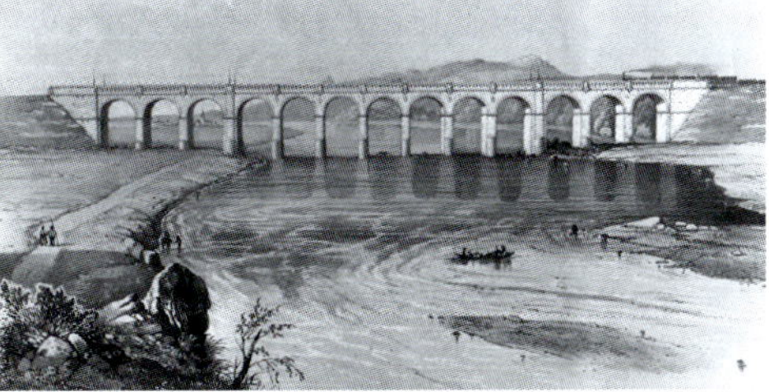

Die Eisenbahnbrücke über die Fulda bei Guntershausen um 1848 (Foto: Stadtarchiv Baunatal)

Von den älteren Gebäuden in Guntershausen hat vor allem das 1851 erbaute Hotel Bellevue Geschichte geschrieben. Es profitierte davon, dass Guntershausen Umsteigebahnhof war z. B. für Reisende, die von Berlin nach Frankfurt wollten. Wenn der nächste Zug erst am folgenden Tag fuhr, hatten sie die Möglichkeit, im Hotel Bellevue zu übernachten. Zu Gast waren nicht nur der Reichskanzler Otto von Bismarck, sondern auch Fürsten und Regenten von anderen Staaten. Der Überlieferung nach sollen in dem ehrwürdigen Hotel auch Kaiser Wilhelm I. und Zar Alexander II. von Russland bei ihren Reisen durch Kurhessen übernachtet haben. Durch den Bau einer kürzeren Strecke von Frankfurt nach Bebra verlor Guntershausen mehr und mehr seine Bedeutung als Knotenpunkt und Umsteigebahnhof, so dass auch das Hotel nicht mehr wirtschaftlich betrieben werden konnte. Schließlich wurde das Gebäude um 1900 von der Evangelischen Kirche von Kurhessen-Waldeck gekauft. Heute befindet sich in dem inzwischen erweiterten Gebäudekomplex das Marie-Behre Altenhilfszentrum der Stiftung Kurhessisches Diakonissenhaus Kassel.[4]

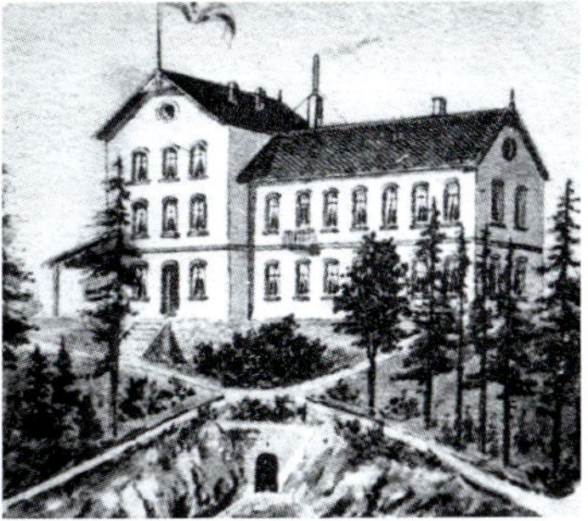

Das Hotel Bellevue in Guntershausen um 1851 (Foto: Stadtarchiv Baunatal)

Wir wandern bergab; links entlang des Kassel-Steigs fließt die Fulda in Richtung Hann. Münden, wo sie sich zusammen mit der Werra zur Weser vereint. Nicht weit von Guntershausen mündet die Eder in die Fulda. Dieser idyllische Abschnitt des Fuldatals wird von teils bewaldeten Hängen einge-

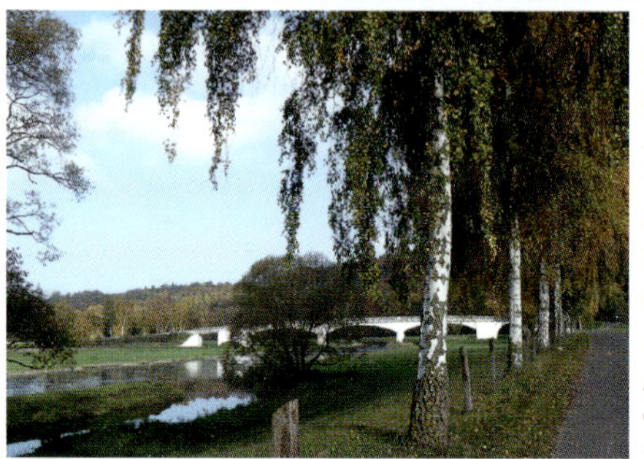

rahmt. Der Uferbereich ist das Domizil vieler Graugänse. In letzter Zeit sind hier auch Nilgänse heimisch geworden, die an dem Gesichtsfleck, dem roten Halsring, dem braunen Bauchfleck und den auffallend langen rosa Beinen zu erkennen sind.

Ein idyllischer Wanderabschnitt entlang der Fulda (Foto: Lothar Glebe)

Die neu erbaute Eisenbahnbrücke mit ihren sechs kleinen und einem großen, durchgehenden Rundbogen ist auch aus dieser Perspektive schön anzuschauen. Ein kleiner heller Sandstein im Brückenpfeiler zeigt den Stand des Hochwassers nach der Sprengung der Edertalsperre im Jahr 1943 an. Auf der gegenüberliegenden Höhe liegt die Villa Sommerfeld. Der eigenwillige Turm mit dem Fachwerkaufbau ist von weitem zu erkennen. Einige Zeit hat diese malerische Villa ein Restaurant beherbergt. Vor einigen Jahren hat die Baunataler Diakonie Kassel e. V. das Gebäude als Wohnsitz für Behinderte erworben.

Beim Überqueren der Fulda über die Wirtschaftsbrücke erinnert eine Gedenktafel an einen entsetzlichen Unfall und an eine grausame Entdeckung. Beim Fischfang auf der Fulda kenterte bei starkem Hochwasser durch unglückliche Umstände im Herbst 1924 das Boot der Familie Dieling aus Wagenfurth in der Nähe von Lobenhausen. In dem Boot saßen drei erwachsene Kinder der Familie, die sich wegen der reißenden Strömung nicht retten konnten. „Die Leiche der ältesten Tochter wurde nie gefunden. Den toten Sohn entdeckte man erst Wochen später am Ufer zwischen Dittershausen und Dennhausen. Geradezu grauenvoll sind die Geschehnisse um die tote Elisabeth, verheiratete Ebert. Im Spätsommer 1924 hatte man bei Guntershausen mit dem Bau einer Fuldabrücke begonnen. Wegen des Hochwassers wurden die Arbeiten schon bald wieder eingestellt und erst im Frühjahr 1925 wieder aufgenommen. Nachdem die Brückenpfeiler gegossen waren, entfernten die Bauarbeiter die Verschalungen. An einem Pfeiler machten sie eine unglaublich grausame Entdeckung, ihnen ragte eine Hand entgegen. Die Leiche der Elisabeth Ebert hatte sich im Drahtgeflecht verfangen und war einbetoniert worden. Sie konnte einwandfrei identifiziert werden. Im Einvernehmen mit den Angehörigen hatte man auf eine Bergung des Leichnams verzichtet. Und so wurde der Brückenpfeiler zum Grab der jungen Frau. Nach der Fertigstellung der Brücke im Jahre 1925 ist eine Gedenktafel angebracht worden. Im Rahmen von Sanierungsarbeiten an dem Bauwerk im Jahre 1985 erneuerte man auch die Gedenktafel.“ [5]

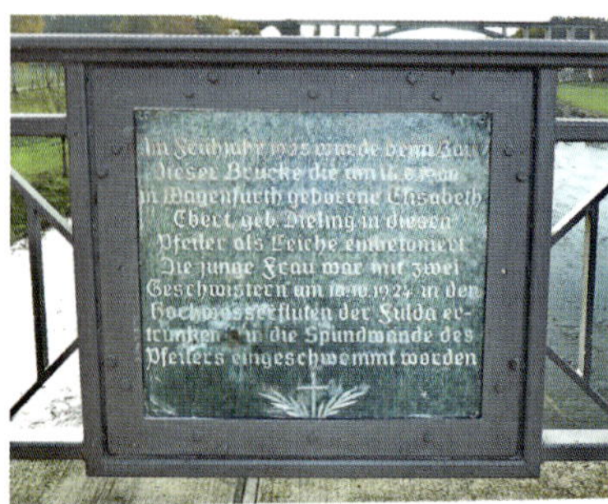

Gedenktafel für Elisabeth Ebert am Geländer der Wirtschaftsbrücke (Foto: Lothar Glebe)

Hinter der Brücke treffen wir auf den Eco Pfad „Kulturgeschichte Guntershausen“. Dieser 4,7 km lange Rundweg informiert darüber, wie sich das früher landwirtschaftlich geprägte Dorf im Laufe der Jahrhunderte verändert hat. Neben der Bedeutung als Eisenbahnknotenpunkt werden auf weiteren Informationstafeln die Geschichte der Kirche, des Schulhauses, der Guntershäuser Mühle und die Bedeutung eines Riesensteines, der 1937 in der Nähe von Guntershausen gefunden wurde, erläutert.

Neben der Bank am Sportplatz entdecken wir die Märchenfigur „Sterntaler“, die an die Märchensammlungen der Brüder Grimm erinnert. Der Kassel-Steig führt nun ein Stück auf dem Eco Pfad rechts am Sportplatz vorbei an der Fulda entlang. An einer schön gelegenen Sitzgruppe biegen wir links ab. Über den Gemeindeweg und die Dorfstraße kommen wir zur neuen Kirchgasse. An der 1912 erbauten Dorfkirche werfen wir einen Blick auf die hier aufgestellte Informationstafel. Es geht zurück zur Dorfstraße. Nahe der 3-bogigen, aus hellen Sandsteinblöcken erbauten Baunabrücke, biegen wir links ab, überschreiten die Bauna über eine kleine Brücke und gehen dann nach rechts weiter. Die Bauna entspringt am Südhang des Habichtswaldes und mündet in Guntershausen in die Fulda.

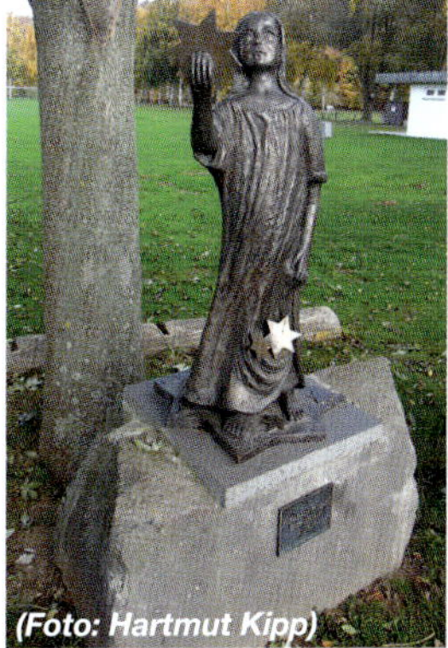
(Foto: Hartmut Kipp)

„Sterntaler“ Künstlerin Erika-Maria Wiegang
Öffentlicher Besitz: Stadt Baunatal

Wir wandern nun durch das reizende Tal der Bauna mit seinen ausgedehnten Weideflächen. Es bieten sich immer wieder schöne Durchblicke auf die gegenüberliegenden bewaldeten Hänge. Die Stille, die den Wanderer in dieser schönen Landschaft umgibt, ist wohltuend und verleitet dazu, sich einen Liegeplatz zu suchen, um hier abzuschalten bzw. zu entspannen und die Natur zu genießen. Wir wechseln mehrmals die Uferseite. Der Weg ist abwechslungsreich, er führt auf und ab.

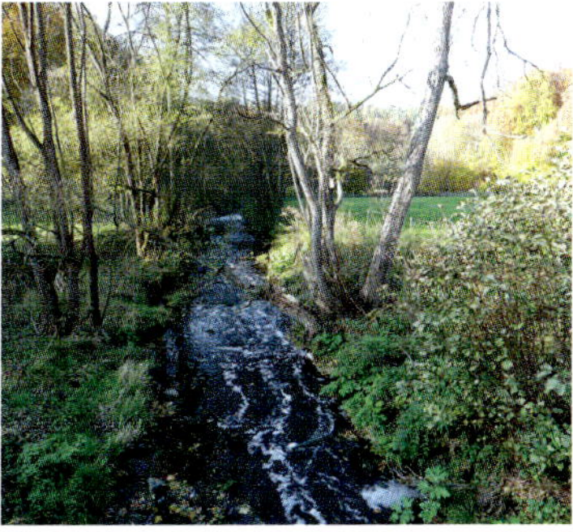
Ein Blick in das reizende Tal der Bauna (Foto: Lothar Glebe)

Auf einem höher gelegenen Teilstück entdecken wir erneut ein Naturdenkmal, den Riesenstein. „Dieser Menhir, der etwa 3000 Jahre v. Chr. aufgestellt wurde, ist ein unbehauener Stein, der deshalb auch als Megalith bezeichnet wird. Dieser Quarzitblock wurde nicht künstlich behauen, sondern erhielt durch Verwitterungseinflüsse seine heutige Form. Die beiden oben befindlichen Schalen, eine künstliche Opferrinne und zahlreiche napfenförmige Vertiefungen lassen darauf schließen, dass dieser Stein rituellen Zwecken diente und der frühere Standort eine Opferstätte oder ein Festplatz war.“ [6] An dieser Stelle ist auch eine Informationstafel aufgestellt.

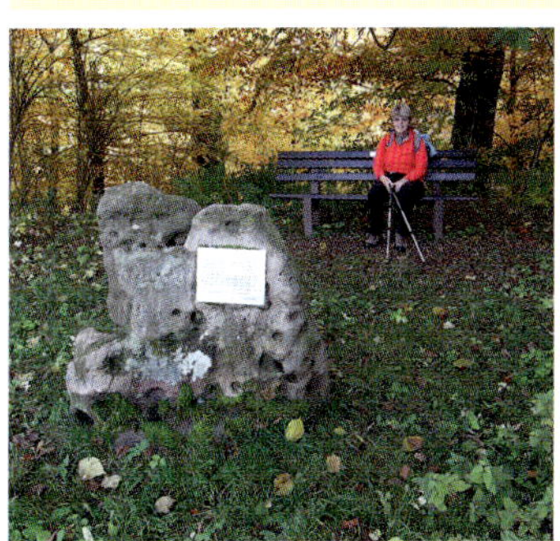
Der etwa ein Meter hohe Riesenstein bei Guntershausen (Foto: Hartmut Kipp)

Hier befindet sich auch der Rastplatz „Riesenstein“ mit einer Schutzhütte. Nach dem Überqueren der zweiten Brücke über die Bauna kommen wir zum Rastplatz „Höllewiesenhütte“. Hier verengt sich das Tal. Wir tauchen ein in einen dichten Buchenwald. Bald erblicken wir die ersten Häuser von Kirchbauna, einem weiteren Ortsteil von Baunatal. Am Waldrand befindet sich der Rastplatz „Altes Holz“. An dieser Stelle verweist eine Tafel auf die alte Frankfurter Landstraße, die von Kassel kommend über die Knallhütte bei Rengershausen und Kirchbauna hier entlang führte. Von diesem Platz aus gibt es einen Zuweg nach Hertingshausen.

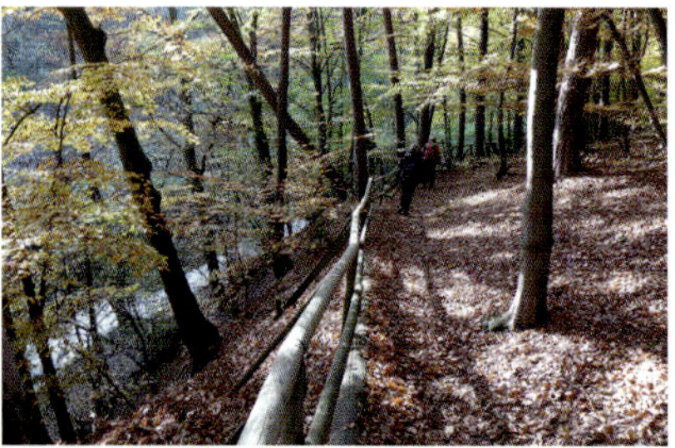

Ein wunderschöner Wanderweg im Tal der Bauna. (Foto: Lothar Glebe)

Landgraf Friedrich II. ließ 1776 etwa 200 m weiter eine Steinbrücke über die Bauna in Trockenbauweise errichten. Kurfürst Wilhelm II. führte die Frankfurter Landstraße 1826 durch die Gemarkung Kirchbauna über einen hohen Damm und eine 18 m hohe Bogenbrücke, die Wilhelmsbrücke. Zur Deckung der Kosten wurde in einem „Chausseehaus“ Brückenzoll erhoben. In den Annalen des Pfarrdorfes Kirchbauna war zu lesen, „dass die hohe Frankfurter Straße durch ein vortreffliches Werk durch den hohen Wilhelmsdamm mit feiner Brücke über das Thal getragen wird“. Die schöne Wilhelmsbrücke gibt es leider nicht mehr, weil sie dem Bau der A 49 im Jahre 1973/74 weichen musste.[7]

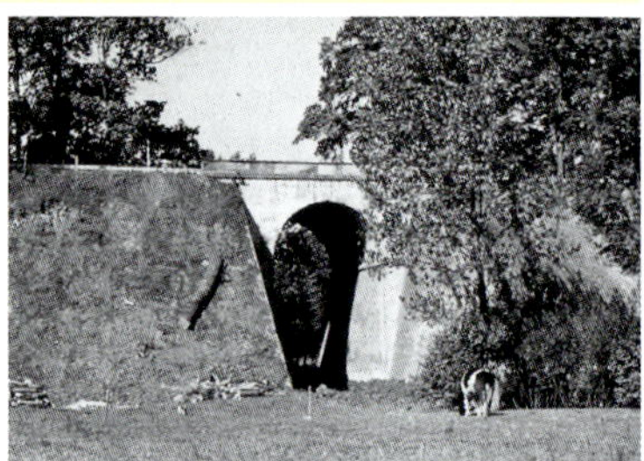

Der historische Wilhelmsdamm mit der Wilhelmsbrücke um 1973/74 bei Kirchbauna (Foto: Stadtarchiv Baunatal)

Hier berühren wir den neuen Eco Pfad „Kulturgeschichte von Kirchbauna und Hertingshausen“, der im Juni 2012 eröffnet wurde. Wir biegen links ab und wandern auf einem asphaltierten Weg eine Grünfläche hinauf, gehen unter der Brücke der A 49 hindurch und gelangen über die Hermann-Schafft-Straße und die Straße „Am Graben“ zum Dorfkern von Kirchbauna. Auf diesem Streckenabschnitt befinden sich vier Tafeln, die über den vorgenannten historischen Wilhelmsdamm, die ehemaligen Gasthäuser entlang der alten Frankfurter Straße, das alte Backhaus im Ortskern und die Wehrkirche von Kirchbauna informieren.

Das Dorf Kirchbauna, heute ein Ortsteil der Stadt Baunatal, wurde erstmals 1123 in einer Urkunde erwähnt, mit der Erzbischof Adalbert I. von Mainz dem Kloster Hasungen Schenkungen in Aldenbune (Altenbauna) und Kilechbune (Kirchbauna) bestätigte. Der malerische Ort an der Bauna wird von der mittelalterlichen Wehrkirche überragt. Diese Kirche diente dem Schutz der Bevölkerung, sie war damals Zufluchtsstätte für Mensch und Vieh. Hiervon zeugen die gotische Wehr-Kirchhofsmauer mit Schießscharten, Kragsteine des Wehrgangs (Wandvorsprung) und zwei Spitzbogenportale, die noch vollständig erhalten sind. Der heutige Kirchenbau stammt von 1773. Zum Kirchspiel Kirchbauna gehörten früher Altenbauna, Rengershausen und Hertingshausen.

Die Geschichte der Kirche ist auf einer metallenen Tafel nachzulesen. Die evangelische Kirchengemeinde ist rundum zufrieden mit der Renovierung der Kirche im Jahre 2010. Der Farbton altrosa entspricht dem Anstrich der Wände zum Zeitpunkt der Erbauung der Kirche im Jahr 1773.[8]

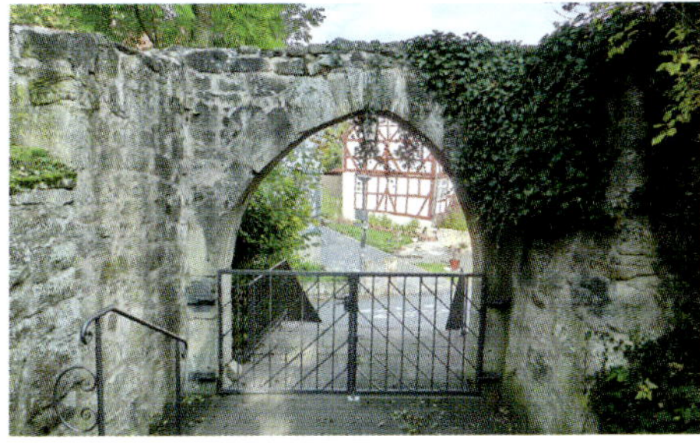

Spitzbogenportal in der Kirchhofsmauer der Wehrkirche Kirchbauna (Foto: Lothar Glebe)

Kirchbauna – Großenritte

Kirchbauna hat einen kleinen malerischen Dorfkern mit alten Fachwerkhäusern. Der idyllische Wanderweg führt über die Söhrestraße an der langsam dahinplätschernden Bauna entlang. Nach Überqueren der Hunsrückstraße wandern wir durch eine ausgedehnte Grünfläche am Rande des Hauptfriedhofs von Baunatal. Die Bauna ist weiterhin unser Begleiter. Der Kassel-Steig führt nun durch eine gepflegte Kleingartenanlage, überquert die Bauna über eine der 38 Brücken, die es allein in Baunatal gibt, und biegt links ab. Ein Fußweg entlang eines Kreuzweges mit 15 Stationen leitet uns zum Stadtteil Altenbauna, wo sich das Rathaus, die Stadthalle und alle zentralen Einrichtungen der Stadt Baunatal befinden. Wir stoßen auf die viel befahrene Kirchbaunaer Straße. Von hier aus sind es ca. 400 m zum ZOB (Zentraler Omnibusbahnhof) von Baunatal. Wir biegen links in die Kirchbaunaer Straße und gehen an den Baunataler Werkstätten für Behinderte vorbei. An der nächsten Ampel überqueren wir die Straße und gehen noch ein Stück in der gleichen Richtung weiter bis zur Bebauungsgrenze. Hier biegt der Kassel-Steig rechts ab und führt nun langsam ansteigend durch den Leiselpark entlang der Leisel in Richtung Westen nach Großenritte. Die Stadt Baunatal hat hier einen sogenannten Babywald angelegt, in dem bei Geburt eines neuen Baunataler Erdenbürgers von Repräsentanten der Stadt zusammen mit der betroffenen Familie im Rahmen einer feierlichen „Zeremonie“ ein Baum gepflanzt wird. Bald erreichen wir den Leiselsee. Dieses Freizeit- und Erholungsgebiet wird von den Baunataler Bewohnern gern aufgesucht. Viele Bänke laden unter schattigen Bäumen zum Verweilen ein. Am Ende des Waldgebietes halten wir uns links und wandern durch die Flur, den Hang hinauf, überqueren den nächsten asphaltierten Feldweg

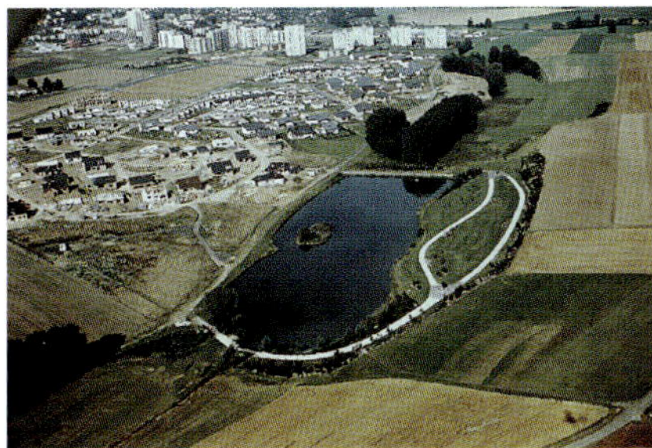

Der Leiselpark mit dem Leiselsee in der Entstehungsphase (Foto: Stadtarchiv Baunatal)

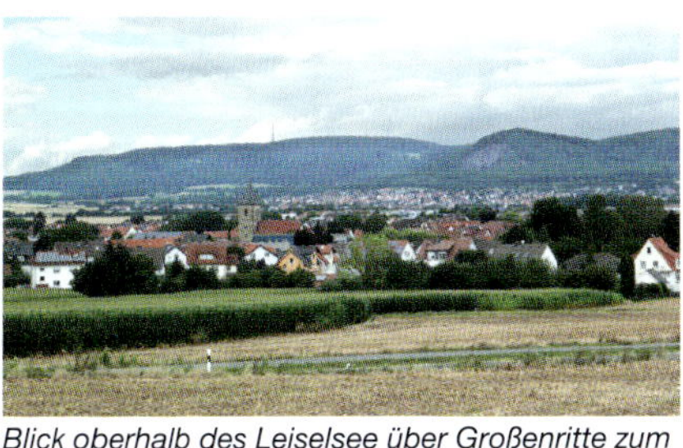

Blick oberhalb des Leiselsee über Großenritte zum Essigberg und den Hirzstein (Foto: Lothar Glebe)

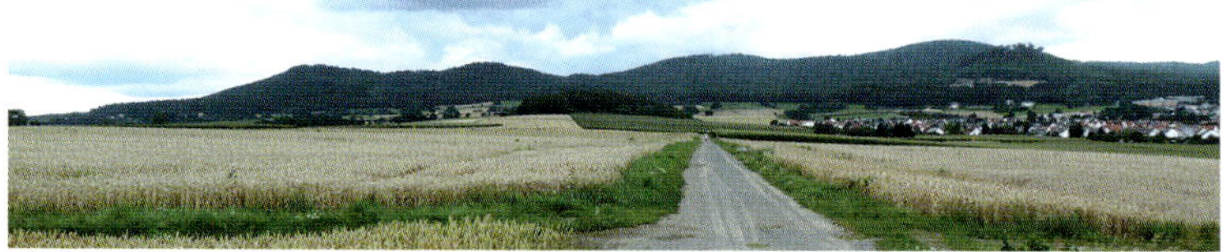

Die Silhouette des Langenberg (Foto: Lothar Glebe)

und biegen auf dem höchsten Punkt rechts ab. Von dieser Höhe haben wir eine fantastische Aussicht. Vor uns liegt die Stadt Baunatal. Dahinter zeigt sich der südliche Habichtswald mit allen Erhebungen (Ahrensberg, Hohes Gras, Kaulenberg, Großes und Kleines Herbsthaus, Hirzstein und Brasselsberg). Rechter Hand erblicken wir die Baunsberge. Im Westen erstreckt sich der Langenberg vom Bilstein im Süden über den Laufskopf, Burgberg, Schwengeberg, Saukopf, Sandbusch und die Schauenburg im Nordwesten. Den übernächsten Feldweg biegen wir erneut rechts ab, überqueren wieder den asphaltierten Feldweg sowie die Leisel und wandern links am Rande der Siedlung an einer Grünfläche vorbei, immer den Langenberg vor Augen. Das Klärwerk Leisel lassen wir links liegen, unterqueren die Schulze-Delitzsch-Straße, passieren den Friedhof von Großenritte und münden in den Kasselweg. Über den Kirchweg und die Straße „In der Simmete" führt der Kassel-Steig in die Ortsmitte von Großenritte, unserem Etappenziel.

Bei Ausgrabungen im Bereich Großenritte wurden Keramikscherben, ein Steinbeil und Feuersteinsplitter aus der Steinzeit gefunden und ein 2 m großer und etwa 4 t schwerer Quarzitblock freigelegt. Der Menhir (genannt Hünstein) und die Funde belegen, dass dieses Gebiet schon in vorchristlicher Zeit besiedelt wurde. Dieses älteste Kulturdenkmal Baunatals steht in der Nähe der Tram Haltestelle Hünstein.[9]

Großenritte wurde erstmals im Jahre 775 urkundlich erwähnt. In diesem Jahr übergab Erzbischof Lullus die Besitzungen des Klosters Hersfeld an Karl den Großen, zu denen auch Grundbesitz in „Rittahe" (dem späteren Ritte) gehörte. Dies ergibt sich aus dem Güterverzeichnis des Klosters. Dieses Verzeichnis, „Breviarium Sancti Lulli" genannt, gehört zu den wichtigsten Quellen aus der Karolingerzeit. Es wird im Staatsarchiv in Marburg aufbewahrt. Im 14. Jh. wurde das Rittergeschlecht Riedesel vom hessischen Landgrafen Heinrich II. mit Gütern zu „Grosin-Ritte" und in „Wenigen Ritte" belehnt. Daraus wurden die Bezeichnungen Großenritte und Altenritte abgeleitet.[10]

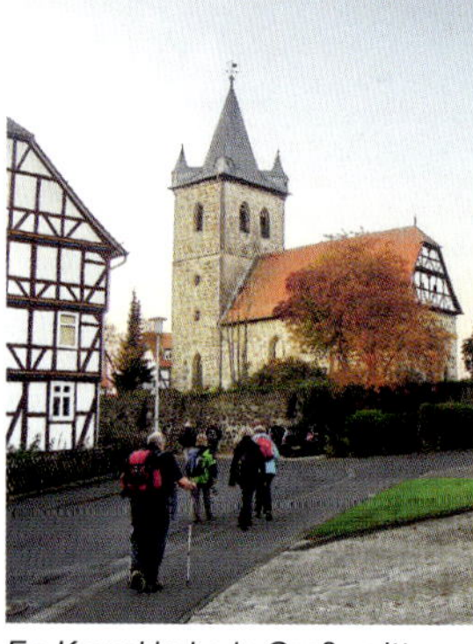

Ev. Kreuzkirche in Großenritte (Foto: Hartmut Kipp)

Die einschiffige, aus Sandstein erbaute evangelische Kreuzkirche stammt aus dem frühen 16. Jahrhundert. Sie steht auf einem Tuffsteinfelsen und bildet das Wahrzeichen von Großenritte. Die Jahreszahl 1512 wurde im Südportal der Kirche eingemeißelt. Der 36 m hohe wuchtige Wehrturm wurde 1556 fertiggestellt. Die Kirche wurde im Laufe der Zeit mehrmals aufwändig renoviert und saniert. Die Großenritter sind stolz auf ihre in neuem Glanz erscheinende ev. Kreuzkirche, die erst seit 1959 diesen Namen trägt und feierten in 2012 das 500-jährige Jubiläum ihres Gotteshauses. Die Kirche mit dem alten Pfarrhaus und dem früheren Schulhaus bilden ein sehenswertes Fachwerkensemble. Am Südportal der Kreuzkirche findet man den Peststein, der an die schlimme Zeit der Pest im Mittelalter erinnert. Es handelt sich um den Grabstein des Pfarrers Jost Lampmann, dem 11 seiner 12 Kinder in jungen Jahren verstarben, 5 davon im Pestjahr 1597.[11]

Über die Straße „Unter den Linden", die Erbsgasse, den Grünen Weg, die Bahnhofstraße, die Moltkestraße und die Bismarckstraße kommen wir zum Bahnhof in Großenritte, wo der Wanderabschnitt 9 endet.

Baunatal entstand durch den Zusammenschluss der ehemals selbständigen Gemeinden Altenbauna, Altenritte, Kirchbauna, Großenritte, Hertingshausen, Rengershausen und Guntershausen zwischen 1964 und 1972 als Folge der Ansiedlung eines Werkes der Volkswagen AG im Jahre 1957. Die Stadtrechte wurden am 1.7.1966 verliehen. Die einzelnen Dörfer blicken auf eine jahrhundertealte wechselvolle Geschichte zurück. Funde weisen darauf hin, dass das fruchtbare Gebiet des Baunatales schon in vor- und frühgeschichtlicher Zeit besiedelt war. Baunatal bezeichnet sich als junge Stadt im Grünen mit Zukunft, die über eine enorme Wirtschaftsdynamik verfügt. Sie wirbt mit preiswerten Industrie- und Gewerbeflächen und einer beispielhaften Infrastruktur im Sozial- und Freizeitbereich für den Standort Baunatal in der Wirtschaftsregion Kassel.[12]

Das VW Werk Kassel in Baunatal ist mit rd. 17.000 Mitarbeitern der größte Arbeitgeber in Nordhessen. Hier werden Schalt-, Automatik- und Allradgetriebe für den Volkswagenkonzern, aber auch für andere Automobilhersteller gebaut. Die Produktion wurde inzwischen um den Bau von Elektromotoren erweitert. Dies ist ein deutlicher Beweis für die Innovationskraft und Entwicklungsfähigkeit dieses Werkes. Seit 1994 ist Baunatal auch der Standort des größten Originalersatzteilezentrums (OTC) von VW, Audi, Seat und Skoda in Europa. Dieses versorgt VW- und Audi-Partner in aller Welt mit Ersatzteilen.

In sieben Stadtteilen von Baunatal erblicken die Besucher immer wieder künstlerisch gestaltete VW-Käfer-Modelle im Maßstab 1:2. Diese Idee entstand zum 50-jährigen Bestehen des Werkes der Volkswagen AG in Baunatal. Die Modelle wurden durch die Stadtverwaltung verkauft, konnten dann vom Käufer künstlerisch gestaltet werden und wurden danach in den verschiedenen Stadtteilen aufgestellt. Mit viel Ideenreichtum wurden die Modelle durch Kinder der Baunataler Schulen, durch Künstler und verschiedene Firmen gestaltet und sind heute schöne Fotomotive. Alle Modelle kann man sich ansehen unter: www.baunataler-kaefer.de[13]

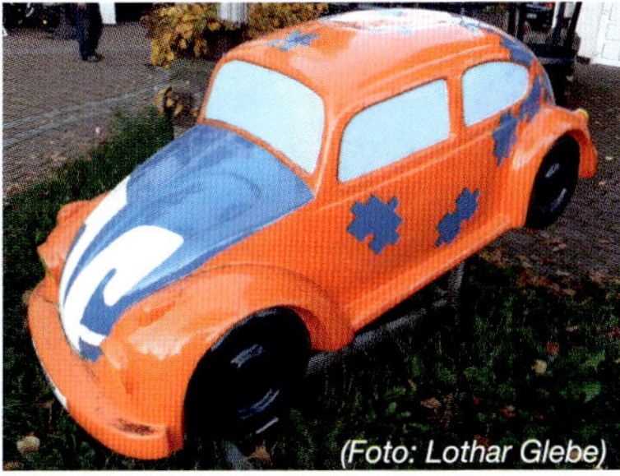
(Foto: Lothar Glebe)

„Vreddy" VW-Käfer-Modell im Maßstab 1:2
Künstler: Klasse 9a der Erich-Kästner-Schule
Sponsor: Raiffeisenbank eG Baunatal

Besichtigungen – Das Heimatmuseum Hessenstube in der Ritterstraße 1 in Baunatal-Altenritte (Tel. 0561 4992-137 oder 4992-0) zeigt die Lebens- und Arbeitswelt der Menschen in den agrarisch-handwerklich geprägten Dörfern des Baunatals von der zweiten Hälfte des 19. Jh. bis in die 1930er Jahre. Das **Stadtmuseum** im Mühlberg 4 in Baunatal-Altenritte (Tel. 0561 4992137 oder 4992-0) wurde am 30.05.1999 eingeweiht. Es vermittelt Einblicke in die Geschichte Baunatals im 20. Jahrhundert mit dem Schwerpunkt Industrialisierung der Region und Entwicklung der Stadt Baunatal.

W 10 Von Großenritte nach Hoof

Schwierigkeit: mittelschwer **Länge:** ca. 12,5 km
Ausgangspunkt: Haltestelle Bahnhof in Baunatal, Stadtteil Großenritte
Anfahrt: Kassel, Königsplatz mit Tram 5 bis Bahnhof Großenritte
Haltestellen: Hoof (Bahnhof, An der Kirche): Bus 52, 53
Route: Großenritte – Burgberg (4,0 km) – Wassertretstelle am Trineplatz (5,7 km) – Gertrudenstift (6,6 km) – Hoof (12,5 km)

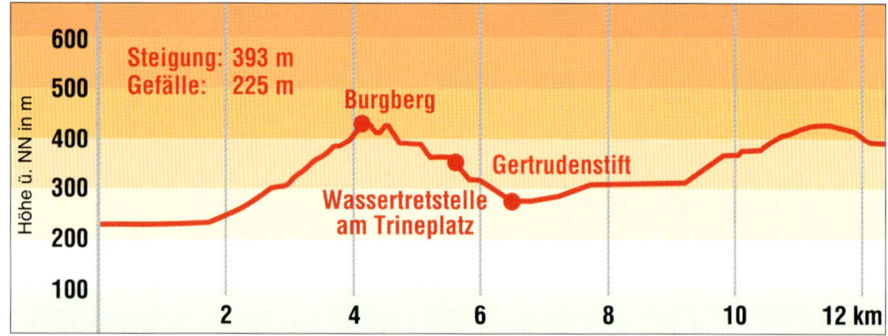

Der Kassel-Steig beginnt auf dieser Etappe am Tram-Bahnhof in Großenritte. Wir gehen zunächst rechts die Schauenburger Straße entlang und biegen dann links in die Raiffeisenstraße. Über die Moltkestraße, die Schulstraße, die Elgershäuser Straße und die Kampstraße erreichen wir den schön gestalteten Dorfplatz. Rund um diesen Platz, der zum Verweilen einlädt, befinden sich zahlreiche Fachwerkhäuser, die aus einer Zeit stammen, als Großenritte noch vom Handwerk und der Landwirtschaft geprägt war. In Großenritte wurde 2014 ein neuer Eco Pfad „Kulturgeschichte Großenritte" eingeweiht. Es ist der dritte Eco Pfad, der durch Baunatal führt und den Kassel-Steig berührt. An einigen bedeutenden Stationen werden Informationstafeln aufgestellt, dazu gehören auch der Burgberg, das Gertrudenstift und die Kreuzkirche.

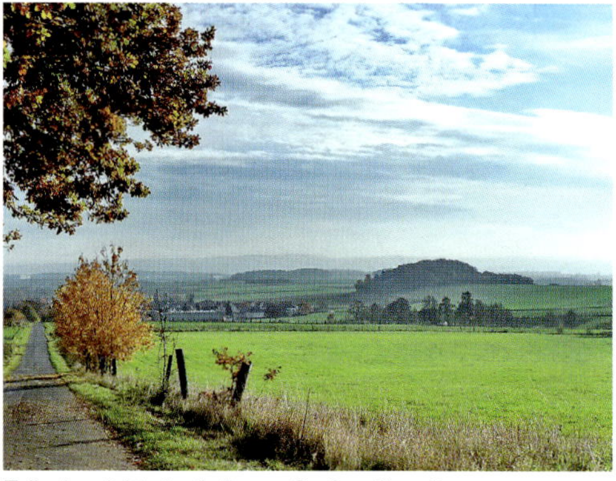

Tolle Aussicht oberhalb von Großenritte mit der Söhre im Hintergrund (Foto: Lothar Glebe)

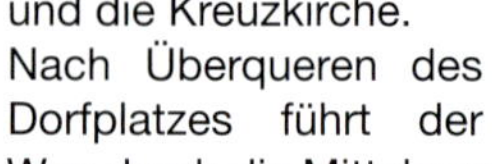

Nach Überqueren des Dorfplatzes führt der Weg durch die Mittelgasse und links über die Besser Straße zur Niedensteiner Straße, in die wir rechts einbiegen. Nach etwa 200 m zweigt der Kassel-Steig rechts ab in die Gänsefeldstraße. Im weiteren Verlauf geht es durch Wiesengelände stetig bergauf, vorbei an der Kulturhalle, die an der Straße „Am Sportplatz" liegt. Vor uns haben wir den Burgberg (440 m) und die weiteren Erhebungen des Langenberg ständig im Blick. Dies sind von links der Bilstein (459 m), der Bensberg (465 m), der Laufskopf (535 m), der Schwengeberg (557 m), der Saukopf (511 m) und die Schauenburg bei Hoof (500 m). Am Waldrand angekommen, bewundern wir die fantastische Aussicht über

Die touristischen Informationsstellen der Städte und Gemeinden finden Sie auf Seite 120

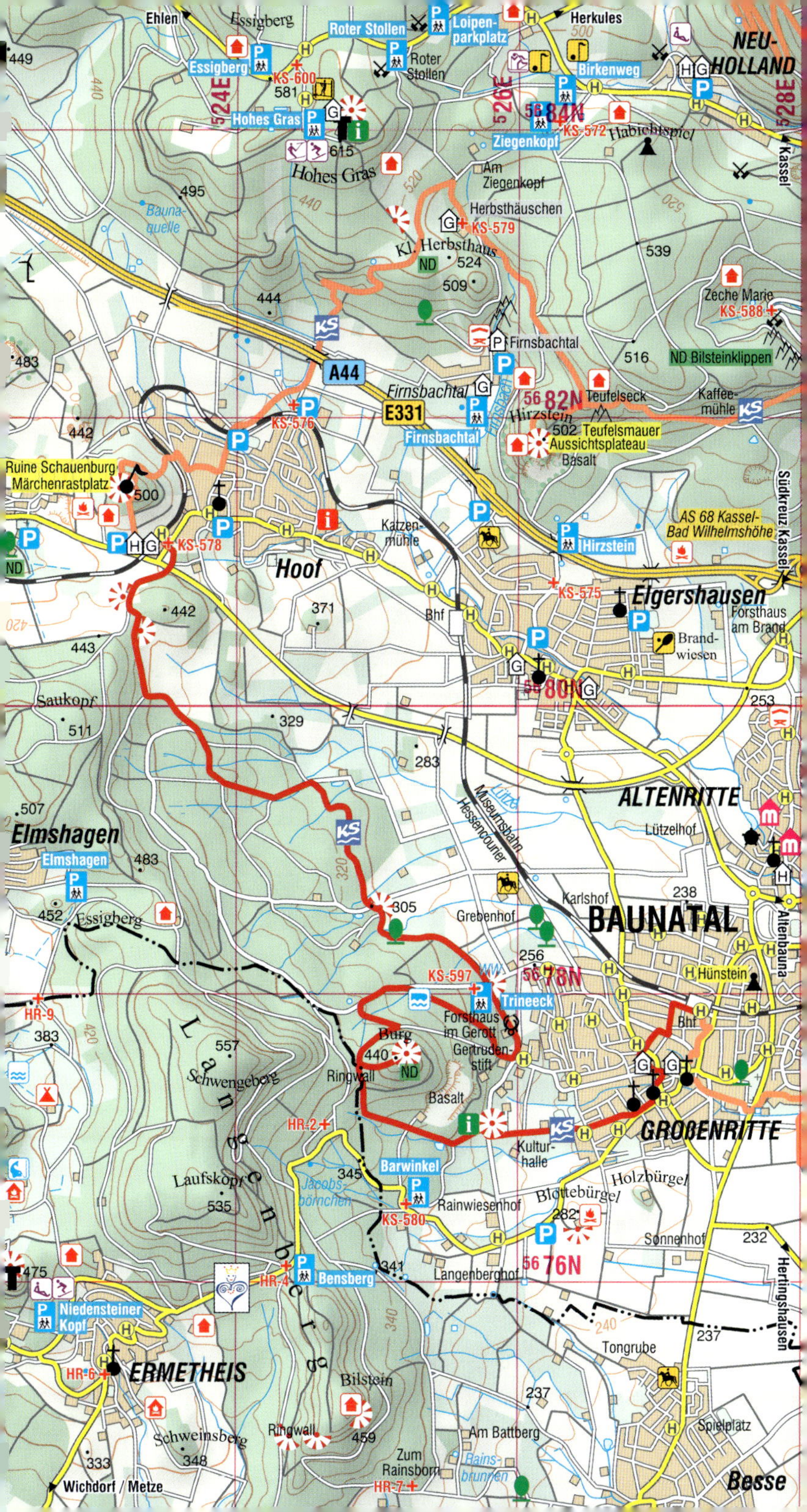

Ehlen
Essigberg
Roter Stollen
Loipen-parkplatz
Herkules
NEU-HOLLAND
Birkenweg
Hohes Gras
Ziegenkopf
Habichtspiel
Kassel
Hohes Gras
Am Ziegenkopf
Herbsthäuschen
Kl. Herbsthaus
Bauna-quelle
Zeche Marie
ND Bilsteinklippen
Firnsbachtal
A44
E331
Teufelseck
Kaffee-mühle
Hirzstein
Teufelsmauer Aussichtsplateau
Basalt
Ruine Schauenburg Märchenrastplatz
Hoof
Katzen-mühle
AS 68 Kassel-Bad Wilhelmshöhe
Südkreuz Kassel
Elgershausen
Forsthaus am Brand
Brand-wiesen
Bhf
Saukopf
ALTENRITTE
Lützelhof
Elmshagen
Museumsbahn Hessencourier
Karlshof
BAUNATAL
Altenbauna
Grebenhof
Essigberg
Trineeck
Hünstein
Forsthaus im Gerott
Gertruden-stift
Burg
Ringwall
Basalt
Langenberg
Schwengeberg
GROßENRITTE
Kultur-halle
Barwinkel
Laufskopf
Jacobs-börnchen
Rainwiesenhof
Blottebürgel
Holzbürgel
Sonnenhof
Hertingshausen
Bensberg
Niedensteiner Kopf
Langenberghof
Tongrube
ERMETHEIS
Bilstein
Schweinsberg
Ringwall
Am Battberg
Zum Rainsborn
Rains-brunnen
Spielplatz
Wichdorf / Metze
Besse

die Stadt Baunatal und den südlichen Habichtswald mit dem Hirzstein und dem Baunsberg sowie den Kaufunger Wald und die Söhre.

Am Ortsrand erblicken wir rechter Hand das Ev.-Luth. Gertrudenstift e.V. Es handelt sich um ein Altenwohnheim mit einer geschichtlichen Vergangenheit, das sich in den letzten Jahrzehnten zu einer modernen diakonischen Einrichtung entwickelt hat. „Die Bezeichnung Gertrudenstift geht zurück auf Gertrude, Fürstin von Hanau und Witwe von Friedrich-Wilhelm I. von Hessen, dem letzten Kurfürsten von Hessen-Kassel. Sie hat die Stiftungsurkunde für das Hessische Diakonissenhaus in Großenritte am 18. März 1877 in Prag (Exil des Kürfürsten nach der preußischen Annexion) unterzeichnet. Initiator war der Pfarrer Jacob Wilhelm Vilmar aus Melsungen, der das Herz der warmherzigen Fürstin für das von ihm ins Leben gerufene Werk gewinnen konnte und die Einrichtung mit ihrer Zustimmung „Gertrudenstift“ nannte. Seit den Anfangszeiten bis zum Jahr 1966 waren die Bewohner im sog. Schlösschen, einem ehemaligen zur Stiftung gehörenden Jagdschloss, untergebracht. Im gleichen Jahr wurde der dringend notwendige Neubau errichtet. Das inzwischen baufällig gewordene Schlösschen wurde 1972 abgerissen, an dieser Stelle entstand ein Kirchraum.“ [1]

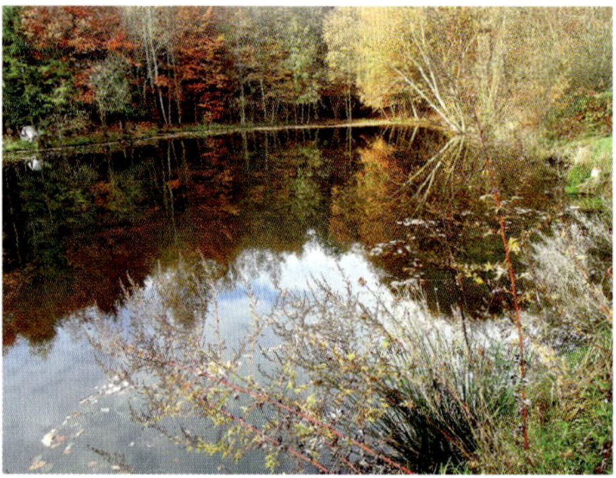

Der idyllisch gelegene Bärwinkelteich auf dem Weg zum Burgberg (Foto: Hartmut Kipp)

Der Kassel-Steig leitet uns ein Stück nach rechts, dann gehen wir links am Waldrand leicht bergauf in Richtung Burgberg. Ganz überraschend entdecken wir den kleinen, malerisch gelegenen Bärwinkelteich, an dessen Uferbereich eine Jubiläumseiche gepflanzt wurde. Ein idealer Platz, um die Natur zu genießen. Der Teich wurde nach dem Waldgebiet gleichen Namens benannt, der vermutlich darauf zurückzuführen ist, dass ein Jägergesell im 15. Jh. im Langenberg einen Bären erlegt haben soll.

Wir halten uns stets rechts und wandern nun durch einen prächtigen Laubwald mit verschiedenen Baumarten stetig bergauf. Nachdem wir die nächste Ebene erreicht haben, geht es am Wegweiser nochmal rechts bergauf, bis wir das 440 m hohe Plateau des Burgberges mit einer Sitzgrupper erreichen. Der Aufstieg hat sich gelohnt, denn die Aussicht von hier aus ist überwältigend. Wie aus der Vogelperspektive schauen wir auf alle Ortsteile von Baunatal und in Richtung Osten auf das märchenhafte nordhessische Bergland, welches das Kasseler Becken umgibt. In Richtung Süden reicht der Blick auf den Chattengau mit seinen vielen Basaltkuppen bis hin zum Stölzinger Gebirge und zu den Ausläufern des Knüllgebirges in weiter Ferne.

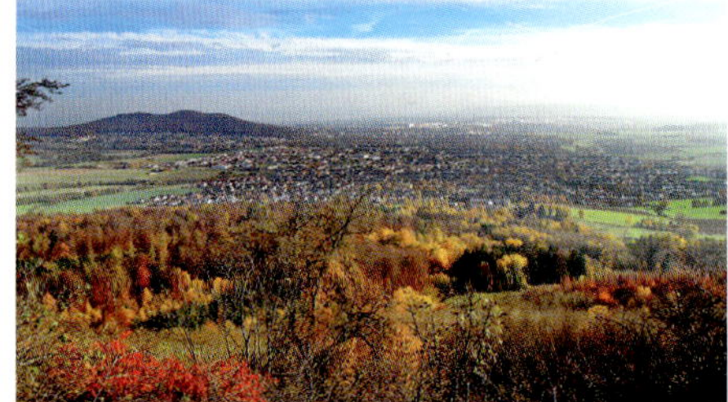

Blick vom Burgberg in Richtung Osten auf die Baunataler Ortsteile (Foto: Hartmut Kipp)

Der Burgberg, den die Einheimischen auch Burg nennen, ist dem Langenberg vorgelagert. Im oberen Bereich befindet sich eine Ringwallanlage, die eine Fläche von etwa 2,5 ha umfasst. Das Gebiet wurde bereits vor rd. 6000 Jahren und dann erneut zwischen 800 und 600 vor Chr. in der Zeit der Hallstattkultur besiedelt; Funde belegen dies. Noch heute kann man im Erdreich kleinste Scherbenteilchen finden. „Als Hallstattzeit bezeichnet man den Zeitabschnitt der älteren Eisenzeit, der nach den Funden in den Gräberfeldern oberhalb des Ortes Hallstatt im Salzkammergut benannt wird.“[2]

Die bewaldeten Höhenzüge des Langenberges erstrecken sich von der Schauenburg im Norden bis in den Chattengau im Süden. „Mehrere nebeneinander liegende Vulkanausbrüche schufen dieses Massiv. Dies besteht im Kern aus festem Basalt und Basalttuff, das unterirdisch weitreichend zerklüftet ist.“ Dies sind ideale Bodenverhältnisse für die Speicherung von Wasser, das sich durch das Kluftsystem Bahnen sucht, um dann an den Austrittstellen der Berghänge als Quelle hervorzusprudeln. Der Leiselbach und der Lützelbach am Osthang des Langenberges und der Jakobsborn an der Straße zwischen Großenritte und Niedenstein sind nur einige Beispiele für den Wasserreichtum in diesen Waldgebieten. In früheren Zeiten war der Langenberg ein wildreiches Jagdgebiet der Landgrafen und Kurfürsten von Hessen, in dem es besonders viel Hirsche, aber auch Wildkatzen gab. Diese scheuen Tiere wurden seit des späten 18. Jh. fast ausgerottet. Erfreulicherweise ist auch in Nordhessen wieder eine wachsende Population zu verzeichnen.[3]

Wir gehen den Weg bis zu dem breiten Forstweg wieder zurück und folgen diesem bergab. Nach etwa 400 m biegen wir scharf links ab auf einen grasbewachsenen Weg, der im rechten Bogen auf einen quer verlaufenden Forstweg stößt. Wir wandern rechter Hand bergab, teils durch Fichten- bzw. Buchenwald, bis wir zu einer mit Baumstämmen eingefassten Wassertretstelle kommen, die zu einem erfrischenden Fußbad einlädt. Eine gestiftete Sitzgruppe wurde dem inzwischen verstorbenen Mitautor dieses Wanderführers, Lothar Glebe, gewidmet. An dieser Stelle halten wir uns wieder rechts und gehen stets bergab bis zum Wanderparkplatz oberhalb des Gertrudenstifts (Rettungspunkt KS-597). Der Wanderweg zweigt hier links ab und führt etwa 1,5 km am Waldrand entlang. An der nächsten Gabelung halten wir uns nach 200 m links und verlassen den Weg „Vor der Burg“. Wir treten aus dem Wald und sind erneut begeistert von dem großartigen Blick auf den Habichtswald mit dem markanten Hirzstein, den Baunsberg und das weite Tal der Bauna mit dem Ortsteil Elgershausen der Gemeinde Schauenburg.

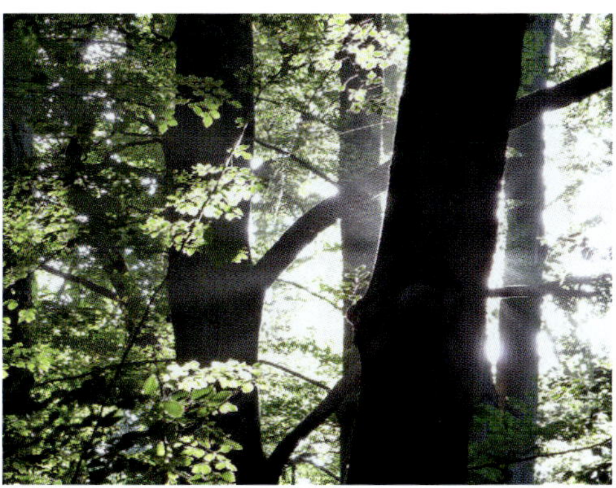

Lichtspiel im Buchenwald (Foto: Theodor Arend)

Unterwegs kann man an einer Sitzgruppe eine gemütliche Rast einlegen und die liebliche Landschaft genießen.

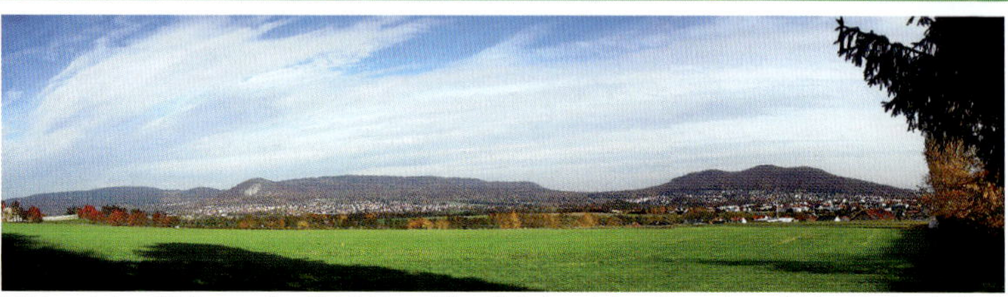

Blick auf den Südhang des Habichtswaldes (links) und den Baunsberg (Foto: Hartmut Kipp)

Bald kommen wir in ein Waldgebiet, überqueren den Leiselbach und treffen auf den Ederseeweg (Wegzeichen „E“). Der Kassel-Steig verläuft von hier aus etwa 1,3 km auf diesem Durchgangswanderweg, der vom Bergpark Wilhelmshöhe bis nach Waldeck am Edersee führt. Es geht auf einem breiten Forstweg im Wald ziemlich steil bergauf. Auf halber Höhe biegen wir am Platz mit einer schönen Ruhebank rechts ab, bis wir einen unscheinbaren Waldpfad erreichen, dem wir links bergauf folgen. Dieser geht bei einer Windbruchfläche in einen weichen Trampelpfad über, der am Waldrand auf einen quer verlaufenden Forstweg stößt, den wir rechts entlanggehen. Oberhalb einer Grünfläche bewundern wir den grandiosen Blick aus dieser Perspektive auf die vor uns liegende herrliche Landschaft. Wir wandern in Richtung Sandbusch (442 m) und Eichberg (371 m), so heißen die vor uns liegenden Basaltkuppen. Vor dem Wald biegen wir links ab und schauen nach wenigen Metern in die entgegengesetzte Richtung.

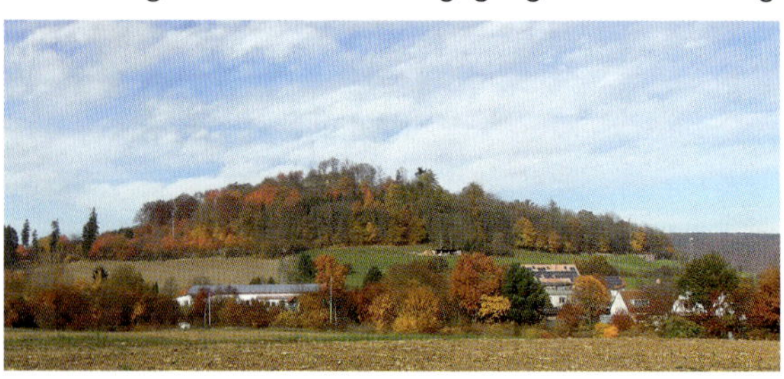

Basaltkegel mit der Burgruine Schauenburg westlich von Hoof (Foto: Hartmut Kipp)

Vor uns liegt das Wolfhager Land mit den in Feld und Flur eingebetteten Ortschaften Breitenbach und Martinhagen, beides sind Ortsteile der Gemeinde Schauenburg. Rechts erblicken wir einen Basaltkegel mit der Burgruine Schauenburg, die der Gemeinde nach dem Zusammenschluss von fünf selbständigen Ortschaften den Namen gab.

Wir gehen links am Waldrand entlang, unterqueren die L 3215 und stoßen auf die Korbacher Straße direkt an der Bushaltestelle. Hier endet der Wanderabschnitt W 10. Eine Einkehrmöglichkeit besteht im Gasthaus „Himmel“ (Tel. 05601 1362). Von hier aus kann man mit dem Bus zur Schauenburger Märchenwache nach Breitenbach fahren.

Info: Tel. 05601 925678, www.maerchenwache.de

Öffnungszeiten: jeweils sonntags von 15.00 - 18.00 Uhr
Gruppenführungen nach Vereinbarungen

„Zu den in Schauenburg geborenen bekannten Persönlichkeiten gehören Demoiselle Marie Hassenpflug und der Wachtmeister Johann Friedrich Krause, die viele Beiträge zur Grimmschen Märchensammlung geliefert haben. Die Schauenburger Märchenwache, die von dem in Breitenbach aufgewachsenen Künstler Albert Schindehütte in der ehemaligen Feuerwache gegründet und ausgestaltet wurde, pflegt vor allem die Erinnerung an die beiden Märchenbeiträger der Brüder Grimm, die erst in jüngster Zeit unter

Mithilfe von Gründungsmitgliedern der Schauenburger Märchenwache von der Wissenschaft als Märchenbeiträger erkannt worden sind." Die Sammlung der von Jacob und Wilhelm Grimm ab 1812 herausgegebenen Kinder- und Hausmärchen (KHM) umfasst insgesamt 210 Titel. „Die in Kassel aufbewahrten Handexemplare der Brüder Grimm der KHM (Kasseler Handexemplare) mit wertvollen handschriftlichen Einträgen der Grimms wurden 2005 von der UNESCO zum **Weltdokumentenerbe** erklärt. Sie befinden sich im Bestand der Universitätsbibliothek Kassel." (Wikipedia) [4]

Gemeinde Schauenburg
Die Großgemeinde Schauenburg entstand 1972 durch den Zusammenschluss der Gemeinden Breitenbach, Elgershausen, Elmshagen, Hoof und Martinhagen. Schauenburg, das mitten im Naturpark Habichtswald liegt, ist stolz auf seine vielfältigen Freizeit- und Kulturangebote und betrachtet sich als attraktive und familienfreundliche Kommune.

Durch die einzelnen Ortsteile fährt der historische Zug „Hessencourrier", der erste hessische Museums-Eisenbahnzug. Eine Erlebnisfahrt mit diesem Zug erinnert an frühere Zeiten und wird von Familien gern unternommen; besonders die Kinder haben dabei ihren Spaß, wenn der Zug auf der Strecke nach Naumburg dampfend und schnaufend die höchste Stelle in Hoof erklimmt. [5]

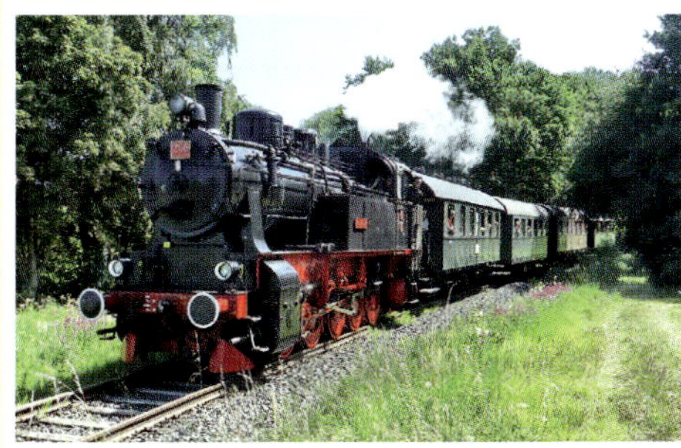
Der historische Hessencourrier erklimmt die Steigung bei Hoof (Foto: Lothar Glebe)

Info: www.hessencourrier.de, E-Mail: info@hessencourrier.de

„Das Gebiet wurde im Mittelalter durch die Grafen von Schauenburg beherrscht. Das Adels- und Rittergeschlecht der Dalwigks baute unterhalb des Burgbergs ein neues festes Haus, das im Jahre 1315/18 als „daz nuwe hus vor schovenburg" erwähnt und 1366 im „hobe" genannt wurde. Dieser Name ging auf das heutige Dorf Hoof über. Der namensgebende Gutshof ist in veränderter Form bis heute erhalten und wird weiterhin landwirtschaftlich genutzt. Er zählt mit dem Dalwigschen Wohnhaus, das direkt an der Korbacher Straße liegt, und der neugotischen Kirche zu den nennenswerten Baudenkmälern. Im alten Ortskern stehen vereinzelt schöne Bauernhäuser mit hessischem Fachwerk." [6]

siehe Karte Seite 107

W 11 Von Hoof nach Brasselsberg

Schwierigkeit: anspruchsvoll **Länge:** ca. 12,0 km
Ausgangspunkt: Haltestelle Bahnhof in Schauenburg, Ortsteil Hoof
Anfahrt: Kassel, Königsplatz/Mauerstraße mit Bus 52 oder Kassel, Bahnhof Wilhelmshöhe mit Bus 53 bis Hoof, Haltestelle Bahnhof
Haltestellen: Hoof (Bahnhof, An der Kirche): Bus 52, 53
Elgershausen (Firnsbachtal, Bergstraße): Bus 52, 53
Kassel (Blütenweg): Bus 12, 51, 52, 53, 55
Kassel (Druseltal): Tram 3, Bus 12, 22, 51, 52, 53
Route: Hoof – Burgruine Schauenburg (0,9 km) – Waldgaststätte „Zum Herbsthäuschen (5,7 km) – Hirzstein (8,1 km) – Bismarckturm (10,9 km) – Haltestelle Blütenweg in Kassel (Brasselsberg) (12,0 km)

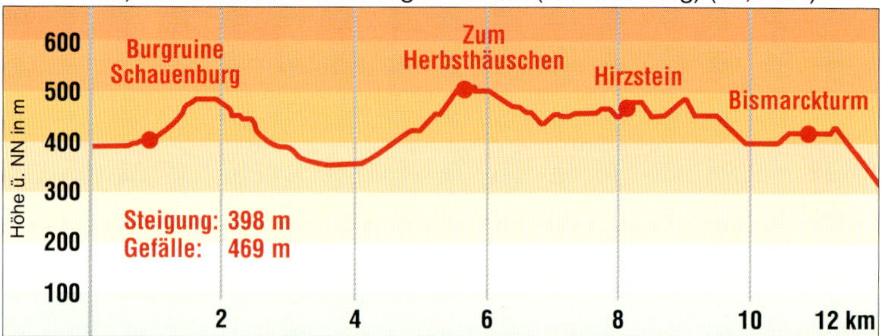

Wir starten in Hoof an der Bushaltestelle „Bahnhof“, einem früheren Passübergang, biegen links in die Korbacher Straße, kommen am Bahnhof und der Gaststätte „Himmel“ (Tel. 05601 1362) vorbei und wandern kurz hinter der Gaststätte rechts – teils über Treppen – steil zum Schauenburger Burgberg (499 m) hinauf.

Auf der Kuppe des Burgbergs befinden sich Reste der Burgruine Schauenburg. Im Jahr 1089 wurde die damals genannte Scouwenburg in einer Schenkungsurkunde des Klosters Helmarshausen erstmals erwähnt. Sie ist aber älter und muss in den Jahren 600 bis 800 nach Chr. erbaut worden sein. In dieser Zeit gehörte der Hessengau noch zum Frankenreich. Die Grafen von Schauenburg waren damals das mächtigste Geschlecht im Kasseler Raum. Zu ihrem Besitz gehörte auch die Mark „Dithmelle“, dort waren sie auch Inhaber des Obergerichtes. Diese Gerichtsstätte befand sich noch im späten Mittelalter auf dem Kratzenberg, dem heutigen Tannenwäldchen im Stadtteil Vorderer Westen der Stadt Kassel. Später wurde aus der Bezeichnung Dithmelle der Name „Ditmold“, der sich heute noch in der Bezeichnung der Kasseler Stadtteile Kirchditmold und Rothenditmold wiederfindet. Die Untergliederung der mittelalterlichen Grafschaften waren die Zentgrafschaften (Hundertschaften). Ditmold war unter der Schutzherrschaft (Patronats) der Grafen von Schauenburg das Zentrum einer Zentgrafschaft mit dem dazugehörigen Zentgericht. Vermutlich in der ersten Hälfte des 13. Jh. wurde die Schauenburg an das Bistum Mainz verkauft, nachdem die Linie der Schauenburger Grafen erlosch.

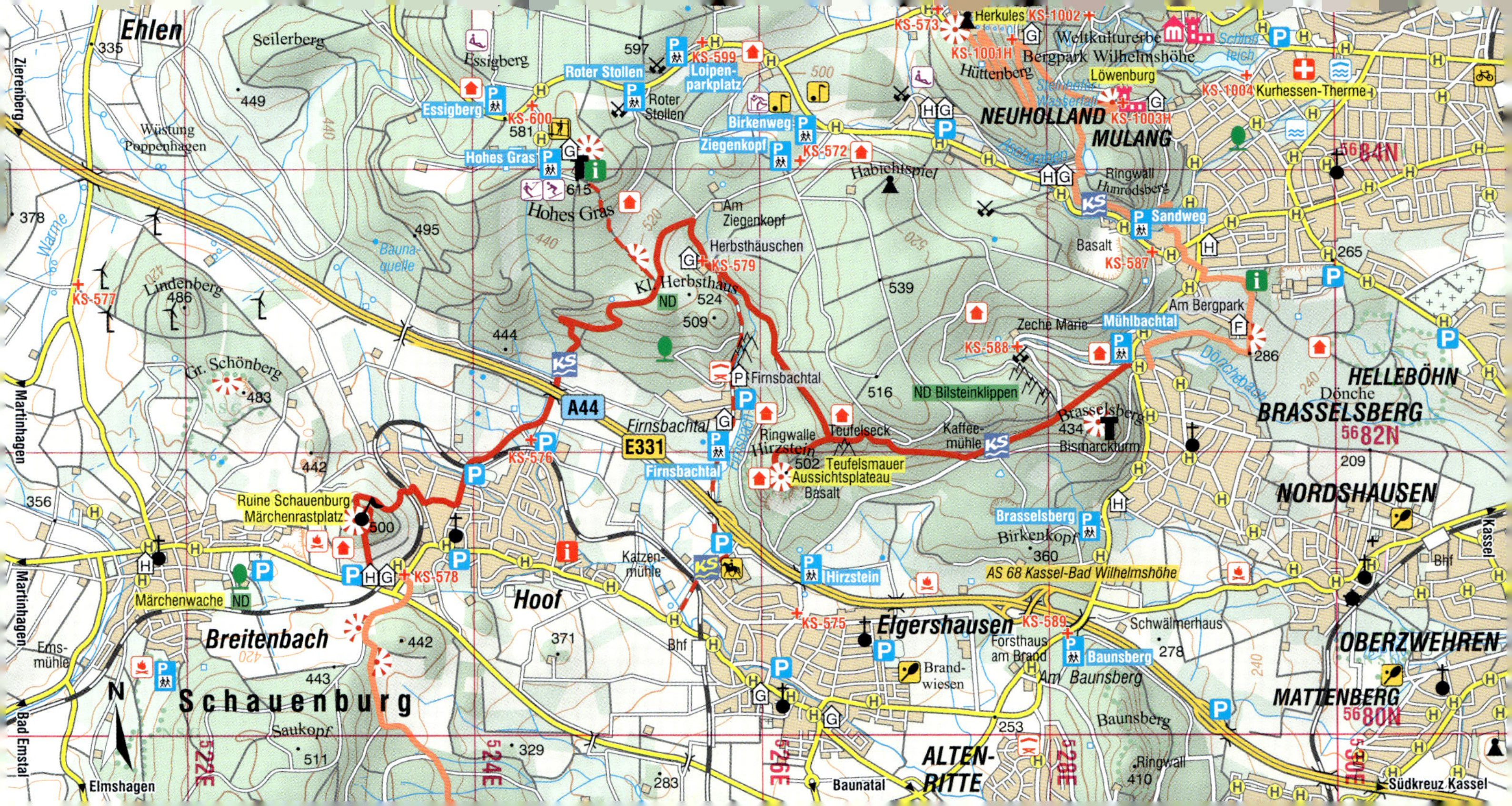

Ehlen
Seilerberg
Essigberg
Roter Stollen
Loipenparkplatz
Herkules
Weltkulturerbe Bergpark Wilhelmshöhe
Hüttenberg
Löwenburg
Kurhessen-Therme
Neuholland
Mulang
Wüstung Poppenhagen
Hohes Gras
Birkenweg
Ziegenkopf
Habichtspiel
Ringwall Hunrodsberg
Sandweg
Basalt
Am Ziegenkopf
Herbsthäuschen
Kl. Herbsthaus
ND
Bauna-quelle
Warme
Lindenberg
Gr. Schönberg
Am Bergpark
Zeche Marie
Mühlbachtal
Hellböhn
Dönche
Brasselsberg
Dönchebach
ND Bilsteinklippen
Firnsbachtal
A44
E331
Ringwalle Hirzstein
Teufelseck
Kaffeemühle
Bismarckturm
Teufelsmauer Aussichtsplateau
Nordshausen
Ruine Schauenburg Märchenrastplatz
Märchenwache
Katzenmühle
Hoof
Hirzstein
Birkenkopf
AS 68 Kassel-Bad Wilhelmshöhe
Elgershausen
Forsthaus am Brand
Brandwiesen
Am Baunsberg
Baunsberg
Schwälmerhaus
Oberzwehren
Mattenberg
Breitenbach
Schauenburg
Saukopf
Emsmühle
Altenritte
Baunatal
Ringwall
Südkreuz Kassel
Kassel
Zierenberg
Martinhagen
Martinhagen
Bad Emstal
Elmshagen
KS-573
KS-1002
KS-1001H
KS-1003H
KS-1004
KS-599
KS-600
KS-572
KS-587
KS-579
KS-588
KS-576
KS-578
KS-575
KS-589
KS-577

Durch mehrmalige Verpfändungen gelangte die Burg in den Besitz der Familie von Dalwigk, einem uralten hessisch-waldeckischen Adelsgeschlecht, von dem eine Linie in den Freiherrnstand (titulierter Adel) erhoben wurde. 1332 erhielten der Ritter Reinhard von Dalwigk und seine Söhne die Burg als Erbburglehen. Die Burg war schon Mitte des 16. Jh. verfallen und nicht mehr bewohnbar. Seit 1989 werden durch den Naturpark Habichtswald und die Gemeinde Schauenburg Mauern- und Burganlagenreste gesichert, freigelegt und erhalten.[1]

Die Aussicht von diesem steil aufragenden Burgberg ist traumhaft und reicht nach Norden zum nahegelegenen Hohen Habichtswald mit dem Ahrensberg, dem Hohen Gras, dem Kaulenberg und dem markanten Hirzstein, einem unserer nächsten Ziele. Nach Osten blicken wir über die Gemeinde Schauenburg und die Stadt Baunatal hinweg bis zum Kaufunger Wald und Hohen Meißner (750 m), dem König der nordhessischen Berge.

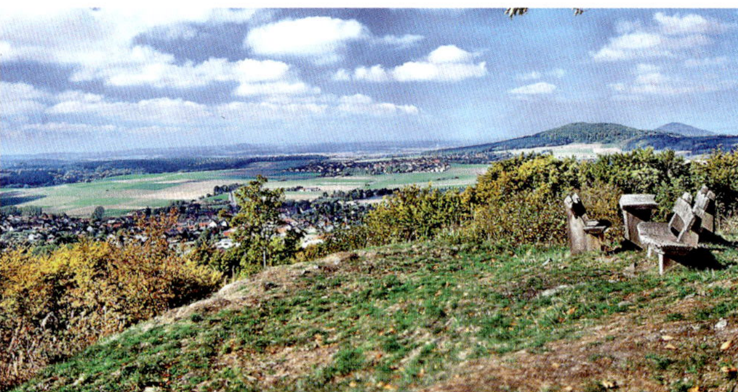

Blick von der Burgruine Schauenburg ins Wolfhager Land (Foto: Rolf Jungermann, Schauenburg)

Auf der Kuppe des Burgbergs befindet sich ein weiterer Märchenrastplatz des Habichtswaldsteiges. Von dieser, als Landschaftsthron bezeichneten Sitzgruppe, schweift der Blick in Richtung Süden über alle Höhenzüge des Langenbergs bis zum Stölzinger Gebirge und den Ausläufern des Knüllgebirges. Im Südwesten erkennen wir den Kellerwald. Im Westen liegen Breitenbach und Martinhagen vor uns, in mittlerer Entfernung ragen die Hinterhabichtswälder Kuppen (Schönberg, Lindenberg, Hundsberg, Wattenberg) und die historische Weidelsburg heraus. Bei guter Sicht ist sogar das weit entfernte Rothaargebirge im Sauerland zu erblicken. An diesem paradiesischen Fleckchen muss man verweilen, sich niederlassen, innehalten, die Beine und Seele baumeln und die Natur und Landschaft auf sich wirken lassen, dann hat man das Gefühl, man wäre im Himmel. Jetzt versteht man auch erst so richtig, weshalb die unter uns liegende Gaststätte „Himmel" heißt. Faszinierend ist der Blick von dieser Höhe, wenn eine Nebeldecke die tiefer liegenden Fluss- und Wiesentäler einhüllt und die zahlreichen Bergkuppen aus ihr herausragen. Glücksgefühle werden auch dann ausgelöst, wenn man von hier aus einen Sonnenuntergang erlebt.

Es fällt uns nicht leicht, diesen wunderschönen Aussichtspunkt zu verlassen. Auf dem weiteren Weg gehen wir zunächst über uralte Treppenstufen vorsichtig zurück bis zur nächsten Ebene und folgen dem Kassel-Steig bergab, der einige Kilometer auf dem Habichtswaldsteig verläuft. Wir halten uns mehrmals rechts und wandern zunächst am Waldrand entlang. Beim Austritt aus dem Wald liegen unmittelbar unter uns die ersten Häuser von Hoof. Durch Wiesen und Weidegelände mit Blick auf die steilen Südhänge des Habichtswaldes erreichen wir die Ehlener Straße, auf die wir rechts abbiegen. Es geht weiter scharf links in die Straße Bornwiese und gleich wieder rechts in die Friedhofstraße. Wir biegen dann links um die Kirchenmauer in die Herkulesstraße, die uns bergab über die Bauna zu der Unterführung der Naumburger Kleinbahn leitet. Auf dem gesamten Abschnitt um den Burgberg befinden sich mehrere Tafeln, die uns über die am Rande des Habichtswaldsteiges liegenden Sehenswürdigkeiten und Wissenswertes anschaulich informieren.

Nach dem Unterqueren der Bahntrasse halten wir uns rechts und wandern durch Feld und Flur mit vielen alten Obstbäumen und mit Blumen bewachsenen Wiesenrändern. Dabei genießen wir die herrlichen Ausblicke auf die schön gelegenen Ortsteile Hoof und Elgershausen sowie auf den etwas weiter entfernt liegenden Baunsberg. Bald unterqueren wir die A 44. Der Kassel-Steig biegt danach rechts ab (Rettungspunkt KS-576 m) und führt auf dem Bergmannspfad am Waldrand entlang bergauf. An der Stelle einer einladenden Sitzgruppe trennen sich der Kassel-Steig und der Habichtswaldsteig, der zum romantischen Firnsbachtal und dem Gasthaus „Unteres Firnsbachtal“ führt. Einige Meter vor dieser Stelle haben wir erneut einen großartigen Weitblick über die Gemeinde Schauenburg, den Langenberg, den Burgberg Schauenburg bis zu den durchgehenden Höhenzügen des nordhessischen Berglandes am Horizont.

Am nordwestlichen Rand von Hoof entdeckte in 1978 ein Schauenburger Bürger die Überreste eines **Seekuhskeletts**, das im Naturkundemuseum der Stadt Kassel besichtigt werden kann.
Dies war ein sensationeller Fund, der großes öffentliches Interesse fand. Die Schlagzeile in der HNA lautete damals „Seekuh unter Kraut und Kartoffeln“. Seekühe oder auch Sirenen (so ihr wissenschaftlicher Name) sind Säugetiere, die in seichten Gewässern leben. Sie ernähren sich ausschließlich von Pflanzen, indem sie am Boden der Gewässer das Seegras abweiden. Vor etwa 30 Mio. Jahren wurde das Kasseler Becken von einem Meer überzogen. Das 18–20 Grad warme Wasser war auch ein idealer Lebensraum für Wirbeltiere, zu denen u. a. Knochenfische, Wale und Seekühe gehörten. Die Reste dieser Tiere blieben nach dem Zurückweichen des Meeres in dessen Ablagerungen erhalten. So kamen die Seekuhknochen nach Hoof.[2]

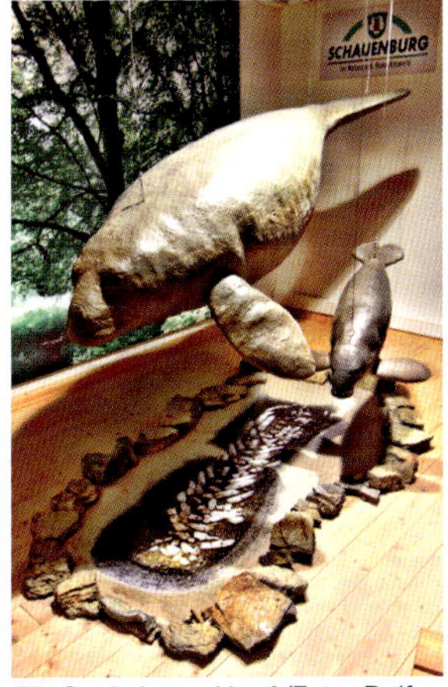

Die Seekuh von Hoof (Foto: Rolf Jungermann, Schauenburg)

Der Kassel-Steig zweigt bei Betreten des Waldes nahe der Sitzgruppe links vom Habichtswaldsteig ab und führt nach wenigen Schritten in einem rechten Bogen auf einem Forstweg den Südhang des Habichtswaldes hinauf. Achtung! Nach etwa 400 m verlassen wir den geradeaus führenden Weg und wandern auf einem scharf links abbiegenden stark zugewachsenen Weg steil bergauf in einem rechten Bogen auf eine Hochebene. Nach ca. 380 m gehen wir durch ein Gatter. Vor uns liegt die sattgrüne Hochfläche **des „Kleinen Herbsthauses“** mit seiner Basaltkuppe (524 m). Diese offene Waldlandschaft ist typisch für den Habichtswald. Es handelt sich um eine der früheren Huteflächen, auf die die Bevölkerung der umliegenden Orte seit dem Mittelalter über Triftwege ihr Vieh trieb. Diese Rechte am Gemeinen Wald (Allmende) blieben lange Zeit bestehen, bis die Waldweiden im Zuge der aufkommenden Stallhaltung mehr und mehr an Bedeutung verloren. Das Gelände erinnert im Sommer an eine Alm im Allgäu, vor allem, wenn etwa 40 Rinder auf den saftigen Wiesen weiden, die von einigen Schauenburger Landwirten jährlich hier hochgetrieben werden. Der Viehauftrieb in das obere Firnsbachtal ist jedes Jahr ein Publikumsmagnet. Seit 1974 besteht diese Weidegemeinschaft. Über jedes registrierte Rind wird Buch geführt und vom Veterinäramt festgestellt, ob es gesund und gepflegt auf dieses 25 ha große Weideland kommt.

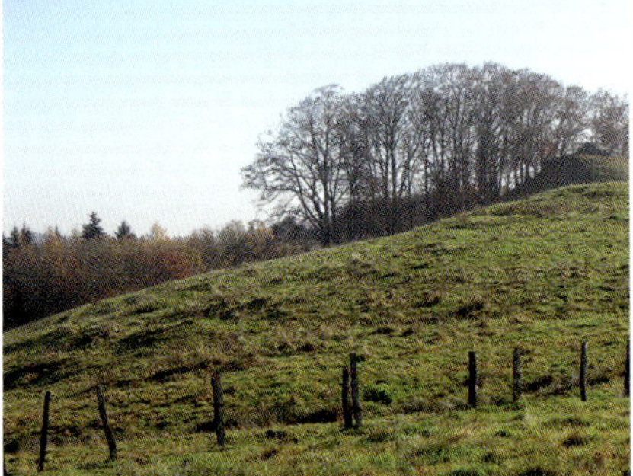

Der Basaltkegel „Kleines Herbsthaus" mit Hutewiese (Foto: Hartmut Kipp)

Links von uns liegt das „Hohe Gras", die mit 615 m höchste Erhebung des Habichtswaldes. Das dortige mitten im Wald romantisch gelegene Restaurant, zu dem man in etwa 45 Min. über den Wanderweg mit dem Wegzeichen Doppelbalken (II) gelangt, gehört dem Hessisch-Waldeckischen Gebirgsverein Kassel e. V. Vom Aussichtsturm (Schlüssel ist in der Gaststätte erhältlich) hat man eine grandiose Aussicht bis zum Eggegebirge im Norden und dem Rothaargebirge im Westen. Der gesamte Hang ist Wintersportgebiet, ein Skilift transportiert die Skifahrer und Rodler zum Ausgangspunkt.

Der Kassel-Steig leitet uns geradeaus über die Hutewiesen (keine Markierung) durch ein weiteres Gatter zur Konrad-Göbel-Hütte mit einer schönen Sitzgruppe. Diese Landschaft mit den weidenden Rindern ist, wie die Kasseler Tageszeitung HNA schrieb, „ein Natur-Fleckchen mit Alpengefühl". Bevor der breite Fahrweg in den Wald führt, biegen wir rechts ab und wandern am Waldrand entlang, immer die grünen Hutewiesen im Blickfeld, bis zum HERBSTHÄUSCHEN, dem beliebten idyllischen Waldrestaurant mit seiner gelungenen Mischung aus Tradition und Moderne. (siehe unten).

„Rustikal, romantisch und herzlich" unter diesem Motto werden hier Gäste, Besucher, Einheimische und Wanderer seit über 100 Jahren betreut. Man kann beruhigt behaupten, dass das HERBSTHÄUSCHEN zu Kassel gehört wie der Herkules. Der romantische Standort bietet ein herrliches Panorama in idyllisch ruhiger Lage, nur 2 km vom UNESCO Weltkulturerbe Herkules entfernt.

Am Fuße der Alm, deren Flurbezeichnung „Kleines Herbsthaus" für den niedlichen Namen verantwortlich ist, kuschelt sich das urige Waldgasthaus

siehe Karte Seite 107

mit seinen wunderschönen lichtdurchfluteten Innenräumen, die von drei Buchen getragen sind, an den Hang. Im lauschigen Waldbiergarten, lässt es sich herrlich sitzen. Und wenn dann die Kühe zum Weiden auf die steile Wiese kommen, ist die Illusion von der Kasseler Alm perfekt. „Nordhessisches Alm-Feeling“, nennt das die Inhaberin Heike Röhl-Elsner. Nach einem Waldspaziergang kann man hier herrlich entspannen und die urgemütliche wohlige Atmosphäre am knisternden Kaminfeuer bei frischer regionaler und alpenländischer Küche genießen.

Wir folgen nun ein Stück dem Firnsbach, der sich im unteren Teil im Laufe der Millionen Jahre eine tiefe, wildromantische Schlucht gegraben hat. Hier begegnet uns wieder der Habichtswaldsteig, der vom oberen Firnsbachtal in das untere Firnsbachtal führt. Über den Märchenlandweg M kommt man an der Gaststätte „Unteres Firnsbachtal“ vorbei zum Ortsteil Elgershausen der Gemeinde Schauenburg. Auf dem Weg dorthin befinden sich in der Höhe der Siedlung „Unteres Firnsbachtal“ 250 Jahre alte knorrige Huteeichen.

Wir halten uns links und treffen auf ein Zeugnis des Bergbaus, der im Habichtswald über viele Jahrhunderte betrieben wurde. Eine Informationstafel beschreibt die Geschichte der **Braunkohlegewinnung im Gebiet des Kleinen Herbsthauses**. Danach gründete Landgraf Wilhelm IV. bereits 1580 das Erbstollenbergwerk, dessen Kohle für das Beheizen der örtlichen Glashütte benötigt wurde. Dieser Schlüsselstollen gehörte damals zu den wichtigsten Abbaurevieren im Habichtswald. Die wieder freigelegten drei Mundlöcher (Eingänge) im Fundament des heute nicht mehr vorhandenen Zechenhauses dienten der Fahrung, Förderung und der Entwässerung des Stollens. Zu den weiteren Braunkohlefeldern zählten u.a. die bekannten Zechen Roter Stollen, Herkules, Marie, Drusel und großer Steinhaufen. Insgesamt wurde in der Zeit von 1530 bis 1966 die enorme Menge von über 10 Mio. Tonnen Braunkohle abgebaut. Zu den mineralischen Rohstoffen, die im Habichtswald gewonnen wurden, zählten außerdem Ton, Eisenerz, Basalt, Quarzit und Quarzsand.[4]

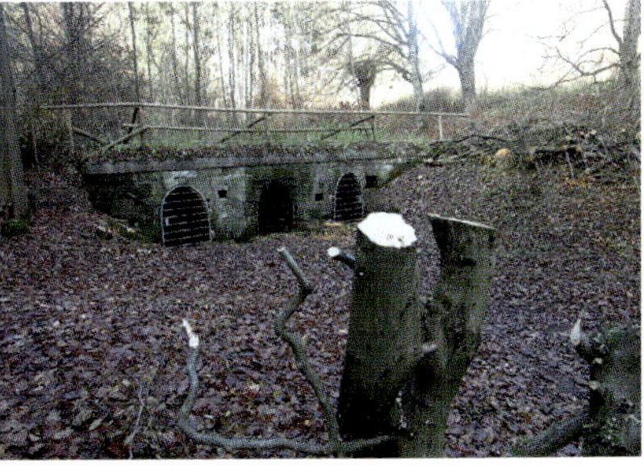

Die drei Mundlöcher der ehemaligen Braunkohlenzeche (Foto: Hartmut Kipp)

An der Stelle, wo der M und der rechts in das Firnsbachtal abbiegen, gehen wir rund 800 m weiter bis zum Teufelseck, wo sich ein Rastplatz mit einer Schutzhütte befindet. An dieser Stelle führt der Kassel-Steig über einen Stichweg zum Hirzstein, einem Felsmassiv, das seit 1979 als Naturschutzgebiet ausgewiesen wird. Auf dem Weg zum etwa 1 km entfernten südlichsten Punkt umgibt uns ein märchenhafter Buchenwald mit einem teils uralten Baumbestand. Wir stehen an der Hangkante des 102 m hohen Basaltfelsens, der durch den bis 1932 betriebenen Basaltabbau die jetzige Form erhalten hat. Von der mit einem Geländer gesicherten Kuppe haben wir eine überwältigende Aussicht über das Kasseler Becken als Teil der Westhessischen bzw. Niederhessischen Senke mit der Hoofer Pforte entlang den am Oberlauf der Bauna gelegenen Ortsteilen der Gemeinde Schauenburg und der Stadt Baunatal, eingerahmt von den Baunsbergen und dem Langenberg. Der Blick reicht bis zu den Höhenzügen des Kaufun-

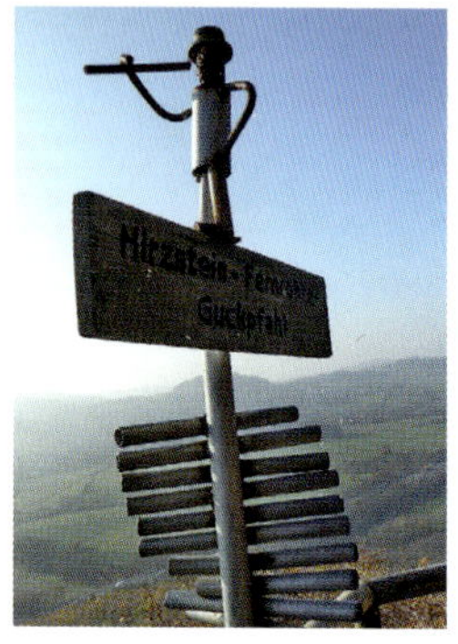

ger Waldes, den Erhebungen der Söhre und den Basaltkuppen des Chattengaus. In weiter Ferne erkennen wir die Ausläufer des Knüllgebirges, bei guten Sichtverhältnissen erblicken wir sogar den Vogelsberg in Mittelhessen. Eine gezielte Aussicht ermöglicht der **„Hirzstein - Fernrohr - Guckpfahl"**. Verschiedene, an einem Pfahl angebrachte Rohre zeigen auf den Aussichtspunkt. Auf dem Rohr ist das Ziel (meist Berge oder Orte) mit Namen und Entfernungsangabe eingraviert.[5]

Der „Hirzstein-Fernrohr-Guckpfahl" (Foto: Lothar Glebe)

Auf der Nordseite des Hirzsteins befinden sich zwei hintereinander liegende Abschnittwälle. Funde von Keramikscherben aus der jüngeren Eisenzeit bzw. späten Latènezeit (450 v. Chr. bis Ende 1. Jh. v. Chr., benannt nach einem archäologischen Fundort in 1857 am Neuenburgersee in der Westschweiz) deuten auf eine frühe keltische Höhenbesiedlung zum Schutz von Menschen und Haustieren hin.[6] Der sagenumwobene Berg (502 m) wurde vermutlich später auch von den Chatten besiedelt.

„Der **Hirzstein** besteht aus vulkanischem Gestein: verschiedener Basalt und Basalttuff (leichtes, körniges und poröses Gestein). Zu den seltenen Pflanzen, die an den Klippen, Steinbruchfelsen und Felsbändern siedeln, gehören u.a. die Pfingstnelke, gewöhnliche Pechnelke, Salomonsiegel und das Siebenbürger Wimper-Perlgras. Der Hirzstein gehört zu den bedeutendsten Standorten der gehölzfreien Fels- und Geröllfluren in den westlichen Mittelgebirgen Deutschlands. Er ist ein herausragender Brutplatz für Wanderfalken. Bis zum Jahre 1960 wurden am Hirzstein 374 Schmetterlingsarten festgestellt. Das Naturschutzgebiet des Hirzsteins darf nur auf dem Stichweg oder auf einem Wanderweg am Fuß der Steilwand begangen werden."[7]

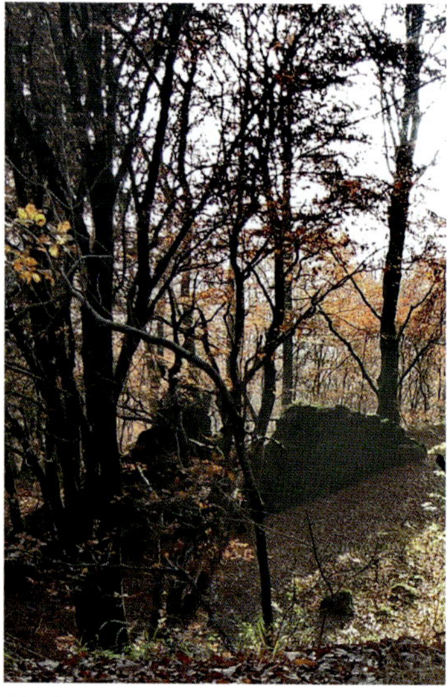

Die Teufelsmauer (Foto: Hartmut Kipp)

Wir wandern den Stichweg wieder zurück bis zum Teufelseck und wenden uns dann auf dem breiten Forstweg nach rechts. Nach etwa 200 m weist uns eine Informationstafel auf ein weiteres Naturdenkmal hin.

Es handelt sich um die **Teufelsmauer**, die ebenfalls unter Naturschutz steht. An dieser Stelle wurde zu Beginn des 18. Jh. aus dem Berg Basalttuff herausgebrochen, den man u.a. für das Herkulesbauwerk benötigte. Es gibt verschieden Tuffarten. „Beim Habichtswalder Tuff handelt es sich um den sog. Lapillituff. Lapilli sind erbsen- bis nussgroße, aus verschiedenen Mineralien bestehende Gesteinsfragmente (Poryklasten), die bei einem explosionsartigen Vulkanausbruch entstehen. Der verhältnismäßig große Porenraum des Gesteins (etwa 21 %) hat Auswirkungen auf das Gewicht. Die Steine sind leicht und lassen sich gut verarbeiten. Durch die poröse Struktur ist das Gestein aber nicht witterungsfest, es sandet oder grust ab und kann an den Rändern leicht abbröckeln. Diese Nachteile zeigen sich deutlich beim Herkulesbauwerk, das regelmäßig sehr aufwändig saniert werden muss.“ (Wikipedia) Beim Herausbrechen des Tuffgesteins wurde ein natürlicher Basaltgang mit dem härteren Ganggestein freigelegt, die „Teufelsmauer“. Diese ist bis zu 30 m lang, 8 – 10 m hoch und knapp 90 cm dick. Sie ist entstanden, indem die aufsteigende glutflüssige Lava nicht die Erdoberfläche erreichte, sich seitlich in das weiche Tuffgestein hinein ergoss und langsam erkaltete.[8]

Nach etwa 1 km erreichen wir das Wegkreuz „Kaffeemühle“ (Rettungspunkt KS-575). Wir halten uns links und wandern stetig bergauf, passieren die Porta Lapidaria, ein steinernes Tor aus Basaltfelsen, und treffen erneut auf eine Wegkreuzung. Nach links lohnt sich ein kurzer Abstecher zu den **Bilsteinklippen**, die hier steil emporragen (daher die Bezeichnung Klippen). Es sind die Erosionsreste der Vulkanbauten, die durch die Eruptionen im Habichtswald vor etwa 14 bis 7 Mio. Jahren entstanden sind.

Der Kassel-Steig führt rechts zum Brasselsberg (434 m), auf dem sich der **Bismarckturm** befindet. Nach dem Tode des Reichskanzlers Otto von Bismarck im Jahre 1898 entstanden überall in Deutschland Denkmäler in Form von so genannten Bismarcktürmen. Die Initiative ging von der Deutschen Studentenschaft aus. Sie verfolgte das Ziel, das gesamte Reichsgebiet mit „gewaltigen granitenen Feuerträgern“ als „Sinnbild der Einheit Deutschlands“ zu überziehen. Der Bismarckturm in Kassel ist nach dem Modell „Götterdämmerung“, das rund fünfzigmal ausgeführt wurde, mit 25,5 m einer der höchsten Türme. Der im neoklassizistischen Stil errichtete quadratische Turm mit vier massigen Ecksäulen steht auf einem mächtigen Sockel. Auf der Plattform befand sich früher eine Feuerschale mit abnehmbaren Feuerkästen für das Leuchtfeuer. Der Turm musste in gewissen Zeitabständen immer mal wieder renoviert werden. Seit Oktober 2010 ist das von weither sichtbare Bauwerk für die Besucher nach einer längeren Sanierungszeit wieder geöffnet. Wir steigen die 120 Stufen auf die Plattform hinauf, denn die Aussicht auf die Stadt Kassel und das Kasseler Becken sowie auf das nordhessische Bergland mit vielen Gipfeln und Basaltkuppen ist von hier aus grandios.[9]

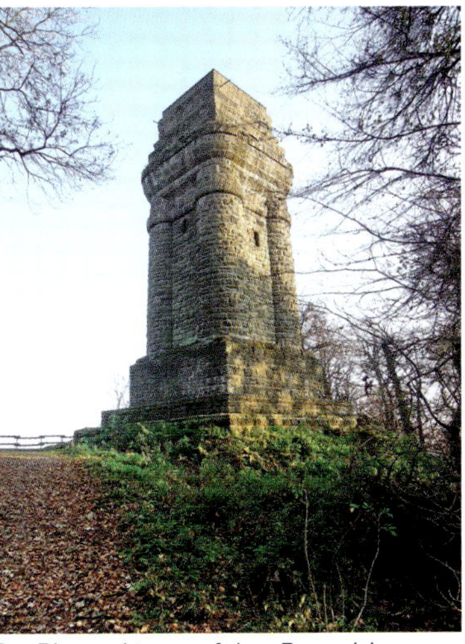

Der Bismarckturm auf dem Brasselsberg (Foto: Hartmut Kipp)

Es geht wieder zurück bis zur Wegkreuzung Bilsteinklippen, dann biegen wir rechts ab auf einen schmalen Pfad, der uns hinab führt bis zur Konrad-Adenauer-Straße im Stadtteil Brasselsberg. Hier endet der 11. Wanderabschnitt an der Haltestelle „Blütenweg“. Links von uns fließt der Dönchebach in Richtung Dönche, einem Naturschutzgebiet, das wir auf der nächsten Etappe ansteuern werden.

W 12 Vom Brasselsberg zum Herkules

Schwierigkeit: mittel **Länge:** ca. 8,0 km
Ausgangspunkt: Haltestelle Blütenweg in Kassel, Stadtteil Brasselsberg
Anfahrt: Kassel, Königsplatz/Mauerstraße mit Bus 12 oder 52 bis Brasselsberg, Blütenweg
Haltestellen: Blütenweg: Bus 12, 51, 52, 53, 55
Drusetal: Tram 3, Bus 12, 22, 51, 52, 53
Herkules: Bus 22
Route: Haltestelle Blütenweg – Dönche (1,1 km) – Druseltal (2,3 km) – Asch (4,0 km) – Löwenburg (4,8 km) – Kaskaden (5,7 km) – Herkules (8,0 km)

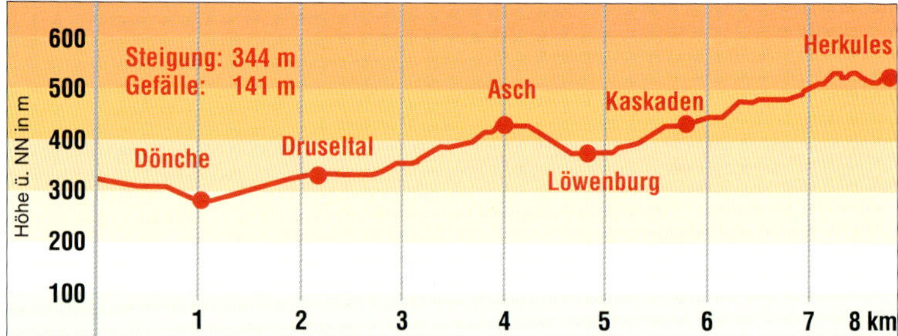

Startpunkt ist die Bus-Haltestelle Blütenweg. Von dort aus führt der Kassel-Steig geradeaus den Blütenweg hinunter. Wir biegen links ab in den Brasselsbergweg, überqueren den Dönchebach, halten uns rechts und wandern durch das Wäldchen bis an den Rand der Dönche.

Das Naturschutzgebiet Dönche ist mit 172,9 ha das größte innerstädtische Naturschutzgebiet in Deutschland. Es ist als FFH-Gebiet ausgewiesen und dient damit dem Schutz von Fauna (Tiere), Flora (Pflanzen) und Habitaten (Lebensraumtypen).

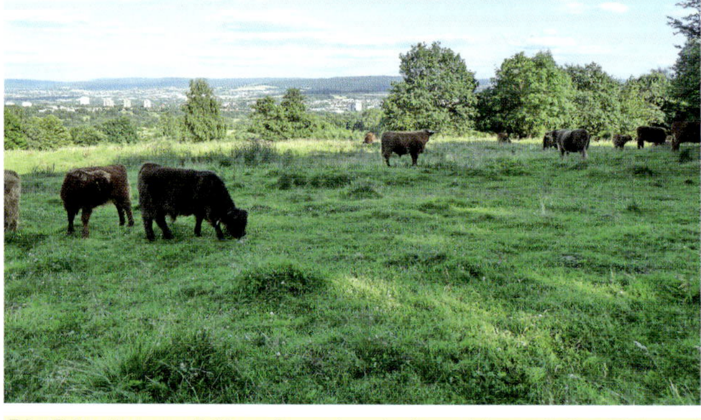

Weidende Rinder auf der Dönche (Foto: Lothar Glebe)

Die Dönche war früher Gemeinschaftsweide, auf der Eichen, Hainbuchen und Erlen wuchsen. Die Weiderechte bestanden bis 1873. Das Gelände befand sich ab 1881 in Privatbesitz und wurde ackerbaulich genutzt. Nach der Enteignung im Jahre 1936 war die Dönche jahrzehntelang Truppenübungsplatz.1970 erwarb die Stadt Kassel 270 ha zum Zwecke der Siedlungserweiterung. 1983 wurden zunächst 35 ha als Naturschutzgebiet ausgewiesen, das bereits 1985 auf 173 ha erweitert wurde. Die Dönche wird auf abgegrenzten und unterteilten Wiesenbereichen von Galloway-Rindern und Scottish-Highlands Rindern beweidet.

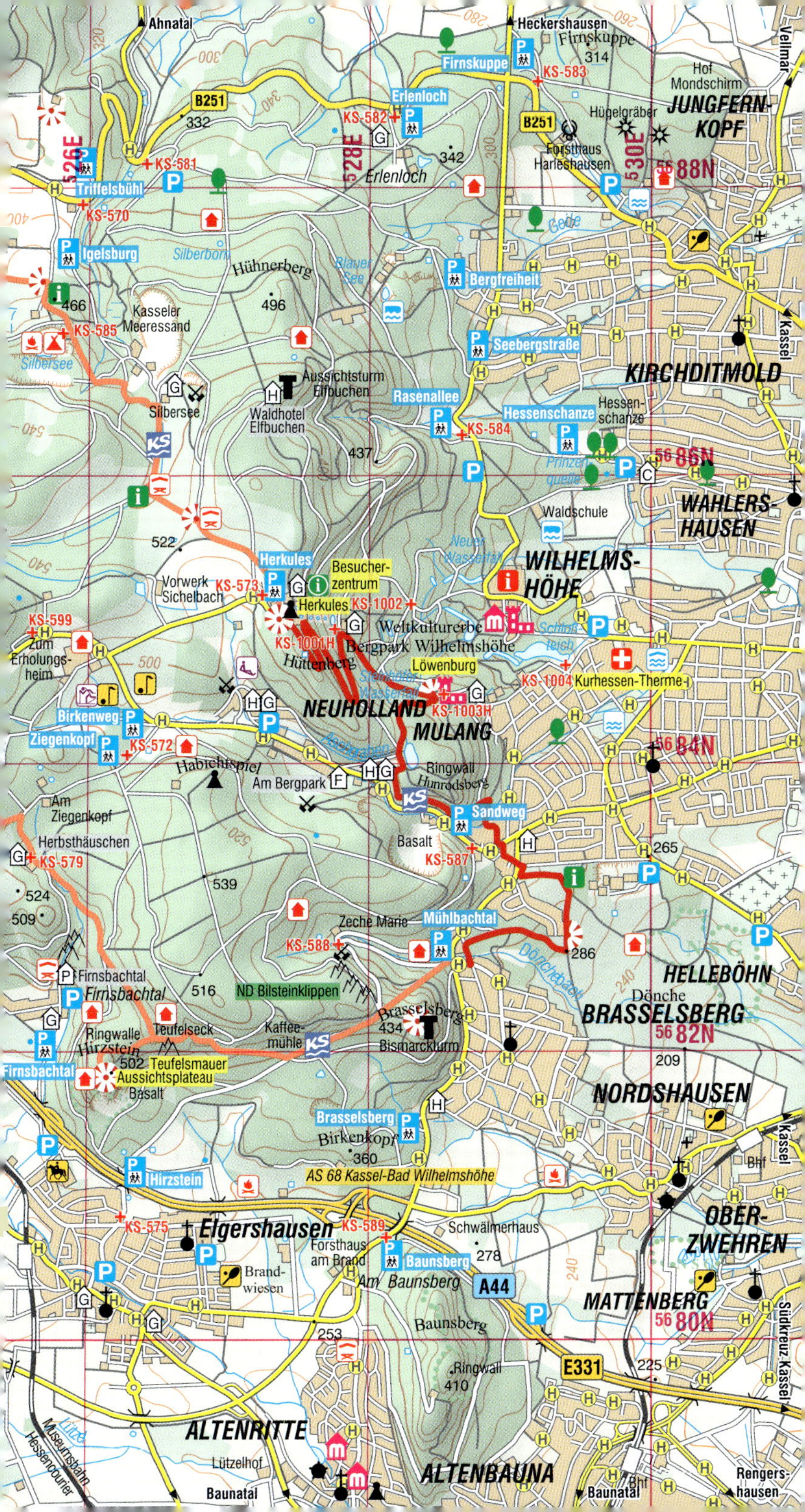

Ahnatal
Heckershausen
Firnskuppe
314
Vellmar
Hof Mondschirm
JUNGFERN-KOPF
Hügelgräber
Forsthaus Harleshausen
B251
332
KS-581
KS-582
KS-583
Erlenloch
342
Triffelsbühl
KS-570
Igelsburg
Silberborn
Hühnerberg
496
Blauer See
Bergfreiheit
466
Kasseler Meeressand
KS-585
Silbersee
Aussichtsturm Elfbuchen
Waldhotel Elfbuchen
Seebergstraße
Kassel
KIRCHDITMOLD
Rasenallee
Hessenschanze
KS-584
437
Prinzenquelle
WAHLERS-HAUSEN
Waldschule
522
Neuer Wasserfall
WILHELMS-HÖHE
Herkules
Besucherzentrum
Vorwerk Sichelbach
KS-573
KS-1002
KS-599
Zum Erholungsheim
KS-1001H
Hüttenberg
Weltkulturerbe Bergpark Wilhelmshöhe
Schlossteich
Löwenburg
KS-1004
Kurhessen-Therme
NEUHOLLAND
KS-1003H
MULANG
Birkenweg
Ziegenkopf
KS-572
Habichtspiel
Am Bergpark
Ringwall Hunrodsberg
Am Ziegenkopf
Sandweg
Herbsthäuschen
KS-579
Basalt
KS-587
265
524
509
539
Zeche Marie
Mühlbachtal
KS-588
286
Dönchebach
HELLEBÖHN
Firnsbachtal
516
ND Bilsteinklippen
Dönche
BRASSELSBERG
Ringwalle Hirzstein
Teufelseck
Kaffeemühle
Brasselsberg
434
Bismarckturm
502
Teufelsmauer Aussichtsplateau
209
NORDSHAUSEN
Brasselsberg
Birkenkopf
360
Hirzstein
AS 68 Kassel-Bad Wilhelmshöhe
Bhf
OBER-ZWEHREN
KS-575
Elgershausen
KS-589
Schwälmerhaus
Forsthaus am Brand
Baunsberg
278
Brandwiesen
Am Baunsberg
A44
MATTENBERG
Baunsberg
253
Ringwall
410
E331
225
Südkreuz-Kassel
Lütze
Museumsbahn Hessencourrier
ALTENRITTE
Lützelhof
ALTENBAUNA
Baunatal
Rengershausen
526E
528E
530E
56 88N
56 86N
56 84N
56 82N
56 80N

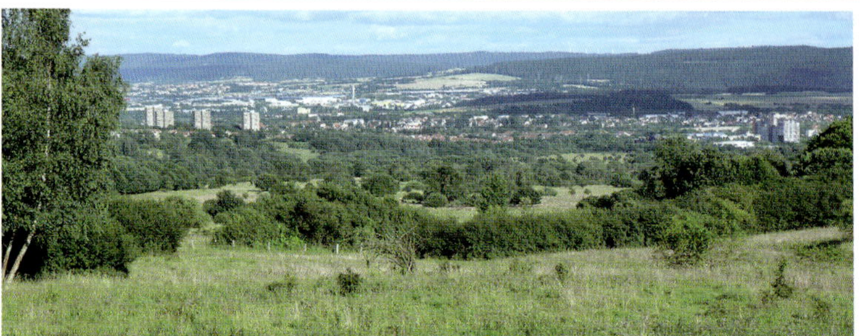

Naturschutzgebiet Dönche mit Blick auf den Kaufunger Wald (Foto: Lothar Glebe)

Aus dem 2. Weltkrieg sind noch 27 Bombentrichter sichtbar. Diese sind jetzt Feuchtbiotope, in denen sich u. a. Kammmolche verbreitet haben. Diese zur Klasse der europäischen Lurche zählende Tierart ist nach der Bundesartenschutzverordnung besonders streng geschützt. Durch die Dönche fließen der Krebsbach und der Dönchebach. „In dem Naturschutzgebiet sind 48 Pflanzengesellschaften und 400 Pflanzenarten vorzufinden. Dazu gehören Teichröhrichte, Weidelgrasweide, Rotschwingel- und Rotstraußgrasgesellschaften, Glatthaferwiese, Dotterblume, Knabenkraut, Heidenelke und Krebsschere. Die Dönche wird von 59 Brutvogelarten besiedelt wie dem seltenen Wachtelkönig, Neuntöter, Sumpfrohrsänger, Feldschwirl und Wiesenknarrer sowie Dorngrasmücke und Wiesenralle. Hinzu kommen noch 23 Arten von sogenannten Nahrungsgästen, Durchzügler oder Wintergäste.“[1]

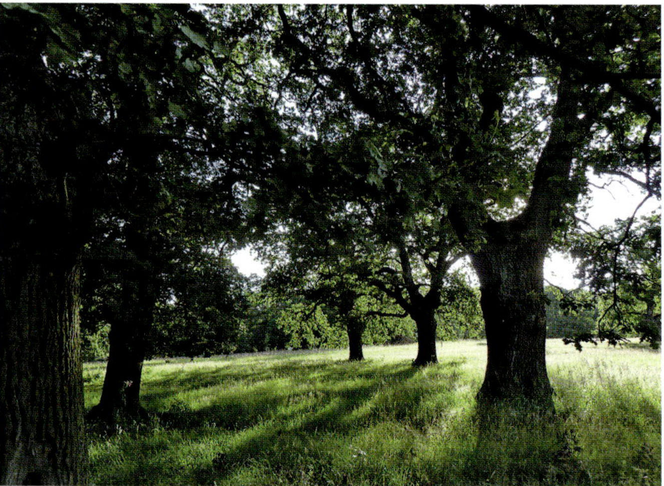

Früheres Hutegebiet mit uralten Eichen (Foto: Lothar Glebe)

Wir wandern auf dem oberen Döncheweg links entlang und genießen den herrlichen Blick auf die Stadt Kassel und das Kasseler Becken mit den sog. Kasseler Bergen am Horizont.

Es geht weiter durch ein früheres Hutegebiet mit uralten Eichen bis zur Konrad-Adenauer-Straße, die wir an der Ecke Dachsbergstraße überqueren. Über die Elgershäuser Straße kommen wir zur Endstation Druseltal der Tram 3. Bis 1966 verkehrte hier über die Kohlenstraße und Druseltalstraße die Herkulesbahn vom Kirchweg zum „höchstgelegenen Punkt der weltberühmten Wilhelmshöher Anlagen – Oktogon mit Herkules“ (so die Anzeige aus der Führer-Sammlung Feyll/Forssmann).

Nach dem Überqueren der Druseltalstraße mündet der Kassel-Steig in den verschlungenen Panoramaweg unterhalb der „Seniorenresidenz Augustinum“ entlang der Drusel. Achtung! Beim Austritt aus dem Wald geht es links in Serpentinen an einer Halde mit Basaltblöcken vorbei auf den Hunrodsberg. Auf dem Plateau stehen wir ganz überraschend vor dem Asch. Dieser romantisch gelegene Waldsee ist ein Geheimtipp, den selbst viele Kasselaner noch nicht kennen. Es ist ein wahrer Naturgenuss, an diesem Ort die unterschiedlichen Stimmungsbilder zu den verschiedenen Tages- und Jahreszeiten einzufangen.

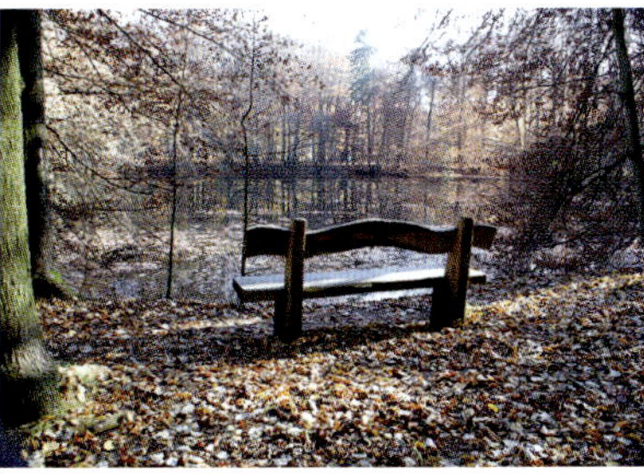

Herbststimmung am Asch (Foto: Hartmut Kipp)

Er wird gespeist aus dem nicht versiegenden Grubenwasser der Zeche Herkules im Bereich der Krähhahnstraße, deren Eingang immer noch vorhanden, aber verschlossen ist. Dieser sogenannte Asch (mundartlich für Topf) wurde von Landgraf Wilhelm IX. ab 1796 als Wasserreservoir angelegt, das zu dem System der Wasserspiele des weltberühmten Wilhelmshöher Bergparks gehört.

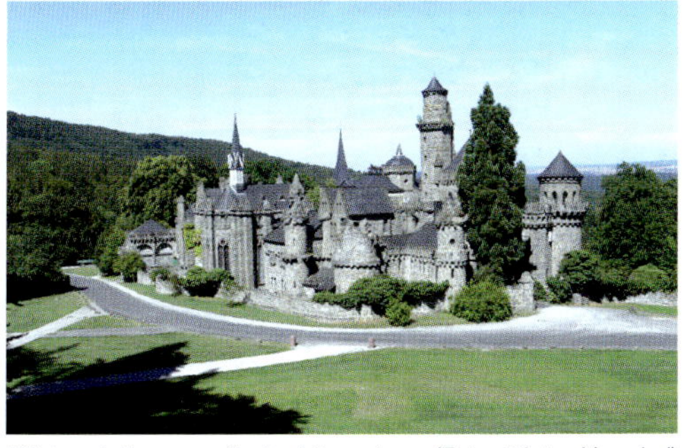

Blick auf die romantische Löwenburg (Foto: Dieter Henckel)

Wir wandern links am Waldsee vorbei, biegen nach wenigen Metern rechts ab und erreichen nach etwa 250 m den Pfaffenteich. Dabei bewundern wir die hier stehenden riesigen uralten schön gewachsenen Lärchenbäume. Am Pfaffenteich halten wir uns rechts und gehen den Forstweg weiter hinab. Beim Austritt aus dem Wald trauen wir unseren Augen nicht. Vor uns erblicken wir eine märchenhafte Burg. Die vielen Türme, Erker und Zinnen erinnern an eine romantische Ritterburg aus dem Mittelalter.

Genau dies hatte der Erbauer der Löwenburg, Landgraf Wilhelm IX. gewollt bzw. geplant. Die Löwenburg war aber nicht als Festung gedacht, sondern sie diente als Lustschloss und Wohnsitz des Landgrafen und seiner Geliebten, Karoline von Schlotheim. „Das einer Höhenburg nachempfundene Schloss entstand nach Entwürfen von Heinrich Christoph Jussow zwischen 1793 und 1801. Kunstgeschichtlich gilt die Anlage als eine der ersten bedeutenden Gebäude der Neugotik in Deutschland. Die Innenräume bestehen aus vier fürstlichen Wohnappartements in barockem Zuschnitt. In einer Rüstkammer befinden sich zahlreiche historische Waffen und Plattenpanzer des 16. und 17. Jahrhunderts. Die Schlosskapelle ist mit zahlreichen Objekten mittelalterlicher Kirchen aus der nordhessischen Umgebung ausgestattet und verfügt über eine Krypta mit dem Grab des Landgrafen unter dem Chor". Die Löwenburg ist eine besondere Attraktion des Bergparks Wilhelmshöhe. Nach dem vollständigen Wiederaufbau der im 2. Weltkrieg stark zerstörten Burg soll das gesamte noch während des Krieges ausgelagerte Inventar wieder an seinen Stammplatz zurückgebracht werden.[2]

Wir wandern linker Hand über eine Parkwiese, vorbei an einer Wassertretstelle und bestaunen immer wieder die Löwenburg, die von westlicher Seite wieder ein anderes Bild bietet.
Bald erreichen wir eine weitere Attraktion des Bergparks, den Steinhöfer Wasserfall.

Dieser zerklüftete Felssturz wurde von Karl Steinhöfer, dem Architekt der Wasserspiele und von der Bevölkerung liebevoll „Wassergott“ genannt, künstlich in den steilen Hang hineingebaut und 1793 fertiggestellt.
Er hieß zuerst „Bergwasserfall“ und auch „Waldwasserfall“.

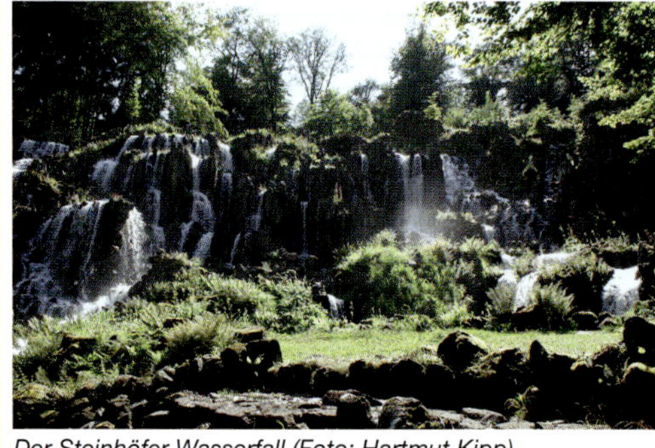
Der Steinhöfer Wasserfall (Foto: Hartmut Kipp)

Seit 2010 können die Besucher des Bergparks nach einer langjährigen Renovierungszeit den Steinhöfer Wasserfall wieder bewundern. Er gehört mit der Teufelsbrücke, dem Aquädukt und der 52 m hohen Fontäne zu den Wasserkünsten am Fuße des Herkules, die jedes Jahr aufs Neue vom 1. Mai bis 3. Oktober jeden Sonntag und Mittwoch und an Feiertagen von 14.30 bis 15.45 Uhr für ein beeindruckendes Schauspiel sorgen.[3]

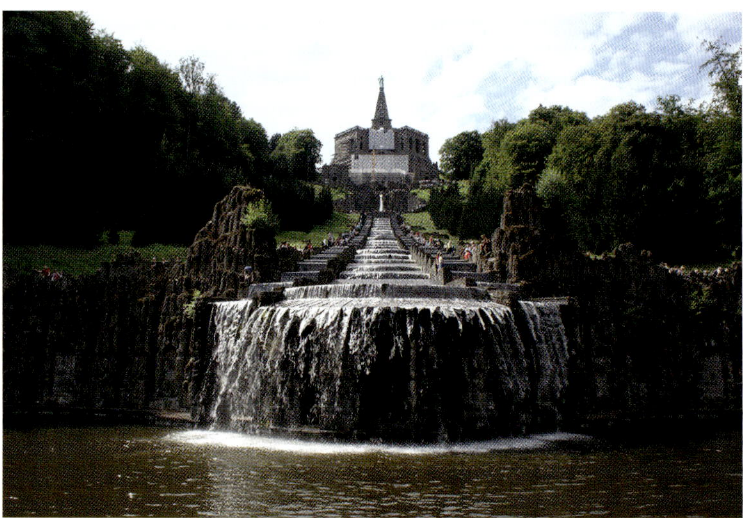
Die Kaskadenanlage mit dem Herkules (Foto: Hartmut Kipp)

Von dort aus geht es bergauf zu den Kaskaden, dem obersten Teil der sehenswerten Wasserspiele des Bergparks Wilhelmshöhe. Vom Blick auf die Kaskadenanlage und das darüber liegende Herkulesbauwerk ist jeder Besucher überwältigt. Besonders dann, wenn die Wasserkünste zu sehen sind. Die Kaskaden zwischen dem Riesenkopfbecken und dem Neptunbecken stellen eine übergroße Wassertreppe mit monumentalen Ausmaßen dar. Bei jedem Wasserspiel fließen 235.000 l Wasser, das im Sichelbachbecken gesammelt wird, die Anlage hinunter.

In entgegengesetzter Richtung blicken wir auf die grüne Achse des Bergparks Wilhelmshöhe mit dem Schloss Wilhelmshöhe im Zentrum und sind begeistert davon, wie der größte Bergpark Europas mit all seinen Sehenswürdigkeiten so herrlich in die Landschaft eingebettet wurde. Natur und Kultur verschmelzen hier zu einem Kunstwerk. Das 1798 unter Landgraf Wilhelm IX. erbaute Schloss Wilhelmshöhe wurde zu einem Museum umgebaut, in dem die Antikensammlung und Gemäldesammlung Alter Meister der früheren Landgrafen von Hessen-Kassel zu bewundern sind, zu denen u. a. mehrere weltbekannte Gemälde von Rembrandt gehören.

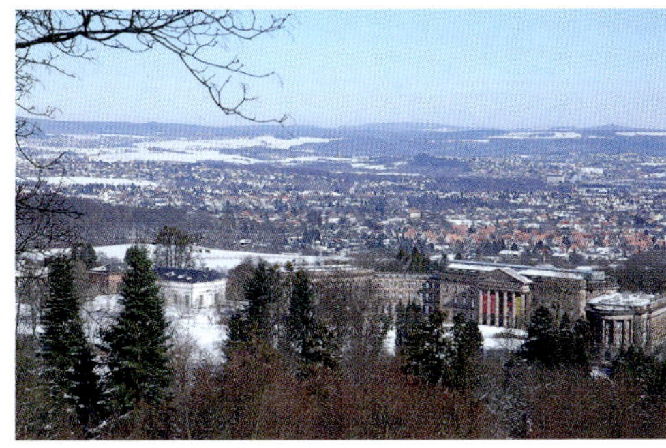

Blick auf das winterliche Kasseler Becken mit Schloss Wilhelmshöhe im Vordergrund (Foto: Ruth Brosche)

Nach diesen herrlichen Ansichten und Ausblicken gehen wir wieder ein Stück zurück. Links liegt die ebenfalls aus Habichtswälder Tuff erbaute „Kaskaden Wirtschaft“ mit einem einladenden Biergarten. Der Kassel-Steig führt weiter zusammen mit dem Herkulesweg X7 und dem Studentenpfad X13 in Serpentinen bergauf. Nach zwei weiteren Kehren haben wir das Plateau erreicht, auf dem das Herkulesbauwerk mit dem Oktogon (32,65 m), der Pyramide (26,10 m) und der Herkules-Statue (8,25 m) stehen. Dieses gigantische Bauwerk ist insgesamt 70,5 m hoch. Vom Neptunbecken sind es insgesamt 885 Stufen bis zur Statue des Herkules. Wir sind nach 160 km wieder am Ausgangspunkt des Kassel-Steig angekommen.

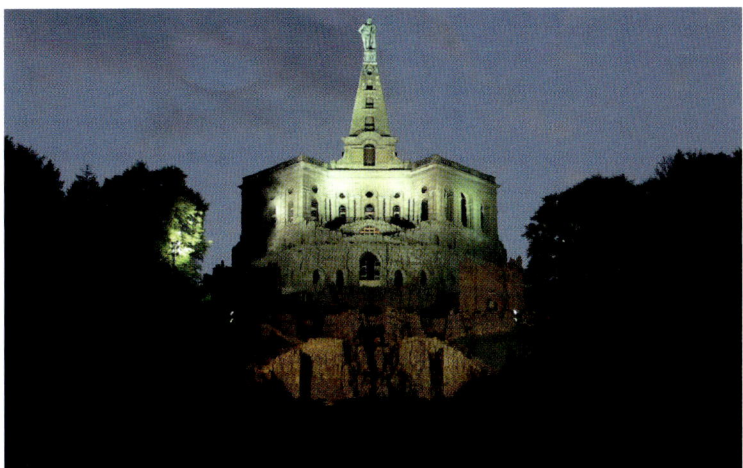

Nach 160 km am Ziel angekommen. (Foto: Dieter Henckel)

Damit schließt sich der Kreis einer sicher eindrucksvollen und empfehlenswerten Wanderung auf dem Kassel-Steig. Mit einem letzten Blick auf das wunderschön gelegene Kasseler Becken, umgeben von dem märchenhaften Nordhessischen Bergland verabschieden wir uns an diesem Tag vom Herkules, dem Wahrzeichen der Stadt und Region Kassel.

Touristische Informationsstellen

Stadt Kassel
Tourist Information
Wilhelmstraße 23
Tel. 0561 707707
info@kassel-marketing.de
www.kassel-marketing.de

Region Kassel-Land e. V.
Regionalentwickl. u. Kulturgeschich.
Kurfürstenstr. 19, 34466 Wolfhagen
Tel. 05692 99777-10
info@region-kassel-land.de
www.region-kassel-land.de

Gemeinde Ahnatal
Wilhelmsthaler Str. 3, 34292 Ahnatal
Tel. 05609 628-0
info@ahnatal.de
www.ahnatal.de

Stadtmarketing Baunatal GmbH
Friedrich-Ebert-Allee 8a
34225 Baunatal
Telefon: 0561-95379580
info@stadtmarketing-baunatal.de
www.stadtmarketing-baunatal.de

Gemeinde Espenau
Im Ort 1, 34314 Espenau
Tel. 05673 9993-0
gemeinde@espenau.de
www.espenau.de

Gemeinde Fuldabrück
Am Rathaus 2,
34277 Fuldabrück
Tel. 05665 9463-0
rathaus@fuldabrueck.de
www.fuldabrueck.de

Gemeinde Fuldatal
Am Rathaus 9
34233 Fuldatal
Tel. 0561 9818-0
info@fuldatal.de
www.fuldatal.de

Gemeinde Habichtswald
Breiter Weg 4,
34317 Habichtswald
Tel. 05606 5996-0
info@habichtswald.de
www.habichtswald.de

Gemeinde Kaufungen
Leipziger Straße 463
34260 Kaufungen
Tel. 05605 802-0
info@kaufungen.de
www.kaufungen.eu

Gemeinde Lohfelden
Lange Straße 20, 34253 Lohfelden
Tel. 0561 51102-0
gemeinde@lohfelden.de
www.lohfelden.de

Gemeinde Niestetal
Heiligenröder Str. 70
34266 Niestetal
Tel. 0561 5202-0
Fax 0561 5202-60
www.niestetal.de

Gemeinde Schauenburg
Korbacher Straße 300
34270 Schauenburg
Tel. 05601 9325-0
info@gemeinde-schauenburg.de
www.schauenburg.de

Gemeinde Söhrewald
Schulstraße 8
34320 Söhrewald
Tel. 05608 498-0
info@soehrewald.de
www.soehrewald.eu

Gemeinde Staufenberg
Hannoversche Straße 21
34355 Staufenberg
Tel. 05543 301-0
rathaus@staufenberg.nds.de
www.staufenberg.nds.de

Stadt Vellmar
Rathausplatz 1, 34246 Vellmar
Information
Tel. 0561/8292-0
info@vellmar.de
www.vellmar.de

Touristikverein Zierenberg e.V.
Poststraße 20, 34289 Zierenberg
Tel. 05606 5191-25
touristinfo@stadt-zierenberg.de
www. tourist-info-zierenberg.de

Die Reihenfolge der hier aufgelisteten touristischen Informationsstellen stellt keine Wertung dar.

Quellenverzeichnis

Wanderabschnitt W 1

1 Anne Fingerling, Titel „Gleich einem Findling“ in Kultur Magazin Nr. 173/2011, Printec Offset, Verlag M. Faste, Kassel
2 Jürgen Düster, Landwirtschaft und Landschaftspflege. In: Thilo F. Warneke (Hrsg.), Lebensraum Habichtswald (Kassel 2010) S. 93.
3 Ludwig Emil Grimm, Erinnerungen aus meinem Leben, S. 86. Zitiert nach Fritz Liese, Dörnberger und Ehlener Geschichte(n) 3 (Habichtswald 1999) S. 93
4 Reiner Kunz/ Jürgen Fichter, Saurier, Panzerfische, Seelilien: Fossilien aus der Mitte Deutschlands (Wiebelsheim 2005) S. 105-109. – Reiner Kunz, Zwischen Saurierspuren und Feuerbergen – Zur Geologie des Habichtswaldes und seiner Umgebung. In: Thilo F. Warneke (Hrsg.), Lebensraum Habichtswald (Kassel 2010) S. 10-25, hier 18-20.
5 Fritz-Rudolph Herrmann, Die Igelsburg bei Dörnberg. In: Führer zu archäologischen Denkmälern in Deutschland 7. Stadt und Landkreis Kassel (Stuttgart 1986) 205-206. – Reinhold Keiner, Dörnberg. Die Chronik eines Dorfes. In: Gemeindevorstand der Gemeinde Habichtswald (Hrsg.),Habichtswald-Chronik (Habichtswald 1987), S. 176 ff. – Fritz Liese, Dörnberger und Ehlener Geschichte(n) 1 (Habichtswald 1991) S. 91 ff. – http//de.wikipedia.org.wiki.Burgruine_Igelsburg (Stand: 5.6.2011).
6 Irene Kappel, Der Hunrodsberg bei Kassel. In: Führer zu archäologischen Denkmälern in Deutschland 7. Stadt und Landkreis Kassel (Stuttgart 1986) S. 207-209. – Klaus Sippel, Ein Beitrag zu Burgen, Wüstungen, Wallanlagen und anderen Bodendenkmälern. In: Magistrat der Stadt Zierenberg (Hrsg.), Zierenberg 1293-1993. Ausgewählte Aspekte aus 700jähriger Geschichte (Zierenberg 1993) S. 42-56, hier S. 50. – Thilo F. Warneke, Vorgeschichtliche Denkmäler im Habichtswald und am Dörnberg. In: Thilo F. Warneke (Hrsg.), Lebensraum Habichtswald (Kassel 2010) S. 26-38, hier S. 32.
7 Jörg Homburg, Geschichte der Fliegerei auf dem Dörnberg. In: Thilo F. Warneke (Hrsg.), Lebensraum Habichtswald (Kassel 2010) S. 140-154.
8 Lothar Nitsche, 30 Jahre Naturschutzgebiet Dörnberg. Jahrbuch des Landkreises Kassel 2009, S. 7-14. – Patrick Mertl, Archäologen, Maulwürfe und Kulturlandschaft. Ergebnisse der archäologischen Prospektion im Umfeld des Hohen Dörnbergs bei Zierenberg im Landkreis Kassel. Jahrbuch des Landkreises Kassel 2010, S. 7-12, hier S. 10.
Thilo F. Warneke, Eine mutmaßliche Burg auf dem Helfenstein. Informationstafel auf dem Eco Pfad Archäologie Dörnberg (Stand: August 2006).
6 vgl. Führer zu archäologischen Denkmälern in Deutschland, Stadt und Landkreis Kassel. Stuttgart 1966, S. 207-209
vgl. Klaus Sippel: Ein Beitrag zu Burgen, Wüstungen, Wallanlagen und anderen Bodendenkmälern, in Archäologische Fundstellen und Funde aus mittelalterlicher Zeit im Stadtgebiet von Zierenberg. S. 50
vgl. Thilo F. Warneke: Vorgeschichtliche Denkmäler im Habichtswald und am Dörnberg, in Lebensraum Habichtswald, Kassel 2010, S. 32
7 vgl. Jörg Homburg: Geschichte der Fliegerei auf dem Dörnberg, S. 140 ff.
Lebensraum Habichtswald, Hrsg. Thilo Warneke, Kassel 2010
8 vgl. Lothar Nitsche: 30 Jahre NSG Dörnberg, Jahrbuch des Landkreises Kassel 2009, S. 7 ff.
vgl. Patrick Mertl: Archäologen, Maulwürfe und Kulturlandschaft, Ergebnisse der archäologischen Prospektion im Umfeld des Hohen Dörnbergs bei Zierenberg im Landkreis Kassel, in Jahrbuch des Landkreises Kassel 2010, S. 10
9 Informationstafel des Eco Pfades „Die mutmaßliche Burg auf dem Helfenstein"
10 www.helfensteine.de/Zentrum_Helfensteine/Seminare.html
11 Jürgen Fichter, Reiner Kunz, Der verschwundene Berg, Hessischer Gebirgsbote 3, 2011, S. 127,
12 www.habichtswald.de. – Zu den Kirchen in Dörnberg und Ehlen sowie der Schmiede und anderen Sehenswürdigkeiten s.a. Eco Pfad Kulturgeschichte Habichtswald (Stand: 2013).
13 www.ahnatal.de
14 www.café.helfensteine.de
3-12 Klaus Del Tedesco und Herbert Gerhold vom Gechichts- und Heimatverein Habichtswald 1991 e.V. haben uns bei der Formulierung der Texte an diesen Stellen im Wanderführer unterstützt.

Wanderabschnitt W 2

1 vgl. Broschüre des Arbeitskreises „Weimar - Geschichte und Geschichtchen“ über Flurnamen der Gemarkung Weimar
2 vgl. Naturschutzgebiete in Hessen schützen, erleben, pflegen von Lothar & Sieglinde Nitsche, Band 2 cognotio-Verlag, S.148
3 vgl. www.museum-Kassel.de/index_navi.php?parent=1319
4 vgl. Broschüre Heckershausen im Wandel der Zeit, S. 212 ff, Hrsg. Gemeinde Ahnatal 2006
5 vgl. Broschüre Heckershausen im Wandel der Zeit, S. 142 ff, Hrsg. Gemeinde Ahnatal 2006
6 vgl. www.geschichte-ahnatal.de/html/hausschilder.html
7 vgl. Klaus Mosch-Wicke, Publikation „SCHÄFERBERG - Ein Henschel-Lager für ausländische Zwangsarbeiter“ entwickelt. Gesamthochschulbibliothek Kassel
vgl. regiowiki.hna.de/Schäferberg-Stand 27.11.10
8 vgl. regiowiki.hna.de/Hohenkirchen_-_evangelische_Kirche, Stand 04.07.10
9 vgl. regiowiki.hna.de/Espenau, Stand 31.07.12
10 vgl.www.gemeinde-espenau.de
11 vgl.regiowiki.hna.de/Mönchehof, Stand 27.03.11
12 vgl.www.gemeinde-espenau.de
7-11 Erhard Bunzenthal, Arbeitskreis „Ortsgeschichte Espenau“

Wanderabschnitt W 3

1 vgl. regiowiki.hna.de/Mönchehof, Stand 27.03.11, Erhard Bunzenthal, Arbeitskreis „Ortsgeschichte Espenau“
2 Karl-Heinz Gauler, Geschichtskreis Vellmar e.V.
3 vgl. de.wikipedia.org/wiki/Biogasanlage, Stand 02.08.2012
4 vgl. www.weidberghof.de
5 vgl. Flyer und Infotafeln über den Eco Pfad „Siedlungsgeschichte Simmershausen“
6 vgl. regiowiki.hna.de/Rothwesten
7 vgl. www.volkssternwarte-rothwesten.de/vsw_hist.html

8 vgl. www.Vellmar.de/stadtvellmar/Stadtvellmar.htm
9 vgl. Karl-Heinz Gauler, Geschichtskreis Vellmar e.V.
10 vgl. www.fuldatal.de
11 vgl. www.fuldatal.de
12 vgl. www.fuldatal.de
13 vgl. regiowiki.hna.de/Marienbasilika_Wilhelmshausen, Stand 27.06.12
14 de.wikipedia.org/wiki/Agnus_Dei, Stand 05.04.12

Wanderabschnitt W 4

1 vgl. www.wassergarten.de
2 vgl. www.fliegerhorst.de/rothwesten.html
3 vgl. www.fuldatal.de/?kommunal/sehensw/dm.html
4 vgl.de.wikipedia.org/wiki/frauenhofer-Institut_für-Windenergie_und_Energiesystemtechnik Stand 24.12.11
5 vgl. www.yachtclubkassel.de/ZKS/Geschichtliches_zur_Fulda/geschichtliches_zur_fulda.html
6 Artikel in der HNA, Ausgabe vom 01.06.12 (Hintergrund) von Michael Schäer
7 vgl.www.spiekershausen.de/Spiekershausen/Historisch/Eisenbahn_historisch/eisenbahn_historisch.html von Helga Haeberlin, erstmals veröffentlicht 1994 in der Festschrift zum 675-jährigen Jubiläum der Gemeinde
8 vgl. de.wikipedia.org/wiki/Naturpark_Münden, Stand 29.07.12
vgl. www. naturpark- muenden.de
9 vgl. www.Fuldatal.de/?kommunal/ortsteil/wahnh/wahnhausen.html
10 vgl. Bericht in HNA.de über das Wahnhäuser Glockenfest, Ausgabe vom 01.06.10
11 vgl. staufenberg-nds.de

Wanderabschnitt W 5

1-2 vgl. www.landwehrhagen-ortsrat.de/geschichte.html
3 vgl. de.wikipedia.org/wiki/Hessengau, Stand 10.03.12
4 vgl. de.wikipedia.org/wiki/Burgruine_Sichelnstein, Stand 03.02.12
vgl. www.beamtenbesoldung.org
5 vgl. de.wikipedia.org/wiki/Herzogtum_Braunschweig, Stand 16.08.12
6 Werner Bauer, Geschichtsverein Niestetal.de, Wandertafel „Schlacht am Sandershäuser Berg“
7 vgl. www.niestetal.de
8 vgl. www.sma.de/presse/aktuelle-Nachrichten in 2012
9 vgl. www.landwehrhagen-ortsrat.de/geschichte.html
10 vgl. www.niestetal.de

Wanderabschnitt W 6

1 vgl. regiowicki.hna.de/Uschlag, Stand 7.6.09
2 vgl. de.wikipedia.org/wiki/Burg _ Sensenstein, Stand 22.05.12
vgl. Rudolf Knappe: Mittelalterliche Burgen in Hessen: 800 Burgen, Burgruinen und Burgstätten, 3. Aufl. Wartberg-Verlag. Gudensberg-Gleichen, S. 43.
Werner Bauer, Geschichtsverein Niestetal e.V.
3 vgl. de.wikipedia.org/wiki/Germanischer_Garten_von_Schloß_Windhausen, Stand 20.5.12
vgl. Kerstin Möller: Herrenhaus und Landschaftspark des Staatsministers von Schlieffen auf Gut Windhausen. Magisterarbeit Universität Frankfurt am Main, 1992
vgl. Eduard Brauns: Wander- und Reiseführer durch Nordhessen und Waldeck, Bernecker Verlag, Melsungen 1971, S. 402-403, Werner Bauer, Geschichtsverein Niestetal e.V.
4 vgl. Die evangelische Kirche in Niederkaufungen. Wir laden Sie ein zu einer Kirchenführung. Hrsg. v. Evangelische Kirchengemeinde Niederkaufungen, 2009 sowie Klaus Sippel: Zur Baugeschichte der Kirche von Niederkaufungen: Eine spätmittelalterliche Kemenate wird zur Kirche, in: 1000 Jahre Kaufungen - Arbeit, Alltag, Zusammenleben. Hrsg. v. Gemeinde Kaufungen in Kooperation mit der Kasseler Sparkasse, Redaktion Ulla Merle, Tamara Leszner, Susanne Schmidtosterberg, Susanne Schneider, Kaufungen, 2011, S. 488-513.
5 www.kaufungen.eu /index.phtml? s.NavID=529.558 La=1)
6 http:// blog.steinertsee.de/wir-stellen-uns-vor
7 Winfried Wroz: „Es ist ein herrliches gutes Bergwerk...“? Alaunproduktion in Kaufungen, in: 1000 Jahre Kaufungen, S. 176-183, siehe (4).
8 Ulla Merle: Ein Pferdegöpel als Industriedenkmal. Zur Geschichte des Bergwerkmuseums Kaufungen, in: Hessische Heimat, Hrsg. v. Gesellschaft für Kultur- und Denkmalpflege, H. 2/3, 2016, S. 32-38
9 www.hessisches-ziegeleimuseum.de
vgl. Broschüre Eco Pfad „Mensch und Wasser in Kaufungen“
10 www.sinnesgaenge.de, Hugo Kükelhaus
11 vgl. Ingrid Baumgärtner und Christian Presche in „1000 Jahre Kaufungen“, siehe (4)
12 vgl. www.kaufungen.eu

Wanderabschnitt W 7

1 Die Stiftskirche Kaufungen und Kaiserin Kunigunde. Ein Kirchenführer. Hrsg. v. Kirchenvorstand der Evangelischen Kirchengemeinde Oberkaufungen, Kassel, 2004 sowie Carmen Jelinek: „Weg der Stiftskirche durch die Zeit“, Veränderungen in der Gestaltung und Nutzung der Kirche, in: 1000 Jahre Kaufungen, S. 382-391, siehe W6 (4)
2 vgl. Winfried Wroz: Kaufungen in Hessen. Ein Rundgang. Hrsg. v. Gemeinde Kaufungen, Königstein i. Taunus, 2011, S. 6ff.
3 Dieter Wunder: Das ritterschaftliche Stift Kaufungen 1532-1810, in: 1000 Jahre Kaufungen, S. 28-37, siehe W6 (4).
4 www.stift-kaufungen.de
5 Winfried Wroz: Das Dorf im Dorfe. Die „Freiheit“ in Oberkaufungen. Hrsg. v. Freiheiter Bürgerverein Oberkaufungen, Kaufungen 2000.
6 Dieter Wunder: Herrschaft und Ökonomie Oberkaufungens im 18. Jahrhundert. Das Ritterschaftliche Stift und zwei Dörfer, in: 1000 Jahre Kaufungen, S. 134-155, siehe W6 (4).
7 vgl. Ulrich Großmann: Der Fachwerkbau in Deutschland, Das historische Fachwerkhaus, seine Entstehung, Farbgestaltung, Nutzung und Restaurierung, Köln 2004
8 vgl. regiowiki.hna/Stiftswald.de/Bielstein
9 Bettina v. Andrian und Winfried Wroz: Der Kaufunger Wald: Einst ausgebeuteter Naturwald heute forstliche Kornkammer. Ausstellungskatalog des Regionalmuseums Kaufungen, Kaufungen 2001 so

wie Bettina v. Andrian: „Frisch auf!“. Früher Tourismus im Lossetal, in: 1000 Jahre Kaufungen, S. 550-569, siehe W6 (4)

10 Walter Reuter, Geschichtswerkstatt Lohfelden
vgl. de.wikipedia.org/wiki/Vollmarshausen, Stand 25.06.12
vgl. Flyer und Info Tafeln über den Eco Pfad „Kulturgeschichte Lohfelden“

11 vgl. de.wikipedia.org/wiki/wellerode, Stand 09.06.2012
vgl. regiowiki.hna.de/Wellerode, Stand 11.07.10

12 www.soehrewald.de/

Wanderabschnitt W 8

1 vgl. regiowiki.hna.de/Söhrebahn, Stand 08.07.12
Gerhard Werner, Geschichtsverein Söhrewald e.V.

2 vgl. Heinrich Riebeling: Zwei Sühnemal-Funde im Landkreis Kassel (bei Söhrewald-Wellerode und Grebenstein), Hessischer Gebirgsbote, 83 (1982) S. 133-134
Dietmar Peter: Das Sühnekreuz in der Steinbach bei Wellerode, Söhrewald 1984, S. 219

3 de.wikipedia.org/wiki/Steinkreuz - Stand 17.07.12

4 vgl. Dietmar Peter und Th. Scholz, Hans-Dieter, Broschüre 650 Jahre Wellerode 1351-2001, Herausgeber Gemeinde Söhrewald .

5 vgl. regiowiki.hna.de/Der_Söhrewald, Stand 17.07.11
vgl. regiowiki.hna.de/Zeche Stellwerk

6 HNA Ausgabe 24.10.11 von Hans Peter Wohlgehagen

7 vgl. regiowiki.hna.de/Chattengau, Stand 23.01.09
vgl. de.wikipedia.org/wiki/Hessengau, Stand 10.03.12
Wanderführer Nordhessen und angrenzende Gebiete von Bruno Mende, S. 575, A. Bernecker Verlag

8 www.lohfelden.de.w3a/default.jsp

9 Flyer und Info Tafeln über den Eco Pfad „Kulturgeschichte Lohfelden“

10 Walter Reuter Geschichtswerkstatt Lohfelden

11 vgl. regiowiki.hna.de/Niederkaufungen, Stand 22.08.11

12 Walter Reuter: Geschichtswerkstatt Lohfelden

13 vgl. www.fuldabrück.de

14 de.wikipedia.org/wiki/Dörnhagen, Stand 25.04.12

15 vgl. www.fuldabrück.de

Wanderabschnitt W 9

1 Info Tafel und Flyer über Märkerstein, Bericht in HNA vom 15.9.2010

2 de.wikipedia.org/wiki/Guntershausen_Baunatal-Stand 13.6.2012
vgl. Flyer Eco Pfad „Kulturgeschichte Guntershausen“

3 Wanderbericht von Horst Diele Dezember 2011

4 vgl. regiowiki.hna/Guntershausen, Stand 20.12.2012
vgl. Flyer Eco Pfad „Kulturgeschichte Guntershausen“

5 www.koerle.net/wagen/700_wa_13.htm
Festchronik 700 Wagenfurth, S. 63, Autor Heinz Rüdiger

6 vgl. de.wikipedia.org/ wiki/riesenstein_(Guntershausen), Stand 24.06.12

7 vgl. Flyer Eco Pfad „Kulturgeschichte Hertingshausen und Kirchbauna“

8 vgl. regiowiki.hna.de/Kirchbauna, Stand 20.07.2012
vgl. HNA-Bericht vom 01.09.2010 von Ingrid Jünemann
vgl. regiowiki.hna.de/ Evangelische _Kirche_in_Kirchbauna, Stand 20.07.2012

9 vgl. regiowiki.hna/Großenritte, Stand 19.07.2012

10 vgl. siehe (9)

11 vgl. regiowiki.hna.de/ Kreuzkirche_in_Großenritte, Stand 19.07.12

12 vgl. www.baunatal.de

13 www.baunataler-kaefer.de/

Wanderabschnitt W 10

1 www.gertrudisstift.de

2 de.wikipedia.org/wiki/Burgberg (Baunatal), Stand 24.07.12
de.wikipedia.org/wiki/Hallstattzeit, Stand 07.07.12

3 www.naturfreunde, besse.de

4 www.maerchenwache.de/maerchenwache-das-haus.php
de.wikipedia.org/wiki/Grimms_Märchen - Stand 07.11.2012

5 vgl. www.gemeinde-Schauenburg.de

6 vgl. regiowiki, hna/hoof, Stand 12.09.11

Wanderabschnitt W 11

1 vgl. de. wikipedia.org/wiki/Schauenburg_(Schauenburg), Stand 30.11.2011
www. gemeinde-schauenburg.de/tourismus-und-kultur/freizeit -und-erholung/ausflugstips.html

2 vgl. Flyer vom Nationalen Geopark „Die fossile Seekuh von Schauenburg-Hoof“

4 vgl. Informationstafel des Habichtswaldsteiges über die Braunkohlegewinnung am Eingang des ehem. Schlüsselstollen

5 vgl. wikivoyage.org/de/habichtswald_(Habichtswald), Stand 30.11.2011

6 vgl. Thilo Warneke: „Lebensraum Habichtswald“, euregioverlag, S. 35

7 Lothar & Sieglinde Nitsche: Naturschutzgebiete in Hessen schützen, erleben, pflegen, Band 2 cognotio-Verlag, S.132

8 de.wikipedia.org/wiki/ Basalttuff_Habichtswald, Stand 11.02.11
Info-Tafel des Naturparkes Habichtswald

9 vgl. regiowiki.hna.de/ Bismarckturm_(Kassel), Stand 31.05.2011

Wanderabschnitt W 12

1 Lothar & Sieglinde Nitsche: Naturschutzgebiete in Hessen schützen, erleben, pflegen, Band 2 cocnitio-Verlag, S.138 ff.
www.regiowiki.hna.de/Dönche, Stand 14.04.11

2 de.wikipedia.org/wiki/löwenburg_(Kassel), Stand 05.06.12

3 regiowiki.hna.de/Steinhöfer_Wasserfall, Stand 02.05.10

4 vgl. de.wikipedia.org/wiki/Herkules_(Kassel), Stand 07.08.12

Literaturempfehlungen

Wander- und Freizeitkarte „Wandern rund um Kassel“,
Maßstab 1:25 000, 5. Auflage 2020, Herausgeber: Stadt Kassel - Vermessung und Geoinformation **7,50 €**

Rad- und Wanderkarte Naturpark Habichtswald, Maßstab 1:35 000
ISBN 978-3-86973-152-0, März 2018, KKV mbH, Nordhausen
reiß- und wetterfest **6,00 €**

Rad- und Wanderkarte Reinhardswald, Maßstab 1:33 000
ISBN 978-3-86973-112-4, 3. Ausgabe Oktober 2015
reiß- und wetterfest **6,00 €**

Rad- und Wanderkarte Naturpark Münden, Maßstab 1:35 000
ISBN 978-3-86973-182-7, 4. Ausgabe Oktober 2015
reiß- und wetterfest **6,00 €**

Rad- und Wanderkarte Geo-Naturpark Frau-Holle-Land,
Maßstab 1:33 000, ISBN 978-3-86973-195-1, 1. Ausgabe 2019
reiß- und wetterfest **6,00 €**

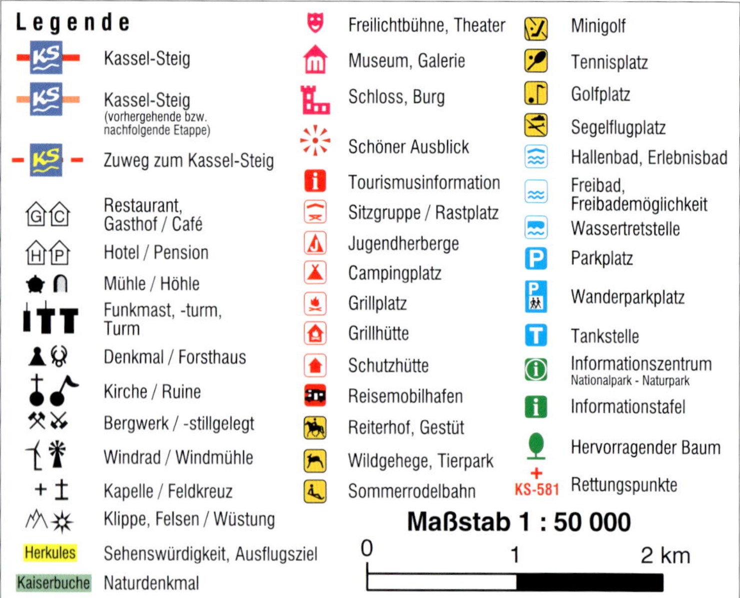

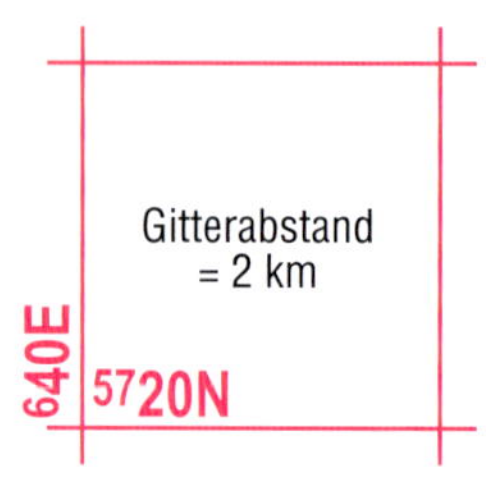

Geodätisches Gitter für GPS-Empfänger

Abbildung: Universale Transversale Mercatorabbildung (UTM-Abbildung) bezogen auf das ETRS 89 (WGS 84)

Koordinaten: UTM-Koordinaten der Zone 32
640E Ostwert (in km)
5720N Nordwert (in km)

Eventuelle Ungenauigkeiten in der Standortbestimmung begründen sich im Maßstab.

Höhen in Metern über Null (NN) nach Amsterdamer Pegel.

Inhaltsverzeichnis

Impressum

3. überarbeitete Auflage ISBN 978-3-86973-212-1

Redaktionsschluss: 17. März 2021
Herausgeber: Hessisch-Waldeckischer Gebirgsverein Kassel e.V.
Wilhelmsstraße 19, 34117 Kassel
www.hwgv-kassel.de, www.kassel-steig.de
Redaktion: Dieter Hankel und Lothar Glebe († 2015)
Texte: Dieter Hankel
Wegevermessung, Karten und Gestaltung: Lothar Glebe
Redaktionelle Überarbeitung: Dieter Hankel
Satz- und Gestaltung: Kartographische Kommunale Verlagsgesellschaft mbH
Am Alten Tor 7b, 99734 Nordhausen, www.kk-verlag.de
Gestaltende Mitarbeit und Finanzierung des Projektes „Kassel-Steig“: Klaus-Dieter Wolff
Lektoren: Heidrun Glebe, Edeltraut Hankel
Margret und Hans-Georg Kredel, Inge Wolff
Titelbild: Naherholungsgebiet Fuldaaue mit Blick auf den Auepark,
den Habichtswald und den Herkules (Foto Dieter Henckel)
Wandergruppe (Foto Hartmut Kipp)

Wir bedanken uns für die freundliche Unterstützung bei dem Geschichtsverein Habichtswald, Geschichtskreis Ahnatal, Geschichtskreis Espenau, Geschichtskreis Vellmar, Geschichtsverein Ihringshausen, Geschichts- und Museumsverein Fuldatal, Geschichtsverein Niestetal, Geschichtsverein Söhrewald, Geschichtskreis Lohfelden, der Museumsleitung Kaufungen, der Museumslandschaft Hessen-Kassel, den Städten Kassel, Baunatal, Vellmar sowie den Gemeinden Habichtswald, Ahnatal, Espenau, Fuldatal, Staufenberg, Niestetal, Kaufungen, Lohfelden, Söhrewald, Fuldabrück und Schauenburg.

Hauptspender für das Projekt Kassel-Steig

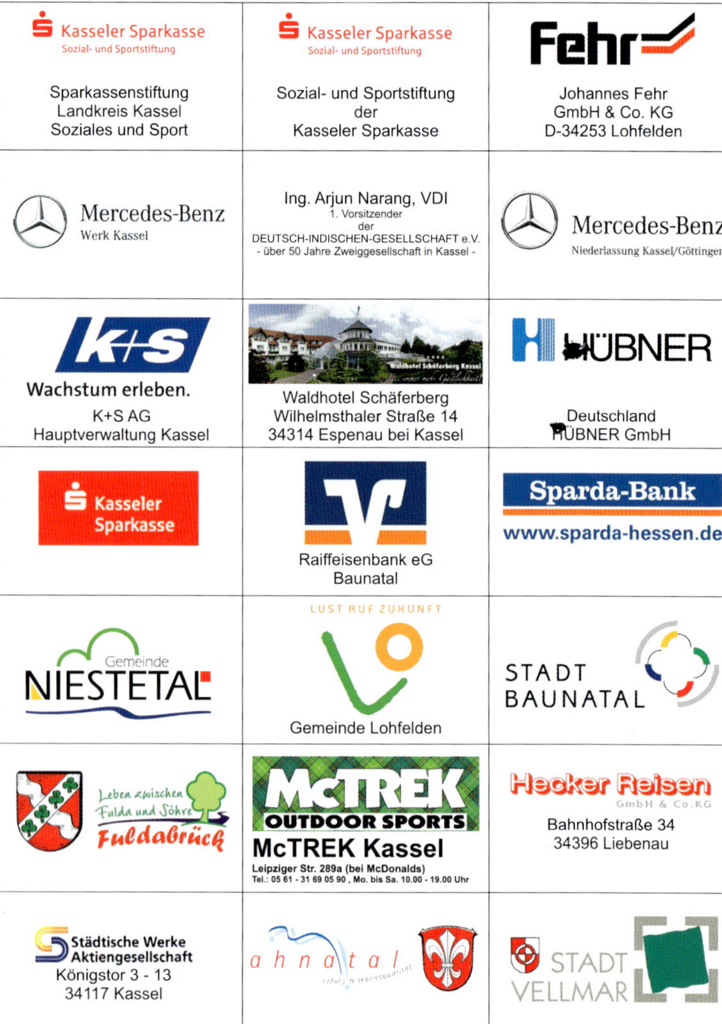